세계사를
바꾼
열두 번의
대전환

세계사를 바꾼
열두 번의 대전환

인류의 정치, 경제, 사상을
뒤흔든 사건들

김태수 지음

프런트페이지
FRONTPAGE

나의 가장 소중한 친구, 연인,

그리고 아내인 진이에게

열두 가지 역사적 사건이 남긴 의미를
추적하는 여정에 앞서

"미네르바의 올빼미는 황혼이 저문 후에야 날개를 편다." 이 말은 19세기 초반 독일의 철학자 게오르크 빌헬름 프리드리히 헤겔이 그의 저서 《법철학》에 남긴 문장이다. 미네르바는 그리스 로마 신화에 등장하는 지혜의 여신이며, 밤에 깨어 세상을 보는 올빼미는 유럽 사회에서 지혜의 상징으로 여겨져 왔다. 따라서 '미네르바의 올빼미'가 지혜를 뜻한다는 것은 쉽게 이해할 수 있다. 문제는 그 뒤에 붙은 표현이다. 헤겔은 왜 하필 올빼미를 가리켜 "황혼이 저문 후에야 날개를 편다"고 했을까?

이는 지혜란 언제나 사후적으로, 어떤 사건이나 현상이 모두 벌어지고 난 뒤에야 비로소 모습을 드러낸다는 뜻이다. 헤겔은 이 말을 동시대 철학자들을 비판하기 위해서 사용했다. 당시 계몽주의의 영향을 받은 많은 철학자가 철학을 통해 주어진 현상을 설명할 뿐만 아니라 미래에 일어날 일을 예측하려 했다. 그러나 헤겔은 철학의 임무는 그런 식으로 미래를 예측하는 데 있는 것이 아니라, 이미 지나간 현실을 성찰하고 그 의미를 밝히는 데 있다고 보았다. 지혜의 상징인 올빼미가 낮이 완전히 지나가고 난 뒤에야 날아오르기 시작하듯, 철학 역시 사건이 지나간 후에야 비로소 그 의미를 해석할 수 있다는 것이다.

헤겔은 이 말을 철학을 염두에 두고 사용했지만, 이후 많은 역사학자가 이 구절을 역사학의 본질을 설명하는 데에도 즐겨 인용해 왔다. 역사학자의 관심사는 현재 벌어지고 있는 사건을 포착하거나 미래에 벌어질 사건을 예측하는 데 있지 않고, 이미 지나간 사건을 해석하는 데 있기 때문이다.

우리는 매일 정신없이 쏟아지는 뉴스를 접하지만, 그중에서 어떤 뉴스가 10년, 20년, 100년 뒤에 역사적 사건으로 남을지 알 수 없다. 시간은 마치 거대한 체와 같아서, 오늘의 수많은 사건 가운데 무엇을 역사로 남길지 가려낸다. 지금의 시점에서 아주 중요해 보이는 사건도 시간이 지난 뒤에는 잊힐 수 있다. 반면 지금은 별일 아닌 것처럼 보이는 사건이 세월이 흘러 역사를 바꾼 분기점으로 재조명될 수도 있다. 아무리 역사를 많이 공부한다 한들, 이를 미리 알 수는 없다.

따라서 역사를 공부하는 이유는 미래를 예측하기 위함이 아니다. 역사는 점쟁이의 기술이 아니라 지나간 사건이 어떻게 오늘의 현실을 만들어 냈는지를 성찰하는 학문이다. 우리가 과거를 돌아보며 그 속에서 역사적으로 중요한 사건들을 살펴보는 것은, 그 사건들이 오늘날의 제도와 가치, 문화와 생활에 어떤 흔적을 남겼는지를 이해하기 위해서다. 다시 말해, 역사를 공부한다는 것은 곧 과거와 현재를 잇는 연결고리를 찾아내는 일이며, 현재가 어떻게 형성되었는지 밝혀 우리가 살아가는 세계의 성격을 더 깊이 이해하는 일이다.

물론 역사를 배우는 이유는 사람마다 다르다. 흥미로운 옛이야기를 듣는 기분으로 역사를 접하는 사람도 있고, 역사 속 인물의 삶에서 위안을 얻는 사람도 있다. 또 현재의 문제를 해결하기 위한 실마리를 얻고자 역사를 살펴보는 사람도 있다. 이처럼 역사에 흥미를 느끼는 동기는 다양하며, 그중 어느 하나만이 옳다고 말할 수는 없다. 다만 그 다양한 관심 속에는 공통적으로 살아 있는 역사의 본질이 있다. 그것은 과거와 현재가 어떻게 이어져 있는지 저마다의 방식으로 탐색함으로써 지금의 세계를 선명히 보게 된다는 사실이다.

그렇다면 수많은 과거의 사건 중에서 무엇을 '역사적 사건'으로 선택해야 할까? 수천 년이 지나도 여전히 우리의 현재를 규정하는 사건일 것이다. 사건 자체만 보면 아주 극적이어서 여러 사람의 관심을 끌지만, 역사적 의미는 그다지 크지 않은 사건도 많이 있다. 예컨대 기원후 64년 로마에서 대화재가 일어났을 때, 네로 황제가 불타는 로마를 바라보며 수금을 들고 노래를 불렀다는 이야기가 전해진다. 제국의 황제가 불타는 자기의 나라를 지켜보며 예술적 영감을 얻었다는 일화는 수많은 사람의 상상력을 자극하고 네로의 이미지를 폭군으로 각인시키는 데 중요한 역할을 했다. 그러나 이 사건은 로마 제국 역사의 흐름을 바꾼 사건은 아니었다. 이처럼 역사 속에는 사람들을 매혹하는 극적인 장면이 많지만, 그런 사건들이 반드시 오늘날까지 이어지는 역사적 의미를 지니는 것은 아니다.

역사를 살펴본다는 것은 단순히 흥미로운 장면들을 나열하는 것이 아니라, 오늘날 우리의 삶에까지 영향을 미친 사건들을 성찰하는 과정이다. 이 책에서 다룰 열두 가지 사건도 이와 같은 기준에서 골랐다. 다시 말해 단순히 극적이거나 흥미롭다는 이유가 아니라, 그 사건이 당대에 거대한 전환을 일으킴으로써 오늘의 세계를 만들어 내는 과정에 결정적인 흔적을 남겼기 때문에 선택되었다.

흔히 세계사는 한국사가 아니기 때문에, 즉 '우리 이야기'가 아니기 때문에 21세기의 한국과 직접적인 관련이 없다고 생각하기 쉽다. 그러나 이는 큰 오해다. 우리가 경험하는 제도와 법, 정치와 경제 체제, 그리고 일상 속 문화까지도 그 기원을 더듬어 올라가면 대부분 세계사의 거대한 사건들과 긴밀하게 연결되어 있다. 1789년의 프랑스혁명이 아니었다면 오늘날 우리가 당연하게 여기는 민주주의와 인권의 개념도 지금과는 전혀 다른 모습일 수 있었다. 1차 세계대전과

2차 세계대전이 없었다면, 한반도의 현대사 역시 지금과 같은 경로를 걷지 않았을 것이다. 세계사는 비록 멀리 떨어진 곳에서 일어난 듯 보이더라도, 그 흐름은 결국 우리의 삶과 현실 속으로 스며들어 오늘의 모습을 빚어낸다.

이 책에서 꼽은 열두 가지 사건은 각각의 시대적 맥락에서 중요한 분기점을 이루었고, 이 분기점들은 오늘날 우리가 사는 삶과 맞닿아 있다. 그런 점에서 이 책은 미네르바의 올빼미를 뒤쫓으며, 이미 지나간 사건의 의미를 추적해 가는 여정이라고 할 수 있다. 황혼이 진 뒤에야 날갯짓을 시작하는 올빼미의 시선을 따라 지중해의 파도와 중동의 사막, 대서양의 바다와 베를린의 콘크리트 벽 위를 날며 역사가 남긴 흔적을 하나씩 더듬어 볼 것이다.

하나의 체제가 무너지고 새로운 질서가 태동하는 순간을 담은 열두 가지 사건은 세계사를 바꾼 대전환이라 할 수 있다. 저항하는 낡은 세계와 불완전하게 탄생한 새로운 세계가 만들어 낸 균열을 들여다보며 독자 스스로 나를 둘러싼 세상에 관해 다시 묻고, 진실을 바라보게 되리라 믿는다.

각 장은 일정한 리듬을 따른다. 먼저, 사건이 벌어진 역사 속 현장으로 들어가 그 시대 인물들의 목소리와 선택을 마주해 본다. 당시의 군주, 정치가, 혁명가, 지식인 혹은 이름 없는 민중이 자신이 처한 사회적 구조와 역사적 상황 속에서 어떠한 의도와 목적을 품고 행동했는지, 그리고 그 순간의 긴박함 속에서 무엇을 갈망했는지를 따라간다. 그러나 역사는 의도대로 단순히 흘러가지는 않기에, 사람들의 계산과는 달리 종종 예기치 못한 결과를 낳기도 한다. 계획과는 전혀 다른 결과가 뒤따르기도 하고, 그 결과가 때로는 새로운 질서를, 때로는 파국을 불러왔다. 이 과정에서 시대는 갈라지고, 이후의 세대가 살아갈 길이 바뀌기도 했다.

하지만 이야기는 여기서 끝나지 않는다. 한 사건이 남긴 결과는 시간이 흐르면서 다시 해석되고, 새로운 의미를 부여받았다. 어떤 사건은 잊혔다가 다시 소환되기도 하고, 어떤 사건은 끊임없이 논쟁의 대상이 되면서 현대 사회의 제도와 가치, 문화 속에 자리 잡았다. 이 책은 사건의 전개, 결과 그리고 후대의 해석이라는 세 가지 흐름을 따라가며 세계의 대전환을 이끈 역사가 어떻게 오늘의 세상을 만들어 왔는지를 탐구하고자 한다.

예컨대 첫 장에서 다루는 그리스-페르시아 전쟁은 단순히 기원전 5세기에 벌어진 고대의 전쟁으로만 끝나지 않는다. 당시 아테네와 스파르타를 비롯한 그리스의 도시국가들이 거대한 페르시아 제국에 맞서 싸웠을 때, 그들의 의도는 어디까지나 '자신들의' 도시와 자유를 지키는 데 있었다. 그 때문에 심지어 그리스 내부에서도 아테네와 스파르타의 이해관계는 미묘하게 엇갈렸고, 연합은 불안정했다. 그러나 그 전쟁의 결과는 당대 그리스 세계를 넘어선 의미를 지니게 되었다. 살라미스 해전과 플라타이아이 전투의 승리는 단순한 군사적 승리를 넘어, 이후 유럽이 스스로를 '자유를 지킨 문명'으로 인식하게 만드는 기원이 되었다.

이후 이 전쟁은 전쟁사의 영역을 넘어 서구 문명의 정체성을 설명하는 출발점으로 반복해서 소환되었다. '동양적 전제정과 서양적 자유'라는 구도는 후대의 해석이 덧씌워진 결과였다. 오늘날 민주주의의 뿌리를 설명할 때 이 전쟁이 언급되는 것도 이러한 이유에서다. 하지만 당시 사람들의 의도와 욕망은 훨씬 더 복잡하고 다층적이었다. 이처럼 그리스-페르시아 전쟁은 한 사건이 어떻게 당대의 맥락과는 다른 후대의 해석을 통해 새로운 의미를 얻고, 그 의미가 어떻게 현대 사회를 설명하는 하나의 상징으로 자리 잡을 수 있는지를 보여주는 사례라 할 수 있다.

이러한 서술 방식은 다른 사건들에서도 이어진다. 기독교의 확산, 십자군 전쟁, 신항로 개척, 종교개혁, 미국독립혁명과 프랑스혁명, 산업혁명, 두 차례의 세계대전과 냉전의 종식에 이르기까지, 각각의 사건은 당대 사람들이 처한 조건 속에서 내린 선택과 그 결과, 그리고 훗날 덧입혀진 해석이 맞물리며 오늘의 세계를 만들어 냈다. 이 세 갈래의 흐름이 교차하는 지점에서 우리는 역사가 과거의 기록이기만 한 것이 아니라 현재를 살아가는 우리의 모습, 그리고 삶과 긴밀하게 이어져 있음을 확인하게 될 것이다.

황혼이 내려앉은 뒤에야 비로소 날개를 펼치기 시작하는 미네르바의 올빼미처럼, 지나간 사건의 어둠 속에서 그 의미를 찾아내려 한다. 그렇다면 이제 올빼미의 날갯짓을 따라 생생한 역사의 현장으로 함께 들어가 보자. 그 첫 장은 머나먼 고대 지중해에서 울려 퍼진 전쟁의 함성, 바로 그리스-페르시아 전쟁에 관한 이야기다.

차
례

서양인의 정체성을 만든 전쟁

그리스-페르시아 전쟁

오늘날 우리가 서양을 생각할 때 가장 쉽게 떠올리는 이미지는 '자유'다. 서양인들은 오랫동안 자유를 그들의 정체성을 이루는 핵심으로 여겨왔으며, 이 인식은 영화와 같은 대중문화 속에서도 뚜렷하게 드러난다. 그 대표적인 예가 2007년 개봉한 영화 〈300〉이다. 이 영화 속에서 서양으로 인식되는 그리스의 스파르타 병사들은 거대한 페르시아 제국의 침공에 맞서 자유를 지키기 위해 싸우는 전사들로 묘사된다. 반면 페르시아군은 그저 왕의 명령에 복종하는 존재, 다시 말해 전제정의 노예처럼 그려진다. 고대의 전쟁을 '자유 대 전제정', '문명 대 야만'의 대결 구도로 보여주면서, 서양 문명이 스스로를 '자유를 수호한 문명'으로 기억하도록 만드는 서사의 연장선에 있는 작품이라고 할 수 있다.

이 영화의 배경이 되는 사건은 기원전 490년부터 479년까지 그리스와 페르시아 사이에서 벌어진 '페르시아 전쟁'이다. 이 전쟁은 서양과 동양 문명권의 첫 대규모 충돌이었고, 이 전쟁에서 그리스가 승리했기 때문에 서양 문화의 기반이 되는 그리스 문명이 보존되었다. 또한 이후 서양사의 흐름을 결정지은 분수령이 되는 사건이라 할 수 있다.

이 전쟁을 기록한 가장 중요한 사료는 기원전 5세기 후반, 헤로도토스가 집필한《역사》다. 이 책은 서양 최초의 역사서로 알려져 있으며, 이 작품을 통해 페르시아 전쟁은 단순한 전쟁을 넘어 '서양 문명의 기원'으로 자리 잡았다. 그러나 짚고 넘어가야 할 점은 헤로도토스가 직접 전쟁을 목격한 것은 아니라는 사실이다. 그가 다룬 사건들은 이미 수십 년 전에 일어난 일이었고, 그는 그리스 본토와 소아시아, 이집트 등지를 여행하며 전해 들은 이야기를 종합해 기록으로 남겼다.《역사》는 귀중한 자료지만 그리스인의 시선이 담긴 기록이라는 사실을 염두에 두고 접근해야 옳다. 오늘날 우리가 이 전쟁을 '자유를 지키기 위한 싸움'으로 기억하는 것도《역사》의 영향력 아래에 있다. 이렇게 형성된 이야기의 틀은 이후 오랜 세월 동안 서양인들이 자신들의 정체성을 이해하는 방식에 깊은 영향을 미쳤으며 2,500여 년 전에 벌어진 페르시아 전쟁은 서양 문명이 그들을 설명할 때 빼놓을 수 없는 출발점으로 자리 잡았다.

그런데 과연 당시의 그리스인들은 정말로 자유를 위해 싸웠을까? 영화 속에서 묘사된 그리스의 자유와 페르시아의 전제정은 역사적 사실을 잘 반영하고 있을까? 이 질문을 던지는 순간, 우리는 자유라는 가치가 언제, 어떻게 서양의 정체성으로 자리 잡았는지를 다시 생각해 보게 된다.

✦

그리스와 페르시아는 어떻게 만나게 됐을까

헤로도토스는 페르시아 전쟁을 설명하기 위해 전쟁 발발 약 50여 년

 ——— 1장. 서양인의 정체성을 만든 전쟁

전인 기원전 6세기 중반으로 거슬러 올라간다. 그의 이야기는 그리스 본토의 동쪽에 위치한 아나톨리아에서 시작하는데, 당시 크로이소스라는 왕이 이 지역에 위치한 리디아 왕국을 통치하고 있었다. 기원전 약 560년부터 546년까지 통치한 것으로 추정되는 크로이소스는 소아시아 서부 해안까지 영토를 확장한 것으로 보인다. 당시 이곳에는 그리스 본토에서 벗어나 정착지를 형성한 그리스인들의 여러 도시가 있었다.

크로이소스는 서쪽의 그리스인 정착지들까지 복속시키는 데 성공했고 곧 동쪽으로도 관심을 기울였는데, 이때 리디아 왕국의 동쪽에 위치한 국가가 페르시아였다. 크로이소스는 페르시아를 공격하기 위해 새로 점령한 그리스인들까지 동원하면서 전쟁을 벌였지만 크게 패해 권력을 상실하고 만다.

헤로도토스가 크로이소스를 통해 이야기를 시작하는 이유는 크로이소스가 전쟁에서 패배하면서 생겨난 파장이 리디아 왕국뿐 아니라 더 넓은 세계로까지 뻗어나갔기 때문이다. 크로이소스를 상대로 승리를 거둔 페르시아는 영토를 넓히면서 그리스인들과 직접 마주하게 되었다. 당시 소아시아의 그리스 정착지들 중에는 밀레투스처럼 재빠르게 페르시아 편에 서서 큰 화를 면하는 데 성공한 도시들도 있었으나 대부분의 도시는 크로이소스의 명령에 따라 전쟁에 나섰기 때문에 곧 이전보다 세금을 더 내는 가혹한 조건으로 페르시아의 지배를 받게 된다.

전쟁 전의 스파르타와 아테네

그렇다면 10여 년에 걸쳐 벌어진 페르시아 전쟁에서 중요한 역할을 하게 될 그리스의 대표적인 도시국가, 스파르타와 아테네는 이 시기에 무엇을 하고 있었을까? 사실 페르시아 전쟁이 일어나기 반세기 전까지만 하더라도 두 도시는 페르시아에 비하면 아주 미미한 도시국가에 불과했다. 아테네는 훗날 서양 민주주의의 발상지로 역사에 이름을 남기게 되지만, 이때까지만 하더라도 비합법적인 방법으로 권력을 장악한 일명 '참주'들의 통치로 혼란을 겪고 있었다. 그래도 페이시스트라토스라는 참주는 비교적 온건하게 도시를 통치했는데, 통치권을 물려받은 그의 아들 히피아스가 폭정으로 아테네인들의 반발을 샀고 결국 히피아스는 스파르타의 지원을 등에 업은 아테네 귀족들에 의해 쫓겨나고 만다. 이때 망명한 히피아스는 나중에 페르시아에 의탁해, 전쟁의 불씨를 제공하는 역할을 맡는다.

히피아스가 떠난 뒤 권력을 둘러싼 혼란 속에서 등장한 인물이 클레이스테네스였다. 그는 경쟁자들을 제치기 위해 아테네 시민에게 자신의 권력을 일부 나누어 주었고, 아이러니하게도 그가 권력을 잡기 위해 선택한 이 전략이 아테네 민주주의의 계기가 된다. 이를 지켜본 스파르타는 이웃 도시 아테네에서 귀족제가 약화할 것을 우려해 재차 무력 개입을 시도했고 아테네는 다시 혼란에 빠지고 마는데, 이때 클레이스테네스가 선택한 해결책은 의외였다. 스파르타의 간섭을 막기 위해 페르시아에 동맹을 요청한 것이다. 페르시아와 동맹을 맺으면 스파르타가 페르시아를 두려워해서라도 더는 아테네에 개입하지 못할 것이라는 예상에서 비롯한 결정이었다. 이처럼 아테네와 스파르타가 같은 편에 서서 페르시아와 전쟁을 벌이기 얼마 전까지만 해도 아테네가 페르시아와 손을 잡으려 했다는 사실은 이후 벌어질 페르시아 전쟁이 후세 서양인들이 해석한 것처럼 '자유를 상징하는 그리스'와 '노예제를 대변하는 페르시아'의 싸움과는 거리가 멀었다는 점을 잘 보여준다.

그러나 페르시아에 도착한 아테네의 사절단은 정작 원하는 성과를 거두지 못했다. 서쪽으로 영토를 확장하기 시작한 지 얼마 되지 않았던 페르시아가 아테네에 대해 잘 알지 못해서 동맹 요청에 시큰둥한 반응을 보였기 때문이다. 심지어 페르시아는 동등한 입장에서 맺는 동맹이 아니라 아테네의 일방적 복종을 요구하는데, 이때 아테네의 사절단은 페르시아의 복종 요구에 동의하는 결정을 내린다. 훗날 '자유의 수호자'로 불릴 아테네가 힘 있는 제국에 복종하는 쪽을 택한 것이다.

그리스인 정착지의 위기, 이오니아 반란

그리스 본토에서 이렇게 치열한 싸움이 벌어지고 있을 때, 소아시아 서부에 자리 잡은 그리스들의 상황은 어땠을까? 당시 이 지역에 정착해 있던 그리스계 이오니아인들 역시 새로운 정치적 위기를 맞았는데, 그 계기는 기원전 499년의 '이오니아 반란'이었다. 밀레투스의 참주 아리스타고라스가 정치적 입지를 지키기 위해 낙소스섬의 내분에 개입했다가 실패하자, 페르시아에 맞선 반란을 선동하는 길을 택한 것이다. 그는 참주정을 폐지하고 민주주의를 표방했지만, 이는 자유라는 이상을 실현하기 위한 선택이라기보다는 몰락을 피하려는 정치적 계산에 가까웠다.

반란은 페르시아의 지배에 대한 불만과 결합해 곧 소아시아의 여러 그리스 도시로 확산된다. 이전까지 리디아의 지배를 받던 이오니아인들은 이제 페르시아의 통치 아래에 놓이면서 더 무거운 세금과 군역을 부담해야 했기에 반란을 옹호하는 이들이 많았다. 아리스타고라스는 그리스 본토에서도 지원을 얻어내기 위해 그리스의 여러 도시를 직접 방문하기도 했다. 스파르타는 외부에서 벌어지는 갈등에 휘말릴 필요를 느끼지 못해 지원 요청을 거절했지만, 아테네는 20척의 선박을 보내주기로 약속했다.

그렇다면 아테네의 지원을 등에 업은 아리스타고라스의 페르시아 공격은 성공했을까? 이 공격은 시작하자마자 곧바로 실패했는데, 페르시아의 핵심 거점인 사르데스를 포위한 지 얼마 지나지 않아 페르시아의 지원군이 몰려오고 있다는 소문을 들은 이오니아인들이 겁을 먹고 달아나기 시작했기 때문이다. 아테네에서 파견된 아테네인들도 고향으로 돌아갔다. 페르시아의 왕 다리우스 1세는 한 걸음 더 나아가 밀레투스로 직접 군대를 파견했고, 이때도 그리스인 사이의 갈등

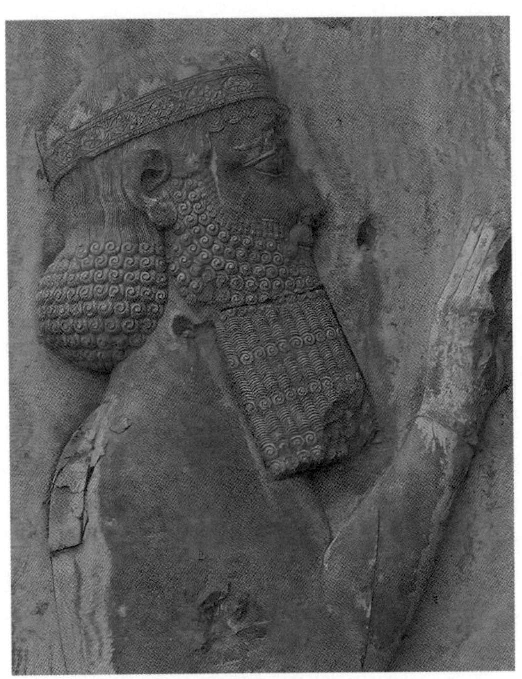

다리우스 1세

으로 저항선이 쉽게 뚫리고 말았다. 이 상황을 묘사한 헤로도토스의 기록에 따르면 이오니아의 도시들은 서로를 비겁하다고 비난하며 혼란에 빠졌다고 한다. 결국 이오니아 반란은 밀레투스가 파괴됨으로써 실패로 마무리되었다.

다리우스 1세는 이오니아 반란을 성공적으로 진압했지만 아직 한 가지 과제가 남아 있었다. 그것은 이오니아 반란에 참여했지만 제대로 된 벌을 받지 않은 세력, 아테네를 처벌하는 것이었다. 게다가 아테네는 페르시아에 복종하는 것에 동의한 적도 있었기 때문에, 아테네가 이오니아 반란을 지원한 일은 페르시아의 입장에서 봤을 때 명백한 반역이었다. 설상가상으로 다리우스 1세의 옆에는 아테네에서 쫓겨난 히피아스가 있었고, 그는 페르시아의 힘을 빌려 아테네에서 권력을 되찾겠다는 야심을 품고 다리우스 1세에게 아테네 공격을 부추겼다.

✦

본격적인 전쟁의 시작

아테네를 응징하려는 한 차례의 공격이 폭풍으로 좌절된 이후, 다리우스 1세는 다시 전쟁을 준비하면서 그리스의 전 도시국가에 항복의 상징으로 흙과 물을 바치라고 명령했다. 그런데 이오니아 반란을 공식적으로 지원한 도시는 아테네뿐이었고, 스파르타를 포함한 나머지 도시들은 지원을 거부했었기 때문에 다리우스 1세가 다른 도시에도 사신을 보낸 것이 다소 의아할 수도 있다. 역사학자들은 다리우스 1세가 이와 같은 조치로 그리스 내부의 분란을 야기하고, 전쟁을 원치 았았던 다른 도시들로부터 아테네를 정치적으로 고립시키고자 했다고 추측한다. 실제로 다리우스 1세의 의도대로 일부 도시들은 페르시아에 흙과 물을 바치기도 했다.

　아테네가 다리우스 1세의 요구를 거부하자, 약 2만 명으로 구성된 페르시아 군대가 사모스섬과 낙소스섬을 거쳐 그리스 내륙에 위치

페르시아에 흙과 물을 바치는 그리스의 도시국가

한 도시국가 에레트리아를 공격하기 시작했다. 그러나 아테네는 함께 이오니아 반란을 도왔던 에레트리아에 어떠한 지원도 해주지 않았고, 결국 이 도시는 일주일 만에 페르시아에 의해 함락되었다. 한편 진군을 계속한 페르시아군은 며칠 후 마라톤으로 항해해 그곳에 상륙했다. 이에 아테네의 지도자들은 페르시아군에 맞서 어떻게 싸울지 한참 동안 논쟁하다가 결국 마라톤 평원에서 결전을 벌이기로 결론을 내렸다. 이는 단순한 군사적 선택을 넘어 외세의 압력 속에서 스스로 자유를 지키겠다는 결연한 의지의 표현이기도 했다. 이 결정은 훗날 '자유를 수호한 도시'로서 아테네의 이미지를 형성하는 중요한 계기가 된다.

마라톤 전투의 진실

마라톤 평원에서 펼쳐진 마라톤 전투는 서양 문명에서 '야만'의 페르시아로부터 '문명' 그리스를 지켜낸 결정적인 승리로 기억된다. 이 전투를 가리켜 헤겔은 "교양과 정신의 힘을 구원하고 아시아적 원리의 힘을 무력화한 전투"로 칭송했고, 한 역사학자는 "유럽의 첫 울음소리"에 비유했다. 이처럼 근대 이후 이 전투는 서양이 그들의 기원을 설명할 때 빼놓지 않고 언급하는 상징적 사건이 되었고, 마라톤이라는 스포츠 종목 또한 이러한 기억에 영향받아 탄생했다. 아테네가 페르시아를 상대로 승리를 거두자 이 기쁜 소식을 알리기 위해 아테네의 한 병사가 마라톤에서 아테네까지 쉬지 않고 달렸고, 승전보를 전한 뒤에 숨을 거두었다는 이야기에서 유래한 것이다. 이 종목이 현대 올림픽에서 대회의 마지막 날 치러지는 것도 이런 상징성을 반영한다.

그렇다면 마라톤 전투의 실제 모습은 어떠했을까? 헤로도토스의 기록에 전적으로 의존해 생각할 수밖에 없는데, 헤로도토스도 전투가 끝난 지 수십 년 후에 여러 증언과 다른 이들의 기억에 기반해 기록을 남겼기에 그의 기록을 있는 그대로 받아들이기는 어렵다. 헤로도토스에 따르면, 아테네는 스파르타의 지원군이 도착하기 전에 페르시아군을 공격하기 시작했고 스파르타는 전투 직전 보름달이 차기 전에 군대를 파병하면 불길하다는 이유로 파병을 늦추고 있었다. 따라서 스파르타군은 전투가 시작되고 승패가 어느 정도 결정되고 나서야 아테네에 도착했다.

아테네는 스파르타군이 늦게 도착했음에도 불구하고 페르시아군을 마라톤에서 몰아내는 데 성공했다. 그러나 약 200여 척의 페르시아 배 중 단 7척만을 뺏어오는 데 성공했다는 기록에서 페르시아의 피해도 아주 크지는 않았을 것이라고 추정할 수 있다. 마라톤에서 밀려난 페르시아군은 다른 지역에 다시 상륙하려고 시도하지만 실패하고 본국으로 돌아간다.

그런데 마라톤 전투의 양상을 정확하게 파악하기가 어려운 것과 별개로 이 전투와 관련해서 한 가지 분명한 점은 있다. 현대 스포츠 마라톤의 기원으로 알고 있는, 아테네 병사의 이야기가 허구라는 사실이다. 이는 여러 가지 사실로부터 유추할 수 있는데, 일단 페르시아 전쟁과 관련해 가장 중요한 사료를 제공하는 헤로도토스 본인이 이와 관련된 이야기를 하지 않았다. 또 아테네 병사가 언급된 가장 오래된 기록은 《플루타르코스 영웅전》의 작가 플루타르코스가 남긴 기원후 2세기의 기록인데, 이때는 이미 마라톤 전투가 벌어진 지 약 600년이 지난 후였다. 플루타르코스는 자신이 하는 이야기가 두 가지 경로를 통해 사람들 사이에 전해져 왔다고 주장했는데, 본인이 말하는 두 가지 전승에 등장하는 병사의 이름도 다르며 병사가 남겼다고 전해지는 말 역시 다르다고 밝혔다. 이 때문에 실제로 플루타르코스를 연구하는 학자들은 이 기록이 사실이 아니라는 점에 의견이 거의 일치한다.

마라톤 전투 후의 아테네와 페르시아

페르시아를 상대로 승리를 거둔 아테네 내부의 여론은 어땠을까? 전투에서 승리했다는 사실만을 생각한다면 일방적인 환호의 목소리가 컸을 것이라고 생각하기 쉽지만, 사실 아테네에는 양가적인 여론이 존재했다. 중요한 전투에서 승리했다는 안도감도 물론 있었지만, 전투에서 패배한 페르시아가 머지않아 재차 침입할 수도 있다는 불안감이 있었기 때문이다. 게다가 승리감에 고양된 사이에 기회를 포착해 새로 권력을 잡으려는 여러 세력 간의 갈등도 커지고 있었다. 독재자 등 나라에 해를 끼치리라 생각되는 인물을 투표로 추방하는 도편추방제까지 동원한 끝에 권력을 차지한 사람은 테미스토클레스였다.

권력을 잡은 테미스토클레스는 이후 페르시아와의 전쟁에서 결정적인 역할을 하게 될 한 가지 정책을 관철시킨다. 기원전 483년, 라우리온이라는 지역에서 대규모 은 광산이 발견되었고 아테네의 많은 시민은 발견된 은을 나눠 받기를 요구했다. 그러나 테미스토클레스는 이런 여론에 동의하지 않았고 은을 군선을 건조하는 데 쓰자고 주장했다. 그 덕분에 이후 벌어진 살라미스 해전에서 아테네가 페르시아를 상대로 큰 승리를 거두자 테미스토클레스의 결정은 뛰어난 선견지명으로 칭송받게 된다.

그러나 사실 테미스토클레스가 이 결정을 내렸을 때 대비하고자 했던 대상은 마라톤 전투에서 패배한 뒤 일단 전쟁에서 한발 물러난 페르시아보다도 아테네와 당장 경쟁하고 있던 그리스 아이기나섬의 도시국가였다. 테미스토클레스의 뛰어난 능력과는 별개로 운도 이후의 역사에 큰 영향을 끼친 셈이다.

아테네에서 테미스토클레스가 새로운 권력자로 떠오르고 있을 때, 페르시아에서는 다리우스 1세가 사망하고 크세르크세스가 새로운 왕으로 즉위했다. 그리고 그는 즉위하자마자 이집트 지역에서 일어난 반란을 진압한 뒤에 그리스를 다시 공격하기로 결심했다. 헤로도토스에 따르면 크세르크세스는 다리우스 1세처럼 실패하지 않기 위해 즉흥적인 결정을 피하고 철저한 계획에 따라 전쟁을 준비했는데, 그 준비가 4년이나 걸렸다.

장기간에 걸친 준비 끝에 그리스 원정을 시작하게 된 크세르크세스는 곧 첫 번째 과제에 맞닥뜨리는데, 그것은 헬레스폰트 해협을 건너는 일이었다. 크세르크세스는 이 해협을 건너기 위해 다리를 건설했고, 그의 행위에는 이후 두 가지 중요한 의미가 부여되었다. 하나는 아시아를 건너 유럽에 도달했다는 것이고, 또 하나는 이로써 신이 인간에게 부여한 한계를 인위적으로 넘어섰다는 것이었다.

한편 페르시아군이 그리스로 향하고 있다는 소식이 들려오자 그리스의 모든 도시국가 대표들은 한데 모여 대책을 논의했다. 이때 현재의 그리스 지역뿐만 아니라 지금의 이탈리아 남부와 시칠리아의 그리스인 정착지 대표들까지 모였는데, 이는 당시 그리스인들이 생각한 그리스, 즉 '헬라스Hellas'가 이 광범위한 지역을 모두 포괄했음을 알려준다.

기원전 5세기 그리스인 정착지

한자리에 모인 도시국가의 대표들은 그동안 있었던 갈등을 모두 제쳐두고 단결하기로 합의하는 동시에 페르시아와의 항전을 결의했고, 항전하지 않고 페르시아와 협력하는 도시국가들을 처벌하기로 결정했다.

테르모필레 전투와 살라미스 해전

페르시아가 다시 그리스를 침략해 벌인 첫 번째 주요 전투는 우리에게 영화 〈300〉의 배경으로 잘 알려진 테르모필레 전투였다. 전투 자체는 스파르타의 왕 레오니다스 1세가 300명의 군대로 좁은 길을 지키다 크세르크세스에게 우회로를 알린 내부 배신자 때문에 사흘 만에 전사한 비교적 간단한 전투였다. 그러나 영화로도 만들어진 것에서 알 수 있듯이 이 전투는 국가에 대한 충성과 의무를 충실히 이행하는 스파르타인의 모습을 보여주는 대표적인 사례로 남게 되었다. 비록 레오니다스 1세의 동기를 명확히 알 수는 없지만, 그가 보여준 결연한 저항은 조국을 위해 끝까지 싸운 왕의 이미지를 낳았고, 이는 이후 스파르타 정신을 대표하는 상징으로 자리 잡았다.

테르모필레에서 승리한 페르시아군은 기세를 몰아 곧 아테네까지 진격했다. 그런데 페르시아군이 도착했을 때 아테네인들은 이미 도시를 비우고 살라미스에서 해전을 준비하고 있었다. 헤로도토스는 테르모필레에서의 패배 소식을 듣고 아테네인들이 도시를 떠났다고 말했지만, 실제로는 아테네인들이 이미 그보다 앞서 도시를 비웠던 것으로 보인다. 그러니까 아테네인들은 테르모필레에서 스파르타가 시간을 끌지언정 결국 패배할 것이라고 예측해 일찍부터 해전을 준비한 것이다. 아테네인들은 진군해 오는 페르시아군을 상대로 비교적 침착하게 전쟁의 상황을 평가하고 있었다.

어쨌든 아테네인들이 도시를 비웠기 때문에 페르시아군은 큰 어려움 없이 아테네를 점령할 수 있었다. 도시국가들의 해군도 그 상황을 예측하고는 있었지만, 그럼에도 불구하고 아테네가 점령되었다는 사실은 워낙 충격적인 일이었기 때문에 큰 동요가 일었다고 전해진다. 실제로 몇몇 도시국가의 지도자들은 살라미스를 일단 포기하고 후일을 도모하자고 주장하기도 했다.

이렇게 혼란이 커지고 있을 때 등장해 소란을 잠재운 인물이 바로 테미스토클레스였다. 그는 일단 철수하게 되면 그리스 연합군이 사실상 해체될 것이며, 연합군에서 가장 큰 비중을 차지하는 아테네인들이 자신들의 도시가 점령되면 전쟁을 지속할 의욕을 잃을 것이라고 말했다. 철수하지 않는다는 자신의 결정을 관철시킨 테미스토클레스는 살라미스 해전에서 승리를 이끌어내며 페르시아로부터 그리스를 지켜내는 데 결정적인 역할을 한다.

그러나 살라미스 해전이 구체적으로 어떤 양상으로 전개되었는지에 관해서는 거의 알려져 있지 않다. 이 전쟁에 관한 대부분의 기록을 남긴 헤로도토스조차 "서로 모순되는 너무나 많은 진술을 들었다"라며 말을 아꼈다. 확실한 것은 전투가 치러지던 날 저녁에 페르시아 함선 대부분이 침몰했다는 사실이다. 헤로도토스는 그리스의 승리를 영광스러운 사건으로 서술했지만 결코 전쟁 자체를 찬양하지는 않았다. "평화로운 시대에는 자식이 부모를 묻고, 전쟁의 시대에는 부모가 자식을 묻는다"라는 그의 말은 자연스러운 삶의 순리가 뒤집히는 전쟁의 비극을 다시금 일깨운다.

✦

두 번의 전투에 대한 집단기억

테르모필레와 살라미스는 이후 그리스뿐만 아니라 유럽 문화에서 대표적인 '기억의 장소'로 남아 유럽인의 집단정체성 형성에 중요한 역할을 했다. 특히 테르모필레 전투는 그저 패배의 기억으로 남을 수도 있었으나 일명 '시모니데스의 비석'으로 알려진 기념비 덕분에 역사적으로 중요한 의미를 지니게 되었다. 헤로도토스도 직접 이 비석을 확인하고, 그 위에 새겨진 "나그네여, 스파르타에 가거든 그곳 사람들에게 말해 다오. 법이 명령하는 대로, 우리가 여기에 쓰러져 있는 것을 보았다고"라는 문구를 읽어보았다고 전해진다. 전사한 스파르타 병사들을 추모하기 위해 세워진 이 비석은 이후 유럽사에서 국가에 대한 의무와 충성을 상징하는 의미로 계속해서 소환되었다. 로마 시대에는 로마의 정치가이자 문학가인 키케로가 이 문구를 직접 라틴어로 번역했고, 18세기에는 독일의 작가 프리드리히 실러가 독일어로 번역했다. 또한 이 전투는 르네상스 이후 지속적으로 화가들의 작품 주제로 다뤄졌는데, 자크 루이 다비드의 그림 〈테르모필레의 레오니다스〉가 대표적이다. 테르모필레 전투를 기억하는 데 있어 시모니데스의 비석이 얼마나 중요했는지는 이 그림을 보면 알 수 있는데, 실제로 비석은 전투가 끝난 뒤 세워졌지만 다비드는 전투 장면 안에 그려넣음으로써 그 의미를 강조하고자 했다.

이후 레오니다스 1세는 유럽 사회에서 그때 그때 시대적 상황에 맞게 어느 때는 입헌군주제의 상징으로, 또 다른 때에는 국가를 위해 희생한 시민의 지도자로 해석되어 왔다. 한 가지 예로 독일 사회에서 그가 프리드리히 실러의 번역 이후 애국정신의 상징으로 여겨졌다가, 19세기에는 민주적 개혁의 상징이 된 역사를 들 수 있다. 그러다가 2차 세계대전 중에는 또 다르게 이용되었는데, 소련을 침략한 독

〈테르모필레의 레오니다스〉, 자크 루이 다비드, 1814년

일군이 충성심을 강조하기 위해 레오니다스 1세를 자의적으로 소환했기 때문이다. 독일의 장군 헤르만 괴링은 나치의 권력 장악 10주년을 기념하는 라디오 연설에서 "독일에 오거든 법이, 즉 우리 민족의 안보를 위한 법이 명령하는 대로 우리가 스탈린그라드에 쓰러져 있는 것을 보았다고 전해달라"고 말하며 독재 체제에서 역사의 자의적 해석이 얼마나 쉽게 일어날 수 있는지 보여주었다. 헤로도토스가 《역사》를 쓰며 전쟁의 위험성을 경고하고자 한 목적은 나치와 같은 독재 정권 앞에서는 힘을 발휘하지 못했다.

✦

승리 후에도 사라지지 않은 전쟁의 그림자

살라미스 해전 이후 그리스 도시국가들과 페르시아의 상황은 어땠을까? 해전에서 그리스 연합군이 대승을 거두기는 했지만 페르시아 전쟁은 완전히 종결되지는 않았다. 크세르크세스는 일단 철수하되, 다음 전쟁을 다시 준비한다는 계획을 가지고 있었고 그리스 역시 이런 크세르크세스의 생각을 알고 있었기 때문에 그를 막기 위해 골몰했다.

살라미스 해전을 승리로 이끈 테미스토클레스는 해군을 이끌고 먼저 주요 퇴각로인 헬레스폰트로 가서 크세르크세스의 철군을 방해한다는 계획을 세웠으나 이 계획은 다른 그리스 도시국가 지도자들로부터 지지를 얻지 못했는데, 여기에는 나름의 이유가 있었다. 많은 그리스인이 철수하고 있는 크세르크세스를 더욱 궁지에 몰면 그리스 안에 고립된 그가 더 전력을 다해서 싸울 것이라고 우려한 것이다. 그래서 그리스 연합군은 크세르크세스와 계속 싸우는 대신 군대를 이끌고 전쟁 중에 친페르시아 입장을 취했던 그리스 내 다른 도시국가들로 달려가 보상을 요구하고, 그렇게 해서 생긴 돈으로 이후의 또 다른 전쟁을 준비하기로 한다.

그리스 연합군이 페르시아군을 더 추격하기를 포기한 덕분에 크세르크세스는 45일 동안 철군한 끝에 마침내 페르시아로 돌아가는 골목인 보스포루스 해협에 도달하는 데 성공했다. 그러나 이때 페르시아군은 식량을 제대로 구하지 못해 풀과 나뭇잎을 먹어야 할 정도로 크게 고생하고 있었다. 한편 크세르크세스가 철군하는 와중에 페르시아군의 지휘관 중 한 명이었던 마르도니우스가 상황을 만회하기 위해 그리스 북부의 마케도니아에서 아테네로 사신을 보냈다. 사신은 "그동안 아테네가 페르시아에 행한 잘못을 용서한다"라는 형식적인 말을 전하며 페르시아가 아테네의 자치권을 인정하고 전쟁 동안 파괴된 신전을 복구하는 비용도 지원하겠다고 약속했다. 전쟁으로 큰 피해를 입은 아테네의 입장에서는 분명 구미가 당길 만한 제안이었지만, 이를 받아들이는 것은 아테네에 대한 페르시아의 주권을 공식적으로 인정하는 것이나 다름없었기에 아테네는 거절했고, 협상은 실패로 돌아갔다.

페르시아의 사신이 큰 소득을 얻지 못하고 돌아가자 또 한 차례의 전쟁이 일어날 것이라는 예감이 그리스 도시들에 감돌기 시작했다.

살라미스 해전에서 페르시아 해군이 심각한 피해를 입었기 때문에 다음 전투는 육지에서 일어날 것이라는 데 그리스인 대다수가 동의하고 있었다. 이러한 예상은 마르도니우스를 지휘관으로 한 페르시아 군대가 다시 한번 그리스를 공격하면서 적중했다. 마르도니우스는 기원전 579년 6월부터 아테네를 포함한 아티카 지역을 점령했고, 이에 따라 아테네인들은 다시 한번 도시를 떠나야 했다. 그러나 지난번과는 달리 이번에는 양쪽 모두 결정적인 전투를 피하면서 상대의 자멸을 기다렸다. 마르도니우스는 그리스 도시국가들 사이에서 내분이 일어나기를 기다렸고, 그리스인들은 페르시아의 보급을 끊는 데 집중했다.

✦

긴 전쟁을 끝낸 플라타이아이 전투

이런 지지부진한 상황을 끝내고, 페르시아 전쟁의 끝을 알린 마지막 전투가 플라타이아이 전투였다. 양쪽을 합쳐 10만 명이 넘는 군사가 동원됐을 것이라고 추정되는 이 전투는 페르시아 전쟁이 그리스의 승리로 끝나게 했지만, 사실 이 전투에서도 그리스 도시국가들은 완전히 하나로 단결하지 못했다. 심지어 아테네와 스파르타는 이미 전투하기도 전에 서로 간 의전서열을 따지는 문제로도 갈등을 겪을 정도였다.

그러나 본격적인 갈등은 그리스 연합군의 지휘관 파우사니아스가 물 보급 문제를 이유로 전략적 철수를 명령한 순간에 철군이 체계적으로 이루어지지 못한 데서 일어났다. 이는 무엇보다도 테르모필레 전투에서 레오니다스 1세가 철수하지 않은 채 전사했기에 스파르타 안에서는 어떠한 철수도 받아들일 수 없다는 의견이 팽배해졌기 때문이었다. 스파르타는 계속해서 철수는 곧 비겁함의 상징이나 다름없다고 주장하며 파우사니아스의 명령을 따르지 않았다. 파우사니아스는 어쩔 수 없이 스파르타인들을 그대로 내버려두고 철수하기에 이르렀고 스파르타인들은 홀로 페르시아군과 맞서게 된 이후에야 사태의 심각성을 깨닫고 뒤늦게 철수를 시작했다.

그러나 결과적으로는 그리스의 내분이 그리스의 승리를 가져오게 된다. 스파르타군이 뒤늦게 철수하며 공격당할 때까지만 해도 상황은 페르시아군에 유리해 보였다. 그러나 페르시아군 궁병의 화살 공격 이후 서로 가까이 붙어 싸우는 백병전이 시작되자 잘 훈련된 스파르타군이 페르시아군을 상대로 선방했다. 그런데 다소 허무하게도 페르시아군의 지휘관 마르도니우스가 사망하자 전투는 급하게 종결되었다.

파우사니아스는 명확한 전략이 없었고 스파르타인들을 설득하는 데도 실패했지만 졸지에 마지막 전투를 승리로 이끈 그리스의 영웅이 되었다. 나중에 그리스인들이 승리를 기념할 때 파우사니아스는 델피의 신전에 페르시아 군대를 전멸시킨 영웅으로 자신의 이름을 새겨넣었다. 그러나 스파르타인들은 나중에 그의 이름을 지웠는데, 이 일화는 그리스 내부에서도 페르시아 전쟁을 기억하는 방식에 심각한 차이가 존재했다는 것을 보여준다.

✦

전쟁 후 결성된 아테네 해군 연합

이렇게 그리스 연합군이 마지막 전투에서도 승리하면서 그리스와 페르시아 사이의 전쟁은 그리스의 승리로 끝났다. 그러나 전쟁에서 승리했음에도 불구하고, 보다 장기 역사적 관점에서 보면 페르시아 전쟁은 오히려 그리스에 더 큰 비극의 씨앗을 남긴 전쟁에 가까웠다. 전쟁 이후 아테네와 스파르타의 갈등이 증폭되었으며, 나중에 펠레폰네소스 전쟁으로까지 이어지면서 그리스 도시국가들이 보게 된 피해가 페르시아 전쟁 때보다도 훨씬 심각했기 때문이다.

기원전 479년 플라타이아이 전투로 페르시아 전쟁이 막을 내린 뒤 그리스 아테네는 약 50년 동안 유례없는 전성기를 맞이했다. 아테네는 새로운 공격을 막는다는 이유로 도시를 수비할 수 있는 거대한 성벽을 건설했고, 해군도 증강했다. 성벽 건설은 명분상으로는 페르시아를 방어하기 위한 것이었지만, 궁극적으로는 스파르타를 비롯한 다른 도시국가와 충돌이 일어날 때도 활용될 수 있었기에 그리스 내에서 반발을 불러오기에 충분했다. 아테네 역시 상황의 민감함을 인지하고 스파르타 몰래 최대한 빠르게 건설을 진행했다. 뒤늦게 이 사실을 알게 된 스파르타는 아테네를 방해하고 싶었지만 페르시아 전쟁으로 인해 너무나 큰 피로감을 겪고 있었기 때문에 또 다른 전쟁을 감수할 여력이 남아 있지 않아 그러지 못했다. 결국 아테네의 성벽은 완성되기에 이른다.

아테네는 성벽으로 내륙에서의 안전을 확보하는 동시에 해군을 이용해 공격적인 팽창을 이어나갔다. 그리스의 바다였던 에게해의 많은 섬은 페르시아의 공격을 걱정했기 때문에 아테네를 중심으로 한 해군 연합에 편입되어 아테네의 보호를 받고자 했다. 이렇게 결성된 해군 연합은 군건한 동맹이 되었는데, 해군 연합에 가입하는 도시국가들은 '같은 적과 같은 친구'를 공유하기로 맹세해야만 했다. 또 일단 한번 가입하면 영구적으로 이 동맹에 속했다. 문제는 처음에야 '적'에 페르시아만 속했지만, 나중에 가서는 언제든지 스파르타도 포함될 수 있다는 데 있었다. 아테네는 아테네와 스파르타가 전쟁을 벌이면 해군 연합에 속한 다른 도시국가들도 자동으로 스파르타와 전쟁을 하게 되는 체제를 완성해 둔 것이다.

이렇게 완성된 아테네 중심의 해군 연합은 제국에 가까운 모습을 보였다. 키오스, 사모스, 레스보스와 같은 비교적 큰 섬들은 아테네가 원정을 다닐 때 함께 군선을 보냈고, 이보다 작은 도시국가들은 재정을 지원함으로써 아테네의 원정을 도왔다. 아테네 해군은 트라키아와 에게해에 있는 페르시아 거점지들을 파괴하고 크고 작은 전투에서 페르시아를 상대로 국지적인 승리를 거둠으로써 언젠가 그리스를 다시 공격하겠다는 페르시아의 계획을 무위로 만들었다. 이 과정을 거쳐 에게해는 페르시아 전쟁 후 완전히 아테네의 바다가 되었다.

　　　　　　　　　　1장. 서양인의 정체성을 만든 전쟁

✦

페르시아 전쟁의 역설

그러나 고대 그리스의 비극은 아테네가 이렇게 승리의 열매를 달콤하게 맛보고 있을 때 이미 싹트고 있었다. 아테네만큼이나 페르시아 전쟁의 승리에 공헌한 스파르타가 그리스에서 철저하게 배제되고 있었기 때문이다. 아테네가 성벽을 건설하면서 스파르타는 영향력을 오히려 전쟁 이전보다도 상실했다. 페르시아 전쟁이 끝난 지 딱 20년 만인 기원전 459년에 아테네와 스파르타 사이에 벌어진 무력 충돌이 아테네와 스파르타가 인식한 전후의 질서가 서로 크게 엇갈렸음을 방증한다. 잠시 화해한 두 도시국가가 기원전 431년에 마침내 고대 그리스 세계의 몰락을 가져올 펠레폰네소스 전쟁에 돌입했다는 것, 그리고 이때 페르시아 전쟁 당시 함께 페르시아를 비난한 명분, 즉 상대가 나의 '자유'를 강탈하려 한다는 이유를 들어 이번에는 서로를 공격하기로 한 사실이 갈등이 얼마나 심각해졌는지를 적나라하게 보여준다.

페르시아 전쟁은 이후 유럽과 서양의 역사에 지대한 영향을 미쳤다. 우선 전쟁에서 그리스가 승리함으로써 그리스 문명이 보존될 수 있었다. 그러나 지금까지 살펴봤듯이 이 전쟁을 단순히 자유를 대변하는 그리스와 전제정을 대표하는 페르시아의 싸움으로 환원할 수는 없다. 페르시아 전쟁에 임한 그리스 도시국가들을 단순히 자유라는 이름으로 포괄하기에는 도시국가들 사이에 너무나 많은 갈등과 내분이 있었다. 페르시아 전쟁에서 승리했음에도 불구하고 전쟁으로 인해 생겨난 도시국가 간의 갈등이 결국 고대 그리스의 몰락을 가져왔다는 점은 역사의 역설을 보여준다.

역사적으로 봤을 때 더 중요한 사실은 어쨌든 이후의 서양 문명에서 이 전쟁이 자유를 지키기 위한 전쟁으로 기억해 왔다는 데 있다. 그런 의미에서 이 전쟁은 서양인이 자신들을 어떻게 규정하는가를 엿볼 수 있는 사건이다. 유럽인들은 스스로 정체성을 찾아 나설 때 끊임없이 페르시아 전쟁으로 되돌아갔고, 그 과정에서 자유라는 정체성을 끊임없이 강화해 나갔다. 전쟁이 벌어진 지 2,500여 년이 지났음에도 불구하고 서양과 서양의 역사를 이해하기 위해 이 전쟁을 알아야 하는 이유가 여기에 있다.

제국의 권력과
손잡은
십자가

콘스탄티누스의 밀라노 칙령

기원후 1세기의 어느 날, 로마의 변방 유대 지방에서 '신의 아들'을 자처하던 한 남자가 십자가에 매달려 처형되었다. 예수라는 이름의 이 남자는 로마 제국 정부의 눈에는 그저 한 명의 불온한 예언자에 불과했고, 유대 사회의 눈에도 위험한 이단자로 보일 뿐이었다. 그런데 이상한 일이 벌어졌다. 예수가 죽은 후에 오히려 그를 따르겠다는 기독교 신자들의 무리가 여기저기서 생겨난 것이다. 그들은 예수의 가르침을 전하면서 함께 기도하고 고난받는 이들을 돌보며 새로운 공동체를 이루었다.

로마 정부는 이 무리를 위험한 존재로 여겼다. 그들은 황제를 숭배하지 않았고 신전에 제사도 올리지 않았으며, 공공의 질서를 따르지도 않았다. 그뿐 아니라 황제보다 더 높은 권위의 원천으로 신을 말하고 있었다. 따라서 이들에 대한 박해는 점차 거세졌다. 어떤 황제는 이들을 처형했고, 어떤 황제는 제국 전체에서 기독교인을 찾아 벌하기도 했다.

그러나 이런 박해는 신앙의 불꽃을 꺼트리지 못했다. 기독교 신자들은 로마의 지하 묘지 카타콤으로 숨어들어 목숨을 걸고 신앙을 지켰다. 황제의 가족과 귀족, 병사와 노예, 남녀노소를 가리지 않고 기독교는 오히려 제국 곳곳에 번져갔다. 마침내 313년, 로마의 황제 콘스탄티누스는 '밀라노 칙령'으로 기독교를 공인한다. 이로써 기독교인들이 이제껏 목숨 바쳐 지켜낸 신앙은 이제 제국의 중심에서 보호받는 새로운 질서로 자리 잡게 된다. 십자가는 더 이상 형벌의 표식이 아니라 제국의 새로운 상징이었다.

이번에는 박해받는 소수 종교였던 기독교가 어떻게 제국의 질서가 되었는지, 그리고 그 변화가 서양 세계의 정치, 의식에 어떤 전환점을 남겼는지 살펴보려 한다. 단순히 신앙의 차원을 넘어 서양 세계의 정체성과 질서를 이루는 핵심 언어가 된 기독교의 여정을 따라가보자.

✦

십자가 위의 반역자

기원후 1세기, 로마 제국의 변방 유대 땅에는 불안과 긴장이 들끓고 있었다. 내부 분열이 심해 스스로 로마에 중재 요청을 한 뒤에 사실상 로마의 속국이 된 유대인들은 로마의 식민 통치를 받으면서도 자신들의 신앙과 전통을 지켜나가려 했고, 로마 정부는 이들을 무력으로 누르려고 했다. 유대 사회 안에서는 종교 분파와 정치 입장이 갈려, 서로가 서로를 비난하며 날을 세웠다. 이런 혼란 속에서 사람들은 '메시아', 곧 자신들을 구원해 줄 사람이 나타나기를 기다리고 있었다. 이들에게 메시아란 단지 종교적 구원자가 아니라 이 땅의 현실을 근본적으로 바꿔줄 존재였다.

바로 이 시기에 갈릴리 출신의 한 청년, 예수가 등장한다. 그는 예루살렘의 권력자도 로마의 총독도 아닌 병든 자, 가난한 자, 죄인이라 불리던 자들과 함께했으며, "천국이 가까이 왔다"고 외쳤다. 그러나 그가 말한 천국은 이 땅과 무관한 내세적 세계가 아니었다. 그 곳은 오히려 지금 이 땅에서 정의가 실현되고, 낮은 자가 높아지는 세상이었다. 예수의 비유와 가르침, 그리고 행동은 당시 유대 종교 지도자들의 권위와 충돌했고, 로마가 유지하려던 제국의 질서에도 균열을 일으키기 시작했다.

예수는 사람들의 존경을 받았지만 반대로 그의 급진적 가르침을 두려워하는 이들도 적지 않았다. 그는 안식일에 병자를 고치며 율법 자체보다 자비를 강조했고, 성전에서 상인들을 내쫓으며 종교가 돈과 권력에 물들었다고 비판했다. 점점 더 많은 사람의 마음을 움직인 그는 곧 사람들이 오랫동안 기다려 온 메시아로 받아들여지기 시작했다. 그리하여 유대 종교 지도자들과 로마 당국의 눈에 그는 단순한 설교자를 넘어, 질서를 뒤흔드는 위험한 인물로 보이게 된다.

결국 예수는 '유대인의 왕이라 자처했다'는 혐의로 체포되어 로마 총독 폰티우스 필라투스 앞에 서게 되었다. '유대인의 왕'은 그를 조롱하기 위한 말이기도 했지만, 황제만이 지배하며 다른 어떤 권위도 인정하지 않는 로마 제국에서 그가 벌인 죄를 상징적으로 보여주는 말이기도 했다. 그렇게 예수는 반역죄로 십자가형을 선고받고 예루살렘 외곽 골고다 언덕 위에서 못 박혀 죽었다. 당시 십자가형은 오직 가장 비천한 자, 가장 위험한 자에게만 내려지는 처형이었다. '신의 나라'를 말했던 젊은 남자는 제정의 질서 속에서 제거되고 말았다.

그런데 이후 놀라운 일이 일어났다. 예수를 따르던 이들은 그가 죽은 지 사흘 만에 부활했다고 믿었다. 그리고 이 믿음은 단지 슬픔을 달래기 위해 만들어진 신화에 그치지 않았다. 이들은 예수가 여전히 살아 있으며 그의 가르침이 더 큰 권위를 지닌 진리라고 확신했다. 이 믿음은 걷잡을 수 없이 퍼져나갔고 예수를 눈으로 본 자들, 그의 말을 들은 자들 그리고 그 이야기를 전해 들은 자들까지 모여 새로운 공동체가 만들어지기 시작했다. 공동체를 이룬 이들은 함께 모여 기도하고 재산을 나누었으며 주인이 아니라 예수의 이름으로 자신을 불렀다. 황제를 숭배하지도 않았고, 로마의 신전에서 절하지도 않았다. 그들에게 진정한 주인은 살아 있는 황제가 아니라 십자가에 못 박혔다가 부활한 예수와 그의 아버지인 하나님이었다.

로마 정부는 기독교가 단순한 종교가 아닌 또 하나의 세계관이자 질서가 되어가는 모습을 지켜보며 두려워할 수밖에 없었다. 이런 두려움은 결국 거친 탄압으로 이어지게 된다.

✦

박해 속에서 믿음을 지킨 카타콤의 신자들

예수와 그의 가르침을 따르는 공동체의 일원들이 더 이상 갈릴리나 예루살렘에만 있지 않고 이동하면서 기독교는 무역로와 전쟁으로 열린 길을 따라 로마 제국의 안쪽으로 조용히 스며들어 갔다. 이들은 도시 외곽의 카타콤에 모였고, 새벽이 오기 전에 공동으로 식사하며 함께 기도했다. 이 공동체는 혈통도 신분도 구분하지 않았다. 주인과 노예가 같은 자리에 앉았고, 그 자리에는 여성도 있었다. 권위와 서열에 민감했던 로마 제국의 관점에서 이들의 모임은 질서를 파괴하는 반사회적 결사로 보이기에 충분했다.

그렇기에 기독교 박해는 일찍부터 시작되었다. 가장 악명 높은 박해는 네로 황제의 시대에 일어났다. 네로 황제는 로마에서 발생한 대화재의 책임을 기독교인에게 전가했고, 수많은 신자를 십자가에 못 박아 죽이거나 기름을 바른 채 불태워 정원을 밝히는 횃불로 사용했다. 그러나 이 박해는 일회적인 것이 아니었다. 3세기 중반 데키우스 황제는 로마의 전통 종교를 부흥시키기 위해 모든 시민이 신에게 제물을 바치도록 명령했고, 이에 응하지 않은 기독교인은 고문하거나 처형했다. 뒤이은 디오클레티아누스 황제는 더 철저했다. 그는 로마 제국 전체에서 기독교인을 색출해 교회를 불태우고 성서를 몰수했으며 신자들을 강제로 개종시키거나 죽였다. 물론 모든 황제가 기독교를 박해한 것은 아니었으며 간헐적으로 비교적 관용적인 정책이 등장하기도 했다. 하지만 제국 차원의 박해는 주기적으로 반복되었다.

그러나 반복된 박해 속에서도 기독교는 사라지지 않고 오히려 지하로, 그리고 로마인들의 마음속으로 번져나갔다. 1세기 말 약 5만 명에 달했을 것으로 추정되는 로마 기독교인의 수는 3세기 후반 약 120만 명으로 늘어난 것으로 보인다. 이들이 숨어서 예배를 드린 지하 묘지는 생명과 죽음이 맞닿는 장소였고, 천국의 도래를 믿는 이들

기독교 박해를 묘사한 〈성 스테파노의 순교〉, 폴 귀스타브 도레, 1866년

에게는 생명을 다시 기억하는 공간이기도 했다. 벽에는 물고기, 양, 포도나무, 닻 같이 예수와 신을 뜻하는 여러 상징이 새겨져 있었는데, 이는 세상의 폭력 앞에서 힘을 쓸 수 없었던 신자들의 조용한 저항의 언어였다.

기독교 신자들은 이러한 탄압 속에서도 공동체로 존재했고, 무엇보다 서로를 기억하고 기념했다. 순교한 자의 무덤을 돌보고 기도하며 이름을 불렀으며 매년 순교자의 희생을 기리는 식사를 함께 나눴다. 이들은 박해받는 동안에도 단지 견디기만 한 것이 아니라 고난 자체를 삶의 한 형태로 받아들이는 방식을 택했다. 로마 당국은 이 공동체를 위협이라 여겼지만, 이들이 직접적인 반란을 일으킨 적은 없었다. 기독교 신자들은 단지 황제보다 더 높은 권위가 있다고 믿었고, 죽음 너머에서 생명이 이어진다고 믿을 뿐이었다. 수십 년, 수백 년의 시간이 흐르는 동안에도 이 믿음은 사라지기는커녕 더 확산되었다. 피로 적힌 믿음은 쉽게 잊히지 않았고, 어둠 속에서 부른 이름이 더욱 강하게 퍼져나갔기 때문이다. 그리고 마침내 이들의 믿음이 로마의 황제에게서 공인받는 날이 오게 된다.

✦

기독교는 어떻게 황제의 신앙이 되었나

4세기 초 거대한 로마 제국의 내부는 곳곳에서 균열이 나타나고 있었다. 수십 년 동안 이어진 내전과 황제들의 피살[被殺], 그리고 경제 위기가 제국의 권위를 갉아먹고 있었던 것이다. 황제의 입지는 더 이상 절대적이지 않았고, 각 지방의 장군들은 군대를 앞세워 스스로 제국의 지배자를 자처했다. 그중 한 사람이 바로 콘스탄티누스였다. 콘스탄티누스는 로마 제국을 네 명의 황제가 나누어 다스리는 '사두정치' 아래에서 오늘날의 영국과 프랑스 지역을 통치하던 장군이었는데, 언젠가는 제국 전체를 통일하겠다는 야심을 품고 있는 인물이었다.

312년, 그는 로마의 지배권을 놓고 또 다른 통치자 막센티우스와 운명의 전투를 벌이게 된다. 전쟁의 향방은 한순간의 판단에 달려 있었고, 그 결과에 따라 콘스탄티누스의 운명도 정해질 예정이었다. 그런데 전투 전날 밤, 콘스탄티누스가 이상한 꿈을 꾸었다고 전해진다. 그는 꿈속에서 하늘에 나타난 빛나는 십자가 모양의 표식 위에 적힌 '이 깃발 아래서 승리하리라*in hoc signo vinces*'라는 글귀를 보았다고 말했다.

다음 날 그는 자신이 이끄는 군사들의 방패와 깃발에 그 표식을 새기도록 명령했다. 이 표식을 단 군대는 312년 10월 28일, 로마 북쪽의 밀비우스 다리 근처에서 막센티우스의 군대와 맞붙었다. 막센티우스의 군대가 수적으로 우세했고, 로마 시민들 또한 수도를 지키기 위해 막센티우스를 지지하고 있었다. 그러나 전투의 결과는 뜻밖이었다. 콘스탄티누스의 군대가 압도적인 기세로 막센티우스의 군대를 무너뜨렸고, 막센티우스는 도망치다가 다리 위에서 추락해 티베르강에 빠져 죽고 말았다.

이 승리는 단순한 군사적 승리를 넘어 마치 하늘이 콘스탄티누스를 선택했다는 암시로 여겨졌다. 전투 이후 콘스탄티누스는 로마로 입성하면서 십자가 문양을 깃발에 달고, 자신의 승리를 "그리스도의 힘 덕분"이라고 말했다. 그리고 이 사건은 로마 제국이 기독교에 긍정적인 입장을 취하는 출발점이 된다.

하지만 늘 그랬듯이 역사는 단순하게 흘러가지 않는다. 콘스탄티누스가 정말 기독교를 믿었는지, 아니면 정치적 통합을 위한 도구로 이용했는지는 지금까지도 논쟁이 이어지고 있다. 분명한 것은 당시 로마 제국이 심각한 분열과 혼란 속에 있었고, 기독교가 모든 신분과 언어를 초월해 시민들을 하나로 묶는 새로운 정신적 질서로 떠오르고 있었다는 점이다. 황제의 권위가 최절정에 달했을 때는 기독교가 제국의 질서를 위협할 수 있는 신앙으로 여겨졌지만 제국이 위기에 빠지자 오히려 제국의 구성원들을 하나로 통합하는 보편적인 세계관으로 떠올랐다는 사실이 역사의 아이러니를 보여준다.

기독교도 어머니를 둔 콘스탄티누스는 이 점을 누구보다도 잘 이해하고 있었다. 황제의 권위가 이미 땅에 떨어진 이상, 여러 신을 모시는 이전의 다신교적 제국에서는 절대적 권위를 내세우기 어려웠으나 하나의 신과 하나의 진리를 믿는 기독교의 세계관은 황제의 통치와 완벽히 맞아떨어지는 새로운 논리로 작동할 수 있었다. 그리하여 콘스탄티누스가 "신이 하나라면, 통치자도 하나여야 하지 않겠는가?"라고 말함으로써 하늘의 질서는 제국의 질서로 번역되었다.

콘스탄티누스는 전투에서 승리한 이후에도 로마의 기존 종교와 신들을 공식적으로 버리거나 폐지하지 않았다. 그는 오히려 기독교와 전통 신앙이 공존할 수 있는 중간 지대를 유지하려 했다. 그러나 마음속에서, 그리고 제국의 미래를 구상하는 머릿속에서 중심은 이미 한쪽으로 옮겨가고 있었다.

이듬해인 313년, 그는 밀라노에서 다른 공동 황제 리키니우스와 만나 밀라노 칙령을 발표한다. 이 칙령은 "신앙을 이유로 더 이상 누구도 처벌받지 않으며, 모든 종교의 신자들이 자유롭게 신을 섬길 수 있다"고 선언했다. 로마 제국의 오랜 역사 속에서, 그리고 어쩌면 인류의 역사에서도 처음으로 믿음이 죄가 아닌 권리가 되는 순간이었다.

〈밀비우스 다리의 전투〉, 줄리오 로마노, 1520~1524년

✦

국가 권력과 종교의 결합

밀라노 칙령 이후, 기독교는 지하에서 몰래 예배를 드려야 하는 억압받는 소수 집단의 종교가 아니라 황제의 인정을 받는 공인된 종교가 되었다. 그리고 얼마 지나지 않아 기독교는 황제의 통치와 긴밀히 결합한 세속 권력의 한 축으로 자리 잡아간다. 콘스탄티누스는 기독교를 허용하는 데서 멈추지 않고 로마 제국의 행정력과 재정을 동원해 교회를 조직적으로 후원하기 시작했다. 교회를 짓는 비용을 지원하고 성직자에게 세금을 면제해 주었으며, 심지어 주교 회의를 소집해 여러 교리 문제를 조정하게끔 했다. 그렇게 해서 열린 가장 유명한 회의가 바로 325년의 니케아 공의회다. 이 회의에서 교회는 하나님이 성부, 성자, 성령으로 존재하지만 본질적으로는 하나임을 의미하는 '삼위일체' 교리를 공인하며 정통 신앙의 기준을 세웠다. 이는 종교 안에서의 논쟁이 더 이상 교회 내부의 일이 아니라 제국 전체의 문제로 다뤄지기 시작했음을 보여주는 중요한 사건이었다.

이 시기 교회는 국가의 후원에 힘입어 하나의 제도적 조직으로 비약적 성장을 이룬 상태였다. 각 지역을 관할하는 주교들이 있었고, 그 아래에서 사제와 부제가 정해진 위계에 따라 움직였으며 교회 건물도 점차 웅장해졌다. 이전까지만 해도 지하 묘지와 동굴, 가정집에서 모이던 신자들이 이제는 로마 제국의 공공건물 바실리카를 본떠 화려한 외관을 자랑하는 교회에서 예배를 드렸다. 가난하고 핍박받던

콘스탄티누스가 건립한 성 베드로 대성당 내부 복원도

자들의 신앙은 이제 제국의 정치와 맞물려 제도권 안에서 체계를 이뤄가고 있었다.

그러나 단순히 기독교의 승리라고만은 할 수 없었다. 권력과 신앙이 손을 잡으면서 둘 사이에 미묘한 힘겨루기가 시작되었기 때문이다. 로마 제국의 황제는 기독교를 통합과 통치의 도구로 삼으려 했고, 교회는 황제의 힘을 빌려 권위를 확장하려 했다. 때로는 교회가 황제의 결정에 반기를 들기도 했고, 황제가 교회를 자기 뜻대로 움직이려 하면서 교회 안의 문제에 간섭하는 결과를 낳기도 했다.

기독교가 로마 제국에서 공인된 이후 교회 안에서는 성부, 성자, 성령이 본질적으로 하나의 존재인가를 두고 난해한 신학적 논쟁이 벌어졌다. 사제 아리우스는 "예수는 신 자체가 아니라 신이 만든 피조물"이라 주장했고, 알렉산드리아의 주교 아타나시우스는 "예수가 본질적으로 신과 동일한 존재"라고 맞섰다. 문제는 이것이 신학자들끼리의 논쟁에 머물지 않았다는 점에 있었다. 황제에게는 이 논쟁이 제국의 통합과 질서를 위협하는 심각한 정치적 문제로 보였다. 하나의 신앙 안에서 분열이 일어나면, 이는 곧 제국의 각 지역과 교회, 민중들 사이의 분열로 이어질 수 있었기 때문이다. 실제로 아리우스파와 아타나시우스파는 서로를 이단이라 규탄하면서 무력 충돌까지 벌였고, 일부 도시에서 폭동이 일어날 정도로 사태는 심각해졌다.

상황이 이렇다 보니 결국 황제가 중재자이자 결정자로 나섰다. 그는 제국 내 교회의 교리 문제에 적극적으로 개입하기 시작했고, 아리우스파와 아타나시우스파 사이에서 자신에게 더 협조적이거나 유리한 쪽을 지지하기도 했다. 예컨대 콘스탄티우스 2세는 예수와 신이 별개의 존재라고 보았던 아리우스파의 직관적인 교리가 정치적 통합에 상대적으로 유리하다고 판단했다. 또 그 교리가 예수가 신보다 한 단계 아래의 존재라고 주장하므로 황제와 신 사이에도 위계가 존재함을 정당화하는 교리로 읽힐 수 있다고 보았다. 그래서 아타나시우스를 유배시켜 교회 내부의 신학 논쟁에 깊이 관여했다. 이제 교리 논쟁은 정치적 이해관계에 따라 그 방향이 크게 달라질 수 있었다.

이러한 권력의 개입으로 교회는 어떤 길을 걷게 되었을까? 황제가 바뀔 때마다 지지받는 교파가 뒤바뀌었고, 교회는 정통성과 권위 확보를 위해 점점 더 세속 권력에 의존하게 되었다. 신학 논쟁은 신앙의 순수한 진리를 추구하기보다 권력을 얻기 위한 정치적 투쟁의 무대가 되어갔다. 이렇게 교회가 세속 권력과 밀접하게 결합하면서, 기독교는 신자들도 의식하지 못하는 사이 점점 더 제국의 통치 체계 속으로 편입되고 있었다.

테오도시우스 1세의 테살로니카 칙령

신학 논쟁으로 벌어진 갈등에 마침표를 찍은 인물이 테오도시우스 1세였다. 그는 380년 테살로니카 칙령으로 삼위일체 교리를 정통으로 선포하고, 이를 따르지 않는 자들을 공식적으로 이단으로 규정했다. 물론 이전과 마찬가지로, 그가 삼위일체론을 택한 이유는 그것이 단순히 신학적 설득력이 있어서가 아니라 이미 서방 교회와 로마 주교를 중심으로 폭넓은 지지를 받고 있었기 때문이었다. 정치 통합을 위해 신학적 통일이 필요했고, 신학적 통일에는 황제의 결단이 필요했다. 테살로니카 칙령으로 한 교리가 국가의 진리로 선포됨으로써 이제 그 신앙을 거부하는 행위는 신학적 이견이 아니라 국가에 대한 반역으로 간주되었다.

이로써 기독교는 로마 제국의 국교 지위를 얻게 되었고, 교회는 단순히 신앙을 공유하는 집단을 넘어 국가 질서를 유지하고 제국의 권위를 뒷받침하는 핵심 기관으로 자리 잡았다. 테오도시우스 1세의 조치는 교회가 제국 통치의 중심에 서게 했으며, 이는 훗날 교회 중심으로 조직되는 유럽 사회와 중세 기독교 세계의 기반이 된다. 그의 결정이 단지 고대 로마의 종교 정책에 그치지 않고, 향후 수 세기에 걸쳐 국가와 교회의 관계를 결정짓는 분수령이 된 것이다.

이제 황제는 신의 대리자처럼 통치하고, 교회는 세속 질서에 정당성을 부여했다. 이러한 상호의존 관계는 시간이 흐르며 긴장 관계로 바뀌기도 하고, 훗날 중세 유럽에 이르러서는 교황과 황제라는 두 권력이 각자의 우위를 주장하며 충돌하는 역사적 구도를 이루는 데 영향을 주게 된다. 또한 종교 권력과 세속 권력이 서로 견제하는 구조는 이후 서양 정치 문화에서 '권력의 분리'라는 원칙의 역사적 토대가 된다.

기독교가 만든 새로운 사상의 지형

이 역사적 전환은 단순히 제국의 종교 지형을 바꾼 것에 그치지 않았다. 기독교는 훗날 서양 문명을 규정짓는 두 가지 핵심 사상의 근본적 토대를 마련했다. 우선 '보편적 인권 사상'의 맹아가 이 시기부터 움트기 시작했다. 모든 인간은 신 앞에서 평등하며, 신의 형상대로 창조되었다는 기독교의 원리가 신분과 민족, 성별을 초월하는 보편적 인간관을 제시했다. 물론 이러한 관점이 로마 제국과 중세 사회의 현실에서 곧바로 적용된 것은 아니었다. 실제 역사 속의 교회는 차별과 배제, 폭력의 동력으로 작동하기도 했다. 그럼에도 불구하고 인간의 존

엄성과 평등이라는 관념은 기독교 세계관 안에서 생겨난 중요한 전제였으며, 이는 계몽주의 시대와 근대 헌법 정신으로 이어지는 인권 사상의 밑바탕이 되었다. 다시 말해 기독교의 인간관이 제도적 권리 이전에 인간을 바라보는 방식 자체를 바꿔놓는 사상적 전환점이 된 것이다.

또 기독교가 전파되면서 역사를 바라보는 방식도 근본적으로 바뀌기 시작했다. 고대 그리스·로마 세계에서는 기본적으로 시간이 순환한다고 여겨졌다. 인간의 운명은 자연의 주기처럼 반복되며, 이에 따라 인간의 역사도 영원히 되풀이되는 희극과 비극의 연속으로 간주되었다. 그러나 기독교가 지배적인 세계관으로 자리 잡으면서, 이러한 순환적 시간관은 결정적인 변화를 맞이했다. 기독교는 세계의 시작('창조')과 끝('최후의 심판')이 존재한다는 직선적 시간관을 제시하기 때문이다. 이는 얼핏 보기에는 세상이 종말의 날을 향해 치닫고 있다는 종말론적 사고에만 영향을 준 것처럼 보이지만 사실 이러한 직선적 시간관은 훨씬 더 깊은 차원에서 인간의 역사 인식에 구조적인 전환을 불러왔다. 세상의 시작과 끝이 명확히 존재하며, 그 사이에 전개되는 모든 사건은 하나의 목적을 향해 나아간다는 역사관이 이후 근대 사회에서 '진보'라는 개념의 결정적인 토대가 되어주었기 때문이다. 역사가 반복되는 것이 아니라 더 나은 상태를 향해 나아가는 과정이라는 생각은 역설적이게도 신적 계시와 종말론을 내포한 기독교적 역사관에서 처음으로 뿌리를 내렸다.

✦

무너진 제국, 살아남은 신앙

제국과 교회가 긴밀히 결합한 체제도 오래 지속되지는 못했다. 4세기 말 테오도시우스 1세가 사망한 뒤 로마 제국은 동서로 나뉘었고, 5세기 말에 이르러 서로마 제국은 내부의 정치적 혼란과 외부 게르만족의 침입으로 붕괴하고 만다. 오랜 시간에 걸쳐 제국을 괴롭혀 온 군사적 긴장, 황제권의 약화, 귀족 간의 권력 다툼이 결국 제국의 통치 기반을 무너뜨렸고, 476년 로물루스 아우구스툴루스의 폐위와 함께 서로마 황제의 자리는 사실상 사라졌다.

그러나 서로마 제국은 사라졌어도 콘스탄티누스가 공인하고 후원한 기독교는 무너지지 않았다. 오히려 교회는 제국이 붕괴된 이후에도 그 행정적 틀과 로마법의 조직적인 유산을 계승하며 새로운 시대의 중심 세력으로 재편되어 갔다. 특히 로마 주교는 서로마 제국이 무너진 정치적 공백 속에서 그 존재감을 극명하게 드러냈다. 그는 자신이 예수의 수제자인 베드로의 후계자라는 베드로 수위권을 주장하며, 게르만족과의 협상을 주도하고 로마시의 행정을 맡는 등 영적 권위뿐만 아니라 세속적 권위까지 확보했다. 이로써 로마 주교는 서유럽에서 유일무이한 정신적 구심점이자 실질적 지도자인 교황의 자리에 올라 중세 서유럽 세계의 핵심 권력이 되었다. 한편 동로마 제국은 콘스탄티누스가 새로운 수도로 삼은 콘스탄티노폴리스를 중심으로 1,000년이 넘도록 기독교 제국의 전통을 계승하며 또 다른 역사를 써

내려갔다.

기독교가 박해받던 소수 종교에서 로마 제국의 중심 이데올로기로 자리 잡기까지의 여정은 단지 승리의 서사로만 보기는 어렵다. 인간이 고난 속에서 공동체를 이루고 신념을 지켜낸 이야기면서 동시에 신앙이 권력을 통해 제도화되는 과정이기도 했기 때문이다. 교회가 제국과 결합함으로써 얻게 된 영향력은 신앙의 전파와 조직화에 결정적인 역할을 했지만 교회의 정체성을 세속 권력과 떼어놓기도 어렵게 만들었다. 그 결과 신앙은 더 이상 개인의 내면에만 머물지 않게 되었고, 국가 권력의 논리 속에서 규범과 이단, 정통과 반역을 가르는 기준으로 기능하게 되었다.

신앙을 통해 자신들의 정체성을 확립한 유럽 세계는 이제 외부의 위협과 이질적인 문화 앞에서 스스로를 '기독교 세계'로 규정짓기 시작한다. 다음 장에서 살펴보게 될 십자군 전쟁은 이처럼 혼란한 시대를 지나며 정립된 기독교 세계가 외부 세계에 존재감을 드러낸 역사적 사건이다.

3장

기독교와
이슬람교를 가른
광기의 역사

십자군 전쟁

서로마 제국이 476년 멸망한 이후, 유럽은 한동안 분열과 혼란의 시기를 보내야 했다. 중앙집권적 질서는 사라지고, 봉건적 권력 구조 속에서 수많은 영주와 지방 세력이 각자의 이익을 좇았다. 그러나 이러한 정치적 균열 속에서도 유럽인을 하나로 묶어주는 강력한 공통분모가 존재했으니, 그것은 바로 기독교였다. 기독교에 바탕을 둔 제도로서의 교회는 단순히 종교적 위안을 주는 역할을 넘어 유럽인을 결속시키는 핵심 기구로 자리 잡아 있었다. 교회의 수장인 교황의 권위는 세속 군주들의 권력과 맞먹을 정도로 커졌으며, 신앙은 중세 유럽 사회를 지탱하는 절대적 가치로 기능했다.

절대적 가치가 지배하는 사회는 그 힘을 바탕으로 거대한 행동을 조직해 낼 수 있는 잠재력을 품고 있다. 그런데 불행하게도 중세 유럽 사회는 이 잠재력을 '십자군'이라는 전쟁의 형태로 표출하고 만다. 십자군은 예루살렘을 비롯한 기독교 세계의 성지를 이슬람 세력으로부터 탈환하겠다는 명분 아래 시작된 전쟁이었다. 예루살렘은 이미 7세기 중엽, 이슬람이 세력을 급속히 확장하는 과정에서 정복당해 아랍인과 이슬람의 지배 아래에 있었지만 유럽 기독교 세계에서도 여전히 성지로서 특별하게 여겨졌다. 따라서 빼앗긴 성지를 되찾아야 한다는 구호는 언제나 강력한 호소력을 지닐 수밖에 없었다.

그렇다면 십자군 전쟁은 과연 순수한 신앙의 열정에서 비롯되었을까? 역사 속 대부분의 일이 그렇듯, 그렇지는 않았다. 십자군 전쟁은 겉으로는 신앙의 이름을 내세우며 시작되었지만 그 이면에는 정치와 경제, 사회적 이해관계가 뒤엉켜 있었다. 그 복잡한 얽힘 속에서 우리는 중세 유럽의 진짜 얼굴을 마주하게 된다.

✦

교황에게 도움을 청한 황제

1095년 3월, 로마 교황 우르바노 2세는 비잔티움 제국의 황제였던 알렉시오스 1세가 보낸 사신을 맞이한다. 이때 비잔티움 제국은 동쪽의 셀주크 튀르크로부터 공격받으며 위기에 빠졌고, 이에 알렉시오스 1세가 이들을 막기 위해 서쪽의 교황에게 도움을 요청한 것이었다. 비잔티움 제국은 이미 셀주크 튀르크와의 전투에서 여러 번 패배해 동쪽의 많은 영토를 빼앗긴 상황이었다. 아나톨리아 지역의 지배권도 빼앗겨 그곳에서 세금을 거둘 수 없어 만성적인 재정난에 시달리고 있었을 뿐 아니라 그동안 이 지역에서 징집하던 병사를 더 이상 동원하지 못하게 되면서 병력의 수도 점점 모자라게 됐다. 알렉시오스 1세가 우르바노 2세에게 도움을 요청한 것은 이처럼 아나톨리아를 빼앗긴 후 더 이상 자력으로 셀주크 튀르크에 맞설 수 없게 되었기 때문이었다.

그 당시 비잔티움 제국의 황제가 제국 내부가 아닌 외부에서 병력

비잔티움 제국과 셀주크 튀르크

을 수급하거나 용병을 고용하는 것 자체는 새로운 일이 아니었다. 비잔티움 제국에서는 이전부터 병력이 모자랄 경우 이와 같은 방식으로 종종 게르만족이나 노르만족으로부터 병력을 충당했고 서유럽 지역에서 용병을 고용하기도 했었다. 1095년의 일이 새로웠던 이유는 비잔티움 제국의 황제가 교황에게 직접 이런 요청을 했기 때문이었다. 알렉시오스 1세는 왜 이런 행동을 했을까? 사실 교황은 병력을 소집할 권한이 없었지만, 알렉시오스 1세는 교황의 권위를 빌려 최대한 빠르게 서유럽의 넓은 지역에서 많은 병력을 지원받고 싶었다. 그래서 그는 교황에게 사신을 보내 이전과는 달리 셀주크 튀르크에 맞서 싸우는 데 있어서 종교적 의미를 강조했다. 황제의 주된 관심사는 빼앗긴 아나톨리아 지역을 되찾는 것이었지만, 사신은 교황의 관심을 끌어내기 위해 성지 예루살렘을 점령할 수도 있다고 영리하게 암시하기도 했다.

이에 우르바노 2세는 어떤 반응을 보였을까? 황제의 요청은 교황의 입장에서도 구미가 당기는 것이었다. 당시 서유럽에서는 교황과 신성 로마 제국 황제가 성직자 임명권을 둘러싸고 대립하고 있었고, 그 과정에서 신성 로마 제국의 황제 하인리히 4세가 교황청의 권위에 맞서 자체적으로 대립교황을 옹립한 상태였기 때문이다. 신성 로마 제국은 서로마 제국이 멸망한 이후 중세 유럽에서 가장 넓은 영토와 전통적 권위를 지니게 된 제국이었지만, 실질적으로는 수많은 제후가 권력을 나눠 가지는 분권 체제였고 교황과도 권위를 다퉈야 해서 늘 어려움이 있었다. 이런 상황에서 비잔티움 제국의 황제가 우르바노 2세에게 도움을 청했다는 사실이 우르바노 2세의 위상을 크게 높여주었다. 게다가 알렉시오스 1세가 전쟁의 종교적 의미를 강조했기 때문에, 우르바노 2세에게 그를 돕는 것은 단순한 외교적·군사적 협력이 아니라 교황의 영적 지도권을 유럽 전역에 과시할 기회로 여겨졌다.

클레르몽 공의회, 십자군에 불을 지피다

우르바노 2세는 같은 해 11월에 프랑스 남부의 클레르몽에서 공의회를 소집하겠다고 발표했다. 공의회는 교황이 주재하는, 주교와 성직자들이 모여 교회와 당시 유럽 사회의 중요한 문제를 논의하는 회의 였다. 동시에 그는 프랑스의 여러 지역을 돌아다니며 많은 영주와 성 직자를 만나 비잔티움 제국의 사신을 만난 일, 그리고 그들의 요청을 받아들여 군대를 동원하기로 한 일을 의논하면서 본격적인 전쟁 준 비를 시작했다. 11월 18일, 십자군 전쟁의 시작을 알리는 계기로 세 계사에 남게 된 '클레르몽 공의회'가 열렸을 때, 실제로는 전쟁을 위 한 물밑의 준비가 어느 정도 끝나 있었던 셈이다. 우르바노 2세는 공 의회에서 먼저 31개의 일반적인 안건을 처리한 뒤에 11월 27일에는 공개적인 회의를 열어 자신이 직접 중요한 연설을 할 것이라고 발표 했다.

그 연설에서 우르바노 2세가 정확히 어떤 말을 했는지는 동시대 기록으로 남아 있지 않다. 나중에 쓰인 문서들은 내용적으로 서로 약 간의 차이를 보이기 때문에 역사학자들은 정황에 근거해서 대략적인 추정을 할 수밖에 없다. 역사학자들이 추정한 공통된 내용에 따르면, 교황은 연설을 시작하면서 우선 공의회의 성과를 언급하고 교황청에 대한 성직자들의 지지를 주문한 뒤에 동쪽의 기독교 형제들이 이슬 람교에 의해서 박해받고 있는 모습을 과장해서 묘사한 것으로 보인 다. 그는 "셀주크 튀르크가 이미 아나톨리아 지역을 점령하고 보스포 루스 해협까지 진출했다"고 말하면서 교회가 파괴되고 땅을 약탈당 하고 있는 상황을 설명했다. 흥미로운 사실은 이때 서유럽 지역에서 기사들이 벌이고 있는 각종 학살과 약탈 행위도 비판했다는 점이다. 그는 자연스럽게 "기사들이 이런 쓸데없는 곳에 에너지를 쏟을 것이 아니라 차라리 동쪽의 기독교인들을 도와주는 데 사용해야 한다"고 촉구했다. 그에 따르면, 이교도와의 싸움에서 목숨을 잃는 자는 이전까지 저지른 죄도 용서받을 수 있었다.

공개적으로 열린 우르바노 2세의 연설은 참석자들을 깊이 감명시켰다고 전해진다. 군중 사이에서는 "신께서 그것을 바라신다$^{Deus\ vult}$"라는 함성이 터져 나왔고, 연설이 끝나자 수백 명의 사람이 무릎을 꿇고 참전을 맹세했다. 이 순간 '우리'는 신의 군대로 일컬어졌고, '그들'은 신의 적으로 호명되었다. 이 단순한 구호는 유럽인들이 자신을 정당한 문명으로, 그리고 이슬람 세계를 정복해야 할 타자로 상상하기 시작한 결정적 출발점이었다. 무릎 꿇은 이들을 앞에 두고 우르바노 2세는 《마태복음》의 내용을 인용하며 출전하는 이들에게 옷에 십자가 표식을 달라고 명령했다. 이로써 십자군 전쟁이라 불리게 될 대규모 원정이 역사 속에 첫걸음을 내딛게 된다.

"자기의 십자가를 지고 나를 좇지 않는 자는 내게 합당치 아니하니라."

_《마태복음》 10장 38절

✦

십자군 전쟁이 가능했던 진짜 이유

그렇다면 십자군 원정에 참여한 이들은 정말 우르바노 2세의 연설에 감동받아 참전을 결심했을까? 그보다는 서로마 제국의 멸망 이후 유럽 사회가 11세기까지 오면서 겪은 많은 사상적·사회적 변화가 보다 근본적인 요인으로 작용했다. 사실 초기 기독교는 살인을 저질러야 하는 전쟁은 어떤 이유에서든 올바르지 않은 것으로 인식했다. 그러나 4세기 말부터 활동을 시작한 신학자 아우구스티누스가 정의로운 전쟁과 정의롭지 않은 전쟁을 구분하면서 인식이 변하기 시작했다. 그의 논리에 따르면, 평화 혹은 정의로운 일을 목적으로 한다면 필연적으로 살인을 저지르는 전쟁이 정당화될 수 있었다. 이런 사고방식은 9~10세기에 걸쳐 서유럽 전역이 바이킹에 의해 약탈되기 시작하면서 널리 받아들여지기 시작했다. 바이킹의 약탈에 맞서 싸우는 전쟁이 정의로운 전쟁이라는 것은 누구나 직관적으로 이해할 수 있었기 때문이다. 게다가 바이킹과의 전쟁은 기독교를 믿지 않는 이교도와의 전쟁이기도 했으므로 이때의 경험이 자연스럽게 이교도와의 전쟁을 정의로운 전쟁으로 정당화하는 토대가 되었다. 바이킹과 싸운 경험이 십자군 전쟁을 정당화하는 사상적 기반이 된 것이다.

더불어 서로마 제국 멸망 이후 시간이 지나면서 서유럽에는 예루살렘으로 성지순례를 떠나는 이들이 점차 많아졌다. 성지순례자가 늘어나 예루살렘에서는 이들을 수용하기 위한 수도원까지 생겨났고, 9세기에는 지중해 지역에 해적 활동이 활발해지면서 성지순례자들이 위협을 받기도 했으나, 10세기에는 비잔티움 제국이 지중해 지역을 안정화하면서 서유럽에서 출발하는 성지순례자의 규모가 폭발적으로 늘어났다. 1064년에는 한 성직자가 7,000명 규모의 성지순례자를 이끌고 예루살렘을 방문할 정도였다. 이때 성지를 방문한 순례자들에게 이교도인 이슬람이 예루살렘을 점령한 모습은 납득하기 힘든 충격으로 다가갔을 것이다.

11세기에 들어서는 늘어난 인구를 농업 생산량이 따라가지 못해 경작지가 부족해지는 현상이 나타났다. 기후가 나쁜 해에는 식량이 크게 모자라 기근이 발생했고, 곳곳에서 아사자가 나오기도 했다. 이는 하층민에게만 찾아온 고통이 아니었다. 프랑스 지역을 중심으로 장자상속제가 확산되자, 장자가 아닌 귀족들은 기사나 성직자 혹은 수도사가 되어 스스로 생계를 해결해야 했다. 한편 베네치아, 제노바, 피사 등 오늘날 이탈리아 지역 상인들의 활동이 활발해지면서 점점 중동 지역의 부에 대한 소문과 지식도 서유럽 사회에 퍼져나가고 있었다. 상황이 이렇다 보니 우르바노 2세의 십자군 전쟁 참전 독려는 이들에게 새로운 기회로 여겨졌다. 이렇듯 십자군 전쟁은 단순한 종교 전쟁이라기보다 굶주림과 계급 갈등, 영토를 차지하려는 욕망 등이 복합적으로 얽혀 일어난 사건이었다.

민중 십자군이 가져온 대혼란

우르바노 2세의 연설 이후 가장 먼저 행동한 이들은 의외로 십자군 전쟁을 이야기할 때 우선 떠오르는 기사들이 아니었다. 영주와 기사들이 아직 전쟁을 위한 준비를 하고 있을 때, 그들보다 가벼운 몸놀림으로 곧바로 행동할 수 있는 이들이 있었는데, 바로 민중을 상대로 설

　　　　　　　3장. 기독교와 이슬람교를 가른 광기의 역사

교하던 설교자들이었다. 이들은 교황으로부터 허락도 받지 않은 채 여러 지역을 떠돌아다니면서 가난하고 굶주린 사람을 상대로 "예루살렘으로 가면 지금까지 지은 모든 죄를 용서받을 수 있을 뿐만 아니라 풍요로운 삶을 살 수 있다"고 연설했다.

가장 대표적인 인물이 '은둔자 피에르'라 불린 설교자였다. 그는 우르바노 2세의 연설이 끝난 지 몇 달이 지난 때에 프랑스 동쪽의 농민을 찾아다니며 참전을 설득했고 곧 수천 명의 신도를 몰고 다니게 되었다. 신도 중에는 '무일푼의 발터'로 불린 하급 기사도 있었다. 발터는 피에르로부터 너무 깊은 감명을 받은 나머지 피에르가 아직 쾰른에서 설교하고 있을 때 이미 수천 명을 데리고 먼저 비잔티움 제국으로 출발했다. 수천 명의 가난하고 굶주린 이들이 제대로 된 계획도 없이 먼 땅으로 떠나는 광경은 오늘날의 우리에게뿐만 아니라 이미 동시대인에게도 기이하고 소름 끼치는 모습으로 보였다.

그런데 '민중 십자군'이라 불린 이들이 제대로 된 활약을 할 수 있었을까? 그럴 리가 없었다. 정식 보급로도 없었기 때문에 이들은 비잔티움 제국의 땅에 들어서자마자 황제를 돕기는커녕 오히려 약탈을 시작했다. 몇 주 후에는 피에르의 본대도 쾰른을 떠나 동쪽으로 출발했는데, 피에르의 본대는 그들을 막아서려는 비잔티움 제국의 군인들과 무력 충돌을 벌였을 뿐 아니라 현지의 농가와 교회를 약탈하고 여성들을 대상으로 성폭행까지 저질렀다.

이런 만행은 알렉시오스 1세가 직접 개입하면서 겨우 수습되었는데, 그는 이들을 무력으로 진압하는 것을 포기하는 대신 최소한의 먹을 것을 제공하면서 빠르게 보스포루스 해협 너머의 땅으로 수송해 주었다. 그 결과, 민중 십자군은 해협을 건넌 직후 셀주크 튀르크군의 공격을 받아 전멸했다. 알렉시오스 1세가 이 같은 결과를 정확히 예견했는지는 알 수 없지만, 제국의 부담을 덜기 위해 이들을 교묘히 국경 밖으로 내보낸 전략은 성공한 셈이었다.

민중 십자군보다 조금 늦게 출발한 정규 십자군의 기사들은 어땠을까? 이들은 준비 단계에서부터 여러 예기치 못한 어려움을 겪었다. 이전까지 경험해 보지 못한 먼 거리의 원정을 위해서는 대규모 전쟁 자금이 필요했는데, 아주 부유한 일부 영주를 제외한 대다수가 자금이 모자랐기에 전쟁에 필요한 물건을 빼고 토지와 자산을 팔거나 담보로 맡겼다. 기사들이 자금을 마련하기 위해 재산을 처분할 때, 주요 구매자이자 채권자가 된 곳은 수도원이었다. 수도원은 영주와 기사의 재산을 직접 사거나 돈을 빌려주는 대신 그들이 돌아올 때까지 그들의 재산을 담보로 확보했다.

만약 원정을 떠났던 기사가 살아서 돌아오지 못하게 되면 담보로 맡긴 재산은 수도원으로 귀속됐다. 원정을 떠났다가 무사히 돌아와도 전쟁 중 약탈로 기대했던 만큼의 부를 쌓지 못하고 돌아오는 경우가 많았다. 일부 수도원은 십자군 원정이 반복될수록 점점 더 많은 토지와 부를 축적했고, 중세 사회에서 종교 기관을 넘어 강력한 경제 권력으로 부상하게 되었다. 이처럼 십자군 전쟁은 제대로 시작하기도 전부터 이미 예기치 못한 혼란과 파괴의 모습을 드러냈으며 이는 이후 전개될 본격적인 원정의 예고편이기도 했다.

 　　　　　　　　　　　3장. 기독교와 이슬람교를 가른 광기의 역사

불신으로 시작된 1차 십자군

1096년, 프랑스의 왕족인 베르망두아 백작 위그 1세가 가장 먼저 전쟁 준비를 마치고 출전한다. 10월에 비잔티움 제국의 수도 콘스탄티노폴리스에 도착한 그는 알렉시오스 1세를 만나는 데 성공하지만 이 만남은 화기애애하게 끝나지 못한다. 알렉시오스 1세는 서유럽에 도움을 요청하면서 십자군이 만약 아나톨리아를 비롯해 기존에 빼앗겼던 영토를 점령할 경우 이를 비잔티움 제국에 돌려줄 것이라고 짐작했다. 서유럽으로부터 너무나 멀리 떨어진 이 지역을 십자군이 직접 점령하고 다스릴 생각은 하지 않을 것이라고 판단했기 때문이다.

문제는 십자군 지휘부가 그런 생각을 전혀 하지 않았다는 데 있었다. 이 같은 의견 차이는 이후 줄곧 양측의 중요한 갈등 요소로 남게 된다. 위그 1세는 자신을 맞이한 알렉시오스 1세의 강요에 일단 "나중에 영토를 점령하면 돌려주겠다"고 약속하지만, 뒤이어 도착한 십자군 지도자 고드프루아 드 부용은 거부했다. 그러자 분노한 알렉시오스 1세는 그의 군대에 보급을 끊어버렸고, 궁지에 몰린 고드프루아 드 부용은 비잔티움 제국의 영토를 약탈하면서 보급을 충당했다.

이처럼 십자군과 비잔티움 제국의 관계는 출정 초기부터 이미 불신과 대립으로 얼룩져 있었다. 같은 기독교 세계에 속해 있었지만 그들이 공유한 신앙은 공동의 목표로 이어지지 않았다. 이는 십자군 전쟁이 단순히 '기독교 대 이슬람'의 충돌만이 아니라 기독교 세계 내부의 균열과 이해관계의 충돌로도 읽혀야 한다는 사실을 시사한다.

1차 십자군의 총 규모는 어느 정도였을까? 많은 역사학자가 대략 5~6만 명 사이의 병력이 동원되었고, 그중 약 7,000명이 기사였을 것이라고 추측한다. 21세기를 살아가는 우리에게는 그다지 큰 숫자로 보이지 않을 수 있지만 11세기 서유럽 사회를 기준으로 봤을 때 이는 유례없이 큰 규모였다. 이런 병력을 유지하기 위한 식량 보급은 줄곧 문제가 되었고, 십자군은 본격적인 원정을 시작하면서 병력을 유지하기 위해 주변에서 식량을 구하거나 약탈해야 했다. 게다가 7,000여 명의 기사들이 데리고 다니는 말이 먹어야 하는 먹이도 골칫거리였다. 이 시기 일반적으로 한 명의 기사가 세 마리의 말을 데리고 다녔으므로 2만여 마리의 말이 먹을 먹이를 구해야 했다. 말은 하루에 최소한 3~4킬로그램의 건초를 먹어야 했는데, 곡물 사료까지 합하면 더 많은 양의 먹이가 필요했다. 낯선 땅에서의 원정 과정에서 이것이 얼마나 큰 문제였을지는 쉽게 상상할 수 있다. 알렉시오스 1세가 보급을 지원해 주던 비잔티움 제국의 영토를 떠나 적의 영토에 들어서면서부터는 식량 문제가 더욱 심각해졌다.

✦

니케아 원정의 성공과 약탈이 불러온 위기

십자군은 알렉시오스 1세와 논의한 끝에 예루살렘으로 가기 위한 관문이자 소아시아 서부의 핵심 요충지였던 니케아를 첫 목표로 삼았다. 1097년 5월 14일, 니케아에 대한 포위가 시작되었고 보급이 끊겨버린 도시의 지도자는 6월 19일에 항복을 선언했다. 순조로운 출발처럼 보였지만 곧이어 한 가지 중요한 문제가 발생하는데, 항복을 선언한 도시의 성문에 십자군의 깃발이 아닌 비잔티움 제국의 깃발이 걸린 것이다. 십자군이 도시 안에서 약탈을 벌이거나 민간인을 학살할 것을 우려한 알렉시오스 1세가 도시 지도자들과 비밀 협상을 벌였고, 그들이 십자군이 아니라 비잔티움 제국에 직접 항복하는 방식으로 항복이 이루어졌기 때문이었다.

알렉시오스 1세는 십자군이 도시를 정복한 것에 대한 보상으로 풍성한 선물을 주긴 했지만, 십자군이 도시에 들어오는 것은 끝내 막았다. 물론 십자군이 이런 조치를 반길 리 없었다. 십자군은 이를 중대한 배신으로 여겼고, 이후 양측의 갈등은 심화되었다. 이처럼 심지어 같은 신앙을 공유하는 이들 사이에서도 이해관계가 충돌하며 '우리'와 '그들'의 선이 그어졌다. 이때의 십자군에게 있어 진정한 '우리'는 서유럽의 형제들이었고, 동방의 기독교도들은 믿을 수 없는 타자일 뿐이었다.

비록 갈등이 있긴 했지만 첫 작전에 성공한 이후 자신감으로 가득 찬 십자군은 6월 26일, 니케아를 떠나 다음 전투 장소인 도릴라이움으로 향한다. 중간에 적에게 포위되는 위기에 빠지기도 했지만 이번에도 승리를 거둬 아나톨리아 지역 안으로 깊숙이 진격할 수 있는 발판을 마련한다. 그러나 이 시점부터 십자군은 줄곧 벌여왔던 약탈에 대한 뼈아픈 대가를 치르게 된다. 후퇴하는 셀주크 튀르크군이 모든 우물을 파괴한 데다가 지역민들이 십자군과의 모든 협력을 거부한 것이다. 흥미로운 사실은, 십자군과의 협력을 거부한 지역민들이 이슬람교를 믿어서 기독교를 믿는 십자군과 협력하지 않겠다고 한 것이 아니라는 점이다. 그보다는 십자군의 지나친 약탈 소문이 결정적이었다. 이로 인해 십자군은 한여름의 혹독한 더위 속에서 물을 구할 곳도, 약탈할 것도 남아 있지 않은 지역을 지나가야 했다. 당시 십자군의 이동 경로를 보면 갑자기 이전과는 다르게 북쪽으로 향하는 걸 관찰할 수 있는데, 이 지역의 지도자들이 비잔티움 제국의 황제를 자신들의 지도자로 인정했기 때문이었다. 십자군은 그곳에서만큼은 최소한의 보급이 가능하리라 기대했다.

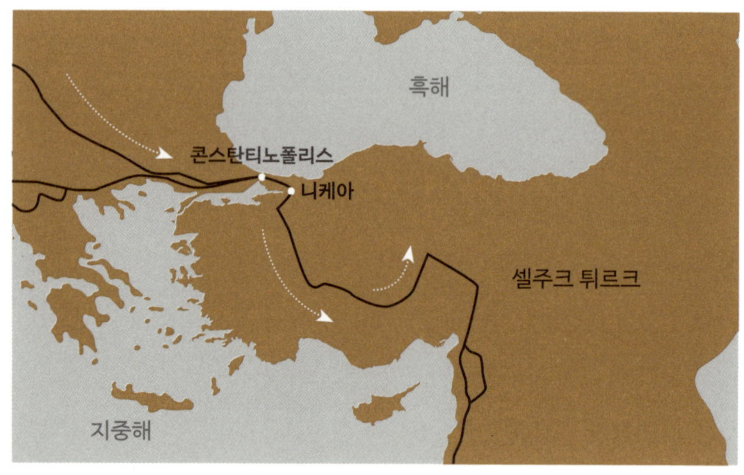

1차 십자군의 이동 경로

 3장. 기독교와 이슬람교를 가른 광기의 역사

안티오키아에서 마침내 예루살렘으로

10월 20일, 예루살렘으로 향하는 중요한 골목에 위치한 안티오키아 성 앞에 도착한 십자군은 어떤 방식으로 성을 공격해야 할지를 두고 의견이 갈렸다. 일부는 "적이 아직 방어 준비를 제대로 하지 못하고 있을 때 빠르게 기습 공격하자"고 주장했고, 다수는 니케아에서 도시를 포위해 손쉽게 항복을 받아낸 경험을 떠올려 "성을 포위하자"고 의견을 냈다. 그런데 여기에는 한 가지 문제가 있었다. 안티오키아는 니케아보다 규모가 큰 도시였다. 포위는 성을 완전히 둘러쌀 수 있을 때 의미가 있는데, 이 큰 도시를 완전히 포위할 만큼 십자군의 수가 많지 않았기 때문이다. 결국 안티오키아는 십자군에 포위당하고도 오랜 시간 버텨냈고, 얼마 지나지 않아 겨울이 오자 십자군은 추위와 식량 부족에 시달려야 했다. 추위와 배고픔을 견디지 못해 탈영하는 이들이 늘었고 군영 내에서 아사하는 사람도 생겨났다. 먹을 것이 없어 죽은 이의 시신을 먹는 이도 있었다.

결국 십자군은 해가 바뀌고 1098년 6월이 되어서야 성 내부의 배신자를 이용해 도시를 점령하는 데 성공한다. 또다시 수천 명이 학살되었고, 도시의 식량과 재산이 약탈당했다. 그러나 도시를 점령했음에도 불구하고, 십자군은 장기간 포위 작전을 수행하면서 힘이 매우 약해져 있었다. 설상가상으로 8월 1일에 교황의 대리인으로 전쟁에 참전했던 아데마르 드 몽테이유 주교가 전염병으로 사망하자 십자군 진영 내의 분열과 반목도 심해졌다. 안티오키아에 계속 남아 있기를 원하는 자와 원정을 계속하기를 원하는 자들 사이의 의견 충돌이 계속해서 일어났고, 결국 원정을 강행하자는 의견에 따라 1099년 1월 13일, 예루살렘으로 향하는 원정길을 떠난다. 그리고 마침내 같은 해 6월 7일, 꿈에 그리던 예루살렘 성벽 앞에 도착한다.

사실 예루살렘은 이슬람 세계에서 성지로 불리는 중요한 도시기는 했지만 11세기까지만 해도 메카, 메디나, 카이로, 다마스쿠스, 바그다드와 같은 도시에 비하면 그 위상은 한참 뒤처져 있었다. 메카와 메디나는 '예언자 무함마드'와 관련이 있는 성지였고 카이로와 다마스쿠스, 바그다드는 정치와 경제, 문화의 중심지였다. 그에 반해 예루살렘은 정치적 무게가 상대적으로 떨어지는 도시였다.

그런데 십자군의 등장으로 상황이 바뀌었다. 기독교와 이슬람이 수 세기에 걸쳐 피로써 예루살렘을 쟁취하려 들면서, 이 도시는 단순한 성지가 아니라 양 진영의 정체성이 충돌하는 상징으로 변모했다. 역설적이게도 십자군 전쟁이라는 외부의 위협이 예루살렘이 이슬람 세계 내에서 다시금 각인되는 계기를 만들었고, 그 과정에서 이슬람 교도들에게도 상징적 중심지로 부상한 것이다.

✦

십자군, 예루살렘을 점령하다

한편 지친 몸을 이끌고 어렵게 예루살렘에 도착한 십자군을 기다리고 있던 것은 이집트에서 파견된 이슬람 세계의 지원군이 예루살렘으로 향하고 있다는 충격적인 소식이었다. 만약 이들이 도착하기 전에 예루살렘을 점령하지 못한다면, 순식간에 포위당해 전멸할 수도 있었다. 절망에 빠진 십자군을 붙잡아 세운 것은 종교적 열정이었다. 바로 이때 십자군과 동행한 한 성직자가 신의 예언을 들었다고 주장했는데, 그는 일주일 동안 금식과 기도를 이어간 뒤 맨발로 예루살렘 성벽 주위를 행진하면 신이 반드시 성문을 열어주실 것이라고 말했다. 이 말이 지금의 우리에게만 터무니없어 보이는 것은 아니었다. 성 안의 수비군도 성벽 주위를 도는 십자군을 보며 비웃었다는 기록이 전해지기 때문이다. 하지만 십자군에게는 이것이 종교적 의식만을 의미하지는 않았다. 이 행진은 이방인에게서 성지를 되찾겠다는 의지를 드러내는 일종의 퍼포먼스였고, '신의 뜻'은 '우리의 정당성'을 부여해 주었다.

성직자의 말대로 행진을 한 뒤에 도시에 대한 공격이 본격적으로 시작되었을 때, 십자군은 한쪽 성벽부터 차츰 뚫어내기 시작하더니 결국 성문 안으로 진입하는 데 성공한다. 더 이상의 저항이 무의미함을 깨달은 예루살렘 측 지휘관은 뒤늦게 십자군과 협상을 시도했고 수비군이 안전하게 퇴각하는 조건으로 도시의 함락을 인정했다. 이 협상으로 예루살렘을 수비하던 군대는 안전하게 후퇴할 수 있었지만 도시에 남아 있던 이들, 특히 유대인과 이슬람교도들은 전에 없던 학살을 당했다. 중세의 전쟁에서 점령당한 성 내부의 약탈은 흔하게 있는 일이었지만, 예루살렘 점령 당시에 발생한 약탈은 그 정도를 훨씬 뛰어넘는 큰 규모였다. 물론 정확히 얼마나 많은 이가 죽었는지는 알기 어렵다. "많은 사람이 죽었다"거나, "아주 많은 사람이 학살당했다"거나, "모든 이슬람교도가 죽었다"고 언급된 기록을 통해 수천에서 많게는 1만 명 이상이 십자군의 예루살렘 점령 후 학살로 사망했을 것이라고 추정된다.

십자군은 목표였던 예루살렘을 점령하고 예루살렘 왕국을 세우는 데 성공했지만, 목표 달성 후 점차 균열을 드러내기 시작한다. 서유럽에서 지리적으로 멀리 떨어진 예루살렘과 인근 지역을 이슬람에 맞서 효율적이고 지속적으로 통치하기란 어려웠기 때문이다. 보급의 어려움, 현지인들과의 갈등, 이슬람 세력의 압박이 계속해서 십자군 왕국의 기반을 흔들었고, 결정적인 전환점은 1144년에 찾아왔다. 십자군이 통치하던 에데사라는 지역이 이슬람 세력에 의해 함락되고 서유럽에서 프랑스의 왕 루이 7세와 독일의 왕 콘라트 3세가 직접 원정에 나서며 2차 십자군이 결성되지만, 군사적 협력이 잘되지 않은데다가 지형에 대한 무지 때문에 이슬람군에 잇따라 패배하면서 원정이 처참한 실패로 막을 내리게 된 것이다.

설상가상으로 1187년에는 이슬람의 군주이자 명장인 살라딘이 예루살렘을 탈환하는 사건이 벌어졌고 이 소식은 서유럽 사회를 큰 충격에 빠뜨렸다. 이에 대응하기 위해 잉글랜드의 리처드 1세, 프랑스의 필리프 2세, 신성 로마 제국의 프리드리히 1세가 참여한 3차 십자군이 조직되지만 프리드리히 1세는 원정 도중 익사하고, 필리프 2세는 내부 갈등을 겪고 일찍 귀환해 버린다. 홀로 남은 리처드 1세가 여러 차례의 전투에서 분전하지만 예루살렘을 되찾는 데에는 끝내 실패하고 살라딘과 직접 협상을 벌여 기독교 세계 순례자들의 안전한 예루살렘 방문을 보장받는 데 만족해야 했다.

✦

성전에서 약탈전으로 변모한 4차 십자군

십자군 전쟁은 지금까지 살펴본 것처럼 본래 예루살렘 탈환이라는 원대한 목표를 내걸고 출발했지만, 시간이 흐르면서 점점 다른 길로 빠지며 본말이 전도되기 시작했다. 그 결정적인 전환점은 4차 십자군이었다. 예루살렘을 되찾겠다는 초기의 목적은 온데간데없어지고, 교황과 서유럽 군주들의 이해관계 그리고 상인들의 이권 계산 속에 휘말려 결국 십자군이 예루살렘이 아니라 비잔티움 제국의 심장부인 콘스탄티노폴리스를 공격하는 충격적인 일이 벌어진 것이다. 성지를 향한 신앙 원정은 왜 같은 기독교 세계를 향한 칼날로 변질되고 말았을까?

그 시작은 이탈리아의 도시국가 베네치아에서 비롯되었다. 상업이 활발하게 이루어지고 있던 베네치아는 한때 비잔티움 제국과 무역 파트너로서 좋은 관계를 맺고 있었다. 그러나 비잔티움 제국 정부가 만성적인 재정난에 빠지면서 이를 해결하기 위해 다양한 세금을 도입했고, 그 과정에서 베네치아에 부여했던 여러 무역 특권을 폐지하자 비잔티움 제국과 베네치아의 관계는 급속히 악화했다.

이런 상황에서 1201년, 프랑스와 근처의 영주 여섯 명이 베네치아의 지도자 엔리코 단돌로에게 십자군 전쟁을 지원해 달라고 요청했다. 이들이 가장 원한 것은 전쟁에 필요한 운송수단인 배였다. 이미 90세가 넘은 노령의 단돌로는 시력까지 잃은 상태였지만 누구보다 냉철한 정치적 감각을 지닌 인물이었다. 그는 지원에 대한 요구조건으로 운송비와 더불어 전쟁에서 승리할 경우 얻게 될 이익의 절반을 요구했다. 단돌로가 요구한 비용은 프랑스 왕 1년 수입의 두 배에 달할 정도로 컸지만, 프랑스 영주들은 3만 명이 넘게 동원될 전쟁에서 승리하기만 하면 금방 이를 상쇄하고도 남을 이익을 얻을 수 있을 것이라 예상해 단돌로의 요구를 받아들였다.

물론 단돌로의 입장에서도 이는 일종의 모험이었는데, 십자군을 지원할 배를 건조하기 위해 막대한 비용을 투자해야 했기 때문이었다. 베네치아 정부는 시민 전체를 대상으로 무작위 추첨을 실시해, 당첨된 시민을 강제로 조선소로 동원했다. 이는 곧 도시의 거의 모든 가정이 이 거대한 사업에 직간접적으로 참여해야 함을 의미했다. 십자군 원정은 그만큼 베네치아의 운명이 걸린 거대한 사업이자 도시 전체를 긴장시킨 도박이었다.

단돌로는 전례 없는 대규모 공사로 200여 척의 배를 완성하는 데 성공하지만 뜻밖의 문제가 발생하고 만다. 출발일에 배는 준비되었는데 정작 약속된 군대가 전부 도착하지 않은 것이다. 약속 장소에는 예정되었던 군사의 3분의 1만 나타났다. 격노한 단돌로는 약속된 비용을 지불하기 전에는 고향으로 돌아갈 수 없을 것이라며 도착한 기사들을 협박했고, 기사들은 금과 은을 비롯해 동원할 수 있는 재산을 끌어모았음에도 불구하고 원래 계약금의 3분의 1이 부족했다.

이때 단돌로가 충격적인 해법을 꺼내들었다. 분노한 그는 직접 함대를 지휘해 오늘날 크로아티아에 위치한 자다르로 약탈을 하기 위해 떠났다. 이 도시는 십자군의 목표와는 관련이 없는, 심지어 기독교 도시였다. 자다르 주민들은 저항할 뜻이 없음을 밝혔고 교황까지 나서서 이 도시를 약탈하면 십자군을 파문할 것이라고 경고했지만 단돌로는 개의치 않고 약탈을 감행했다. 성지를 되찾겠다던 군대가 같은 기독교 도시를 공격한 이 일은 십자군이 어떻게 변질되고 타락해 갔는지를 극명하게 보여주는 결정적 사건이다.

물론 앞서 살펴봤듯이 1차 십자군 때도 비잔티움 영토에서 약탈을 벌인 적은 있었다. 그러나 그것은 행군 과정에서 발생한 일시적 충돌에 가까웠고 성지 탈환이라는 목표는 유지된 상태에서 벌어진 일이었다. 반면 4차 십자군에서 벌어진 자다르 약탈은 본래 원정의 방향이 완전히 다른 곳으로 전환된 사건이었다. 이제 십자군은 대의 자체가 상실된 원정으로 변질되었다.

그런데 이때, 뜻밖의 손님이 십자군을 찾아왔다. 비잔티움 제국의 권력 싸움에서 밀려난 이사키오스 2세 앙겔로스의 아들이었다. 그는 "나를 다시 황제로 만들어 준다면 콘스탄티노폴리스 전체를 바치겠다"고 약속했다. 게다가 이후에 예루살렘으로 향할 십자군을 위해 막대한 비용의 전쟁 자금을 지원할 뿐만 아니라 직접 군대를 파병하겠다고도 공언했다.

십자군은 한 달 남짓 고민을 거듭한 끝에 결국 콘스탄티노폴리스 앞바다에 모습을 드러냈다. 당시 콘스탄티노폴리스를 수비할 비잔티움 제국의 함대는 20여 척에 불과했다. "육지와 바다 모두 진동하는 것 같았다"라는 기록이 남을 정도로 대대적이었던 십자군의 공격이 시작되고 머지않아 성은 함락되고 말았다. 십자군은 콘스탄티노폴리스 안에 갇혀 있던 앙겔로스를 풀어주었고, 앙겔로스의 아들이 약속했던 내용을 지키라고 재촉했다. 문제는 비잔티움 제국의 국고에 그만한 거액이 없다는 것이었다. 앙겔로스와 그의 아들이 할 수 있는 선택은 무엇이었을까? 둘은 황제의 이름으로 자국의 수도인 콘스탄티노폴리스를 약탈해서 십자군에 약속된 금액을 지급하라는 명령을 내려야 했다. 이에 따라 궁궐의 재산은 물론이고 교회의 귀중품까지 모두 뜯겨나갔고 콘스탄티노폴리스는 사실상 무정부 상태에 빠지게 되었다.

그러나 단돌로와 십자군은 이때까지도 원했던 만큼의 자금을 확보하지 못했다. 장기간 이어진 전쟁으로 비잔티움 제국의 국고가 바닥나 있었기 때문에 그렇게 약탈한 것만으로는 예루살렘으로 향하는 원정을 계속할 수 없었다. 결국 십자군은 다시 한번 콘스탄티노폴리스를 철저히 약탈하기로 결정한다. 원정에 동행한 성직자들은 "그리스인은 유대인보다도 나쁘다"고 설교하면서 약탈을 정당화했다. 이제 십자군은 보이는 모든 것을 빼앗았을 뿐만 아니라 아이를 엄마로부터 떨어뜨리고, 젊은 여자를 무자비하게 겁탈했다. 약탈 규모가 너무나 커서 약탈한 물품을 사람의 손으로 모두 옮길 수 없게 되자 말을

〈콘스탄티노폴리스에 입성하는 십자군〉, 외젠 들라크루아, 1840년

동원했고, 미끄러운 대리석 바닥에서 말이 미끄러지자 말도 학살할 정도로 광기가 극에 달했다. 그 결과 콘스탄티노폴리스의 길거리와 교회 바닥은 모두 피로 적셔졌다. 한편 단돌로는 이때 약탈한 귀중품 일부를 베네치아로 옮겼는데, 다수는 오늘날에도 여전히 베네치아에 보관되어 있다. 여행객들이 베네치아에서 들르는 장소인 산마르코 광장의 말 조각상도 그중 하나다.

십자군 전쟁의 의미

십자군 전쟁을 어떻게 바라보아야 할까? 십자군은 단순히 예루살렘을 얻느냐 잃느냐의 문제를 넘어 신앙과 정치, 경제와 권력의 문제가 뒤엉킨 거대한 역사적 사건이었다. 그 과정에서 중세 유럽 사회의 민낯이 드러났다. 4차 십자군 이후로도 계속된 전쟁이 불러온 기독교 세계의 분열과 교황의 위상 변화는 유럽 사회의 장기적 변화와도 맞물렸다. 십자군 전쟁 이후 교황권은 일시적으로 절정에 이르렀으나, 반복된 원정의 실패와 함께 점차 세속 권력의 도전을 받게 되었다. 또한 장기간의 원정은 교역이 활발해지고 상업 도시가 성장하도록 만들면서 봉건 질서가 점차 힘을 잃게 해 유럽 사회의 구조를 서서히 바꾸어 놓았다.

무엇보다 기독교와 이슬람 사이의 끝없는 갈등은 이때 본격적으로 드러났으며, 이 갈등은 다른 양상을 띠기는 하지만 오늘날까지도

3장. 기독교와 이슬람교를 가른 광기의 역사

이어지고 있다. 이런 점을 생각하면, 20세기 프랑스의 위대한 역사학자로 손꼽히는 자크 르 고프가 십자군 전쟁의 의미에 대해 이야기하면서 "기독교인들에 의해 벌어진 십자군 전쟁에서 중동 지역으로부터 살구가 유입된 것을 제외하고는 어떤 긍정적인 영향도 찾아볼 수 없다"고 냉소적으로 말한 이유도 이해할 수 있다.

십자군 전쟁은 유럽이 처음으로 이슬람 세계와 정면으로 부딪히며 스스로를 타자와 구분하기 시작한 사건이었다. 그 과정에서 '우리'와 '그들'이라는 구분이 강화되었고, 이는 이후 유럽인들의 정체성과 세계 인식에도 깊은 흔적을 남겼다. 십자군 원정대가 예루살렘을 향해 나아가는 길에서도 이러한 구분은 끊임없이 재확인되었다. 자신들은 신의 군대로, 상대는 이교도의 세력으로 상정하는 인식이 모든 행위에 정당성을 부여한 것이다.

그러나 십자군의 실제 행적을 들여다보면, 신앙의 이름 아래 감춰진 탐욕과 정치적 계산이 곳곳에 드러난다. 십자군 전쟁은 겉으로는 종교적 이상을 내세웠지만, 그 이면에는 현실의 이해관계가 지배하던 중세 사회의 거울이 놓여 있었다. 예루살렘 탈환이라는 대의명분 뒤에는 전리품 약탈의 욕망이 숨어 있었고, 이는 유럽 사회 내부의 모순을 그대로 비추었다.

결국 이 전쟁 속에서 유럽은 스스로를 문명으로, 그리고 타자를 야만으로 규정하면서도 그 내부에서는 탐욕과 폭력이 얽혀 있는 복잡한 현실을 드러냈다. 바로 이 지점에서 십자군 전쟁은 이상과 현실이 충돌하던 유럽의 초상을 보여준다. 신의 이름으로 출정한 군대는 신의 뜻보다 인간의 욕망을 따랐고, '우리'라는 이름의 유럽 기독교 세계는 끊임없이 내면적 모순과 싸워야 했다. 이런 점에서 십자군 전쟁은 종교전쟁이기만 한 것이 아니라 서양이 스스로를 어떻게 인식하는지, 그리고 세계 속에서 어떤 위치를 점하게 되었는지를 내보인 역사적 전환점이었다.

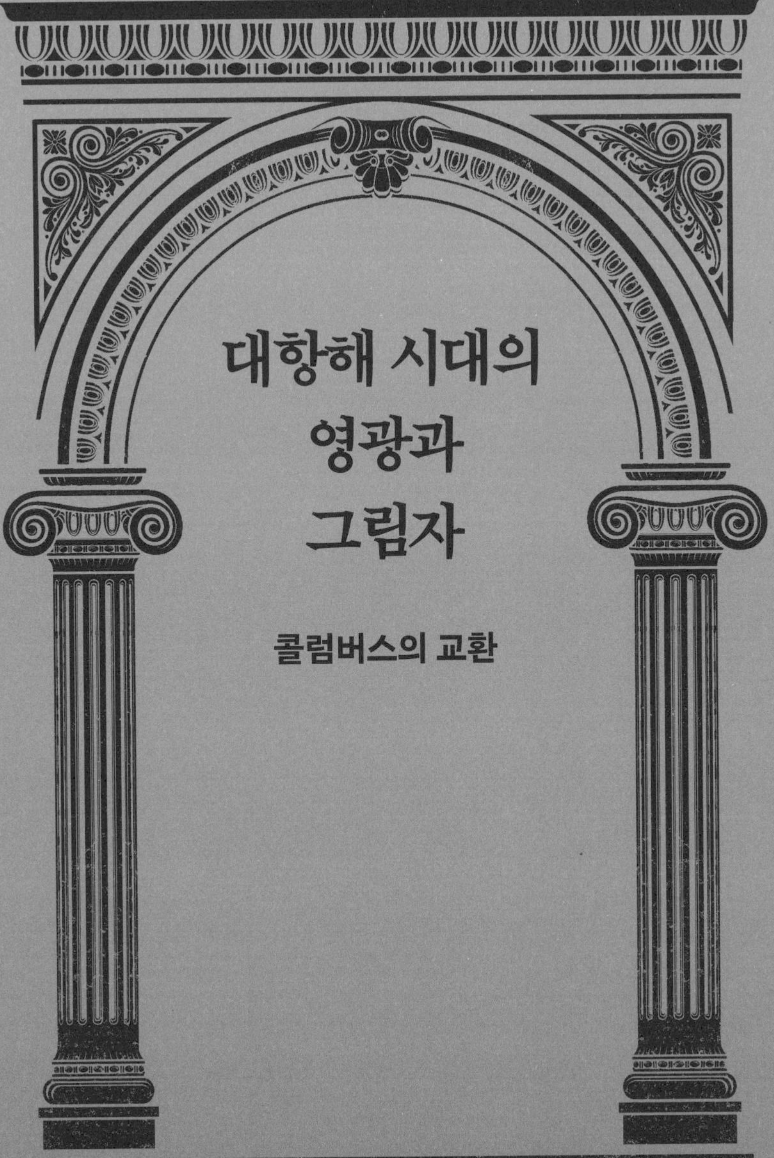
4장

대항해 시대의
영광과
그림자

콜럼버스의 교환

유럽은 십자군 전쟁으로 세계를 향한 첫 번째 대규모 '출정'을 마쳤다. 이는 훗날 '대항해 시대'에 펼쳐질 해양 탐험과 식민지 확장의 전조기도 했다. 십자군 전쟁의 경험은 유럽인의 세계관을 근본적으로 바꾸어 놓았다. 애초의 목표였던 예루살렘을 영구히 차지하는 데는 실패했지만 지중해를 건너 더 넓은 세상과 맞닿은 경험을 통해 유럽인의 시야가 확장되었기 때문이다. 전쟁 도중 동방에서 전해진 비단과 향신료, 그리고 새로운 학문과 기술은 유럽인으로 하여금 기존에 알고 있던 세계 너머에 아직 알지 못하는 부와 지식이 존재한다는 사실을 일깨워 주었다.

그러나 예상치 못한 문제가 발생하면서 유럽이 마주한 새로운 경험은 오래가지 못했다. 십자군 전쟁 이후 한동안 동방과의 교역이 이어졌지만 15세기 들어 오스만 제국이 콘스탄티노폴리스를 점령하며 비잔티움 제국을 멸망시키자 상황이 달라졌기 때문이다. 세력을 확장한 오스만 제국이 지중해와 동방으로 이어지는 육로 교역망을 장악하면서 유럽 국가와 상인들은 동방으로 가는 길이 막혀 더는 향신료와 비단뿐 아니라 새로운 지식과 문화도 자유롭게 구할 수 없게 되었다.

그러나 현실의 제약은 인간의 무한한 욕망을 꺾지 못했다. 오스만 제국이라는 장벽의 등장은 유럽인들이 새로운 고민을 하게끔 만들었다. 점점 많은 유럽인이 동방으로 가는 또 다른 길이 없을지 골몰했고 결과적으로 이런 고민이 대항해 시대를 낳았다. 이제 육로는 안전하지 않았기에 유럽인의 시선이 바다로 향한 것이다. 십자군 전쟁이 하늘의 왕국을 되찾으려는 종교 전쟁이었다면, 대항해 시대는 부의 왕국을 차지하려는 새로운 성격의 전쟁이었다.

스페인과 포르투갈, 바닷길로 나아가다

이제 바다는 신앙의 성지로 가는 통로가 아니라 황금과 향신료, 권력으로 향하는 길이었다. 물론 욕망만으로는 넓디넓은 대양을 건널 수 없었다. 바다는 언제나 인간에게 두려움의 공간이었고 망망대해로 나아가기 위해서는 새로운 기술이 뒷받침되어야 했다. 십자군 전쟁 때는 칼과 방패가 앞세워졌다면, 대항해 시대에는 나침반과 범선이 앞장섰다. 이미 11세기 중국 송나라에서 발명된 나침반이 아랍 상인과의 교류를 거쳐 유럽으로 전해졌고, 항해사들은 나침반뿐만 아니라 별의 위치를 관측해 배의 위도를 계산할 수 있는 아스트롤라베astrolabe와 사분의를 활용하기 시작했다. 이런 기술적 진보 덕분에 단순히 연안을 따라가는 항해에서 드넓은 바다를 가로지르는 대양 항해가 가능해졌다.

조선술의 발달 역시 바다를 건너는 데 결정적 역할을 했다. 포르투갈에서 개발된 소형 범선 캐러벨caravel은 삼각돛과 사각돛을 함께 달아 역풍을 활용할 수 있었고, 대서양의 거친 파도에 맞설 수 있는 튼튼한 구조를 갖추고 있었다. 여기에 함포와 화약은 바다 위에서도 강력한 군사력을 발휘할 수 있는 길을 열어주었다. 그 결과 인류 역사에서 처음으로 태평양, 인도양, 대서양이 하나의 무대로 연결되는 순간이 찾아왔다. 이제 바다는 교류를 막는 장벽이 아니라 전 세계를 잇는 교통로였다.

대항해 시대의 첫 장을 연 주인공은 스페인과 포르투갈이었다. 왜 하필 이 두 나라였을까? 두 나라는 유럽의 서쪽 끝 이베리아반도에 자리 잡고 있었는데, 이베리아반도는 지중해와 대서양에 동시에 접해 있었다. 특히 포르투갈은 대서양과 맞닿아 있는 긴 해안의 영향으로 일찍부터 발달된 항해술과 조선술을 지니고 있었고, 15세기 초부터 아프리카 서해안을 따라 탐험 항해를 이어가고 있었다.

게다가 15세기 들어서 이베리아반도는 이슬람 세력에 맞선 일명 '레콩키스타'를 마무리하면서 새로운 활력을 얻고 있었다. 오늘날의 우리는 스페인과 포르투갈이 위치한 이 지역을 당연히 유럽으로 인식하지만, 8세기 초 이슬람 세력이 북아프리카를 넘어 이베리아반도를 점령한 이후 수 세기 동안 이곳은 이슬람의 지배 아래에 있었다. 기독교 세력은 피레네 산맥 주위의 작은 거점들에서만 근근이 명맥을 이어가고 있을 뿐이었다. 그러나 11세기 이후, 십자군 전쟁의 흐름 속에서 훗날 스페인을 이루게 되는 이 지역의 기독교 왕국들도 점차 세력을 회복하면서 끊임없는 전투와 정복을 통해 남쪽으로 영토를 넓혀갔다. 이 투쟁이 바로 스페인어로 재정복을 의미하는 레콩키스타였다.

800년 가까이 이어진 이 재정복 운동의 목표는 영토 회복을 넘어 이슬람 세력을 몰아내고 기독교 왕국의 권위를 되찾는다는 종교적 의미를 띠고 있었다. 이 지난한 과정은 1492년, 마침내 이슬람 세력 중 마지막으로 버티고 있던 그라나다가 함락되면서 마무리되었다. 스페인은 마침내 통일을 이루었고, 레콩키스타에 쏟은 에너지는 자연스럽게 외부 세계를 향한 정복과 탐험의 욕망으로 분출되기 시작했다.

포르투갈은 레콩키스타가 끝난 후 계속해서 아프리카 서해안을 따라 항해로를 개척하며 바다의 가능성을 시험했다. 포르투갈의 선원들은 '항해왕자'로 불린 엔리케의 후원에 힘입어 아프리카 서해안을 따라 남쪽으로 내려갔다. 그 과정에서 사하라 이남의 금과 상아, 노예가 유럽으로 넘어왔고, 선원들은 점차 더 먼바다로 나아갈 수 있는 항해 경험과 자신감을 쌓았다. 탐험가 바르톨로메우 디아스가 이끄는 두 척의 배는 아프리카 최남단 희망봉을 돌아 인도양으로 들어가는 길을 개척하는 데에도 성공한다. 디아스 본인이 직접 인도에 도달하지는 못했지만, 아프리카를 돌아 동방으로 가는 항로가 존재한다는 사실은 증명한 셈이었다. 이때 유럽인들이 위험한 바닷길로 나가 굳이 인도에 도달하려 한 것은, 비단과 향신료 등 동방의 귀중한 상품을 직접 거래하려는 욕망이 있었기 때문이다. 오스만 제국이 가로막고 있던 동방 무역로에 직접 접근하고자 했던 것이다.

 ———— 4장. 대항해 시대의 영광과 그림자

세계사적 관점으로 볼 때 어쩌면 더 중요한 사건은 스페인에서 일어났다. 1492년, 제노바 출신의 항해사 크리스토퍼 콜럼버스가 스페인 국왕 부부의 후원을 받아 대서양을 건넌 것이다. 그가 대서양을 건너기로 결심한 이유는 단순했다. 아프리카를 돌지 않고 서쪽으로 계속 항해하면 인도에 도달할 수 있을 것이라 믿었기 때문이었다. 그러나 그가 마주한 것은 존재를 전혀 알지 못했던 새로운 대륙 아메리카였다. 하지만 정작 콜럼버스는 이 사실을 깨닫지 못하고 끝까지 자신이 인도에 도달했다고 확신했고, 아메리카의 원주민을 '인디오'라고 불렀다.

그는 1506년 사망할 때까지 자신이 '발견'한 이 땅이 아시아가 아니라 전혀 새로운 대륙이라는 사실을 알지 못했다. 콜럼버스가 자신이 찾아낸 땅을 인도로 착각한 사실 자체는 이곳의 원주민이 '인디언'이라는 이름으로 불리게 된 역사를 제외하면 그저 작은 에피소드에 불과했다. 그러나 그가 이끈 항해의 결과는 사소하지 않았다. 결과적으로 유럽인에게 아메리카 대륙을 드러내는 계기가 되었고, 이것이 이후 세계사의 흐름을 근본적으로 바꾸어 놓았기 때문이다.

한편 포르투갈은 아프리카를 돌아 마침내 인도에 도달했다. 1498년, 포르투갈의 탐험가 바스쿠 다 가마가 희망봉을 돌아 마침내 인도에 다다른 것이다. 그렇게 개척한 항로는 향신료와 직물 등 동방 무역을 독점할 수 있는 길을 열어주었고, 포르투갈은 인도양 곳곳에 교역 거점지를 세우며 강력한 해상 제국을 건설했다.

유럽의 식민 지배를 예고한 합의

이처럼 포르투갈과 스페인은 서로 다른 경로를 택해 바다로 나아갔다. 스페인은 대서양을 건너 아메리카로, 포르투갈은 아프리카를 돌아 인도로 향했다. 그리고 대서양을 건넌 스페인의 항로와 인도양으로 진출한 포르투갈의 항로는 결국 지구가 하나의 연속된 공간으로 연결되는 순간을 열었다. 이 두 항로는 서로 반대 방향으로 출발했지만 지구를 반 바퀴 돌아 맞닿았고, 사람들은 이 경험을 통해 지구가 둥근 공간임을 실감하게 되었다.

그러나 스페인과 포르투갈의 바다 진출은 곧 충돌로 이어졌는데, 아프리카와 아시아 그리고 대서양 너머의 새로운 땅을 누가 차지할 것인지를 두고 양국은 피할 수 없는 갈등을 겪었다. 두 나라는 해당 지역에 살고 있는 인도인과 아메리카 원주민 같은 수많은 토착민은 모르게 교황 알렉산데르 6세의 중재 아래 토르데시야스 조약을 맺었다. 카보베르데섬 서쪽 서경 46도를 기준으로 지구를 동서로 가르고, 그 동쪽의 '신세계'는 포르투갈이, 서쪽의 '신세계'는 스페인이 가지도록 합의한 것이다.

지극히 유럽중심적인 발상에 기반한 이 합의는 이후 수 세기 동안 이어질 유럽의 세계 지배 질서를 예고했다. 이 조약으로 인해 브라질은 포르투갈령으로 고착되었고, 스페인은 아메리카 대부분을 차지하게 되었다. 토르데시야스 조약의 체결은 강대국들이 '분할과 지배의 논리'로 바다 너머의 땅을 마음대로 나누어 갖기 시작했음을 보여주는 사건이었다. 그런 의미에서 대항해 시대는 '발견'의 시대가 아니라 본격적인 식민지 세계 체제의 서막을 알리는 신호탄으로 볼 수 있었다.

✦

라틴아메리카 원주민을 굴복시킨 스페인 원정대

토르데시야스 조약으로 아메리카 대부분이 스페인의 손에 들어간 이후 본격적인 정복의 막이 올랐다. 1519년 2월, 에르난 코르테스가 이끄는 스페인 원정대는 오늘날의 멕시코에 위치한 아즈텍 제국으로 향했다. 그 결과 불과 500여 명에 불과했던 원정대는 2년 만에 아즈텍 제국을 붕괴시켰다.

코르테스는 상륙하고 얼마 지나지 않아 도착한 한 마을에서 저항하는 원주민을 무력으로 물리친 뒤에 마을 여성들을 강제로 기독교로 개종시켰고, 그중에서 '라 말린체'로 불리게 될 한 여성을 자신의 정부로 삼았다. 그녀는 이후 코르테스와 원주민 사이에서 통역을 맡아 중재자 역할을 했고, 이 때문에 멕시코 역사 속에 논쟁적인 인물로 남게 되었다.

원정대는 곧이어 아즈텍 제국의 황제 몬테수마 2세를 만나게 해달라고 요구했다. 몬테수마 2세는 만남을 거듭 거부했지만, 코르테스는 아랑곳하지 않으며 병력을 이끌고 제국의 수도였던 테노치티틀란으로 향했다. 코르테스는 이 원정 과정에서 아즈텍 제국의 지배 계급에 겁을 주기 위해 원정 중 점령한 도시의 귀족을 모아놓고 학살을 자행하고 도시를 불태우기도 했다. 결국 코르테스는 상륙한 지 9개월 만에 몬테수마 2세를 만나는 데 성공한다.

둘의 만남에서 무슨 일이 벌어졌을까? 몬테수마 2세는 코르테스 일당을 달래려고 후한 선물을 준비해 건넸지만 이는 오히려 역효과를 낳았다. 선물을 접한 원정대가 아즈텍 제국의 부에 대한 환상을 갖게 되어 더 많은 것을 요구했기 때문이다. 또 코르테스는 원정 중 자신의 병력이 아즈텍 주민들에 의해 사망한 일을 빌미로 몬테수마 2세를 포로로 붙잡고 그를 꼭두각시 삼아 제국을 지배하고자 했다. 포로로 잡힌 몬테수마 2세는 이듬해 7월에 살해당했고 그 범인은 밝혀지지 않았다. 이에 분노한 원주민의 반격을 피해 코르테스와 원정대는 일단 테노치티틀란을 빠져나왔다가 재정비한 뒤에 다시 그곳을 포위했다. 1521년 8월, 아즈텍 제국 황제의 항복을 받아낸 코르테스는 의기양양하게 아즈텍 제국을 스페인의 영토로 선언했다. 그리고 스페인의 왕이자 신성 로마 제국의 황제였던 카를 5세는 코르테스를 멕시코 지역의 총독으로 공식 임명했다.

코르테스가 아즈텍 제국을 무너뜨린 지 불과 10여 년 후, 또 다른 정복자가 남아메리카로 눈을 돌렸다. 코르테스의 정복에 자극받은 이 인물의 이름은 프란시스코 피사로였다. 피사로가 이끄는 스페인 원정대는 오늘날의 페루 지역을 지배하고 있던 잉카 제국으로 향했다. 이들이 두 차례의 원정에 실패하고 1532년에 다시 잉카 제국에 도달했을 때, 잉카 제국은 황제 후계 문제를 두고 내전을 벌이느라 혼란에 휩싸여 있었다. 피사로는 이 틈을 놓치지 않았다. 잉카 제국의 황제 아타우알파를 기습해 포로로 잡는 데 성공했고, 황제가 몸값으로 금과 은을 한가득 바치겠다고 약속하자 이를 받아낸 뒤에 그를 처형해 버렸다. 지도자를 잃은 잉카 제국은 빠르게 붕괴하기 시작했다. 결국 코르테스가 아즈텍 제국에 그랬듯, 피사로 역시 극히 적은 인원으로 광대한 잉카 제국을 무너뜨리는 데 성공했다. 그 배경에는 우수한 무기와 군사력뿐만 아니라 제국 내의 내분과 원주민 집단 간의 복잡한 갈등이 자리 잡고 있었다.

유럽인과 함께 신대륙에 도착한 새로운 질병

그런데 사실 '신대륙' 정복에 결정적인 역할을 한 것은 다름 아닌 질병이었다. 유럽의 정복자들이 아메리카 대륙에 발을 들이기 전까지 천연두와 홍역 같은 유럽의 전염병은 신대륙에 존재하지 않았다. 원주민 사회는 전염병에 대한 면역력을 전혀 갖고 있지 않았기 때문에 유럽인 몇 명이 상륙한 것만으로도 전염병은 걷잡을 수 없이 퍼져나갔고, 잉카 제국에서는 천연두가 황제와 귀족을 먼저 덮쳐 권력 구조를 마비시켰다. 치사율이 30~50퍼센트에 달해, 한 마을에서 첫 번째 환자가 발병한 지 불과 몇 주 만에 마을 공동체가 사라지는 일도 흔했다.

처음 접하는 병을 마주친 원주민은 이 상황을 어떻게 받아들였을까? 이들에게는 모든 것이 혼란스러울 수밖에 없었다. 유럽인이 가져오는 각종 전염병을 표현할 단어조차 존재하지 않았기 때문에 원주민의 언어로 '질병'을 뜻하는 단어를 그대로 사용할 정도였다. 다음 기록은 원주민 사회가 전염병을 얼마나 낯설고 충격적인 사건으로 받아들였는지를 잘 보여준다.

> "과거에는 모두가 건강했다. 전염병도 따로 존재하지 않았다. 천연두도 없었고, 다른 여타의 질병도 없었으며, 모두가 신체적으로 건강했다."
>
> **_17세기 마야 문명의 기록**

유럽인들은 전염병으로 쓰러져가는 원주민을 어떻게 받아들였을까? 속수무책으로 죽어가는 원주민을 바라보는 유럽의 정복자들도 당혹스럽기는 마찬가지였다. 자신들의 고향에서도 이따금 천연두가 발병했지만, 이 정도의 사망 속도는 상상조차 하지 못한 것이었다. 의학적 지식이 부족하기는 유럽인들도 마찬가지였다. 유럽인들은 자신들의 하나님이 우상을 숭배한 원주민에게 벌을 가하는 중이라고 믿었다.

소수의 영리한 유럽인들은 밀집해서 생활하는 원주민의 환경이 질병의 전파에 결정적으로 기여하고 있다는 사실을 빠르게 파악했다. 많은 사람이 같은 집에서 거주하는 형태, 가족들이 함께 식사하고 잠을 자는 것이 문제가 된다는 사실을 알아차린 것이다. 이를 깨달은

　　　　　　　　　　　　　4장. 대항해 시대의 영광과 그림자

이들 중 일부가 원주민에게 깨끗한 옷을 입으라는 아주 기초적인 예방책을 알려주기도 했지만, 이는 새로운 전염병에 면역력을 갖추지 못한 원주민에게 근본적인 해결책이 되지는 못했다. 너무나 빠른 속도로 전염병이 퍼져 마을 전체가 사라지고, 농사를 지을 땅이 방치되어 이듬해에는 먹을 것도 부족해졌다. 식량이 부족해지자 원주민의 면역력은 더욱 떨어졌고, 이는 다시 전염병이 한층 더 쉽게 퍼지는 환경을 만들었다.

코르테스와 피사로를 비롯한 스페인 정복자들이 쉽게 원주민의 땅을 정복할 수 있었던 데에는 이처럼 전염병의 확산이 결정적인 영향을 끼쳤다. 전염병이 확산되는 것을 목격한 원주민들이 저항할 의지 자체를 상실하는 경우도 흔했다. 전염병은 신분을 가리지 않았기 때문에 국가의 행정도 마비되었고, 원주민이 승리한 전투도 간혹 있었지만 이미 사기가 바닥에 떨어진 상태였던 원주민은 승리하고도 유럽인 침입자를 추격하지 않았다.

✦

아메리카산 은이 만든 번영과 비극

스페인이 감행한 정복의 결과는 아메리카 대륙의 패권 교체에 그치지 않았다. 정복 이후 새롭게 구축된 식민지 체제는 원주민 사회를 근본적으로 재편했다. 스페인은 아메리카를 단순한 식민지가 아니라 유럽의 경제를 떠받칠 거대한 자원 공급지로 만들었고, 그 결과 유럽과 세계 전체의 경제 구조까지 흔들렸다.

가장 대표적인 변화는 은 때문에 일어났다. 1545년, 오늘날 볼리비아에 위치한 포토시에서 대규모 은광이 발견되었다. 포토시는 곧 '은의 산'이라 불리며 세계에서 가장 큰 광산 도시로 성장했다. 그러나 쏟아져 나오는 은의 생산을 맡은 이들은 강제로 끌려온 수만 명의 원주민과 아프리카 노예였고 이들은 4,000미터가 넘는 고산지대의 희박한 공기 속에서 혹독하게 노동해야 했기에 대부분 오래 살아남지 못했다. 은광에서 죽은 노동자 시체의 무게가 그곳에서 채굴된 은의 무게보다 무겁다고 말할 정도였다.

여기서 생산된 은은 아메리카 대륙을 거쳐 스페인의 항구로 들어왔고, 곧 유럽의 금융과 상업을 지탱하는 핵심 자원이 되었다. 아메리카산 은의 여정은 유럽에서 끝나지 않았는데, 스페인과 포르투갈 상인들이 은으로 아시아의 비단과 도자기, 향신료를 구입했기 때문이다. 은은 특히 중국에서 주요 화폐로 통했기에 막대한 양의 아메리카산 은이 중국으로 흘러들어가는 결과를 낳았다. 그렇게 아메리카에서 채굴된 은은 유럽을 거쳐 아시아까지 이어지는 거대한 무역망을 형성했고, 그 과정에서 아메리카 대륙은 본격적으로 세계 경제의 한가운데로 편입되기 시작했다.

하지만 이러한 경제적 전환은 원주민에게는 끝없는 고통만을 의미할 뿐이었다. 스페인은 '엥코미엔다'라 불린 제도를 통해 정복자에게 원주민 노동과 토지를 일종의 포상으로 분배해 주었다. 겉으로는 원주민을 기독교로 개종하고 보호한다는 명분을 내세웠지만 실제로는 원주민을 착취하고 혹사하는 제도일 뿐이었다. 원주민은 세금과 강제노동에 시달렸고, 조금이라도 불만을 표출하면 잔혹한 처벌을 받았다. 이 과정에서 아메리카 대륙의 많은 공동체가 불과 수십 년 만에 파괴되고 말았고 생존한 원주민도 쫓겨나 낯선 곳에서 떠돌아야 했다.

✦

금융 혁신과 폭력적 지배, 네덜란드 동인도회사

아메리카에서 흘러들어온 은은 유럽과 아시아를 잇는 거대한 무역망을 만들었지만, 그 무역을 실제로 움직이기 위해서는 새로운 방식의 자본 조달이 필요했다. 대서양과 인도양을 넘는 장거리 항해가 상인 개인이나 소수 가문의 자본으로는 감당하기 어려울 정도로 큰 비용과 위험을 수반했기 때문이다. 배를 건조하고 수십 명의 선원을 고용해 수개월에서 길게는 수년 동안 필요한 식량과 장비를 마련하는 일만 해도 엄청난 투자였다. 더구나 항해 도중 폭풍이나 해적, 기항지에서의 분란에 휘말리면 모든 자본이 하루아침에 사라질 수도 있었다.

이처럼 막대한 위험과 비용을 감당하기 위해 유럽 상인들은 여러 투자자로부터 자금을 모으고, 수익과 손실도 함께 나누는 제도를 본격적으로 고안했다. 바로 여기서 '주식회사'가 등장했다. 대표적인 사례가 1602년 설립된 네덜란드 동인도회사다. 동인도회사는 상인 조합이기만 했던 것이 아니라 국가가 공식 인가한 주식회사이자 근대 자본주의의 시초로 불릴 만한 조직이었다.

1602년, 1,000명이 넘는 네덜란드 시민이 각자 일정한 금액을 출자해 동방 무역을 위한 거대한 선단을 꾸렸다. 동인도회사의 책임자 중 한 명인 디르크 판 오스의 자택에서 일하는 하녀조차 일하며 모은 돈을 투자했을 정도로 주식회사에 대한 관심은 신분의 높고 낮음을 가리지 않았다. 동방에서의 무역이 성공할 경우에는 각자 투자 비율에 따라 수익을 배당금으로 나누어 가졌다. 항해가 실패하거나 배가 침몰하더라도 손실은 모든 투자자가 함께 떠안았기 때문에 개별 상인이 감당하기 어려운 위험을 공동의 자본으로 분산할 수 있었다.

암스테르담 증권거래소 내부

무엇보다 중요한 사실은 동인도회사가 단발적인 투자에 그치지 않고 주식을 사고팔 수 있는 구조를 도입했다는 것이다. 기존의 투자자는 자신이 투자한 지분을 언제든지 현금화할 수 있었고, 새로운 투자자는 기존의 지분을 매입할 수 있었다. 동방과의 무역이 순조롭게 진행될 것 같으면 주식의 가격이 올랐고, 그렇지 않을 듯하면 내려갔다. 암스테르담에는 세계 최초의 증권거래소가 세워졌고 이곳에서 동인도회사의 주식은 자유롭게 거래되었다. 이제 투자자들은 배당 수익뿐만 아니라 주가의 변동을 이용해서도 이익을 얻을 수 있었다.

더 나아가 암스테르담 증권거래소에서는 오늘날 근대 자본주의의 핵심 요소로 꼽히는 선물 거래와 공매도의 개념까지 등장했다. 어떤 투자자는 향후 주가가 오를 것이라 예상하여 미리 매수 계약을 맺었고, 다른 이는 주가가 떨어질 것이라 보고 주식을 빌려 먼저 팔았다가 나중에 더 낮은 가격에 사서 갚는 방식으로 차익을 남기기도 했다. 현재 가격이 아니라 미래의 가격 변동에 투자할 수 있다는 발상이 처음으로 제도화된 것이다. 물론 오늘날과 마찬가지로 당시에도 이러한 방식의 거래를 기이하고 위험한 투기로 인식하는 사람들도 존재했다. 그럼에도 대항해 시대를 거치며 유럽에서는 근대 금융의 기본 원리가 확립되었다.

물론 네덜란드 동인도회사가 현대의 주식회사와 다른 점도 있었다. 동인도회사는 네덜란드 정부의 위임을 받아 인도양에서 활동했기 때문에 경제적 활동만 한 것이 아니라 정치적·군사적 역할도 맡았다. 공식 명분은 '예수 그리스도의 이름을 널리 알리는 데 기여하기 위해서'였으나 동인도회사의 배들은 대포로 무장했고, 때로는 유럽의 경쟁국이 점령하고 있던 지역을 공격해 직접 점령하기도 했다. 동인도회사의 한 관리자는 "전쟁을 수행하지 않고 무역을 진행할 수 없으며, 무역을 진행하지 않고는 전쟁을 수행할 수 없다"고 본국에 보고했는데, 이는 대항해 시대 때 무역과 전쟁이 얼마나 밀접하게 서로 얽혀 있었는지를 보여준다. 결국 동인도회사는 인도네시아 지역에서 포르투갈과 다른 유럽 경쟁국을 몰아내고 이 지역을 통치하는 데 성공한다. 오늘날 인도네시아의 수도인 자카르타 역시 동인도회사에 의해 건설된 것이었다.

동인도회사는 현지 정부에 향신료와 관련된 무역 독점권을 자신들에게 부여하도록 강요했다. 이를 거부하거나 몰래 다른 세력과 거래를 하게 되면 혹독한 보복이 뒤따랐다. 1612년, 반다 제도의 상인들이 잉글랜드 상인에게 향신료 중 하나인 육두구를 판매한 사건이 그 대표적 사례였다. 당시 육두구는 유럽에서 금보다 비싼 값에 팔리고 있었는데, 이 정보를 입수한 동인도회사는 현지의 마을과 사원을 통째로 파괴했고, 현지인 1만 5,000여 명 가운데 약 1,000명만이 목숨을 건질 수 있었다. 이런 잔혹한 정책을 앞세운 동인도회사는 이후 150년 가까이 육두구 무역을 독점할 수 있었다. 동인도회사와 무역했던 한 중국인이 남긴 기록이 당시 동인도회사의 악명을 보여준다. "빨간 머리를 가진 이 야만인들은 키가 크고 힘이 세며, 거친 풍습을 가지고 있다. 이들은 소유욕이 강하고, 값비싼 상품의 무역에 관한 모든 정보를 알고 있다. 이들은 이익과 연관된 문제에 있어서 매우 영리

          4장. 대항해 시대의 영광과 그림자

하며, 이익을 위해 목숨을 건다. 이익을 위해서라면 아무리 먼 나라라
도 마다하지 않는다." 이처럼 대항해 시대에는 금융의 혁신과 폭력적
식민 지배가 동시에 맞물려 있었다.

❖

콜럼버스의 교환이 만든 하나의 세계

유럽인의 정복과 경제활동은 인류가 살아가는 환경과 생태계를 근본
적으로 뒤흔들었다. 오늘날 역사학자들은 이를 '콜럼버스의 교환'이
라고 부른다. 이것은 아메리카와 유럽, 아시아, 아프리카가 본격적으
로 연결되면서 그동안 분리되어 있던 대륙 사이의 사람과 동물, 식물,
심지어 세균까지 이동하게 된 거대한 교류를 가리키는 개념이다.

아메리카에서 유럽으로 건너간 작물 가운데 대표적인 것이 감자
와 옥수수였다. 오늘날 대부분 유럽 국가의 식문화에 빠지지 않고 등
장하는 감자는 실제로는 이 무렵에 이르러서야 처음으로 유럽에 도
입되었다. 척박한 땅에서도 잘 자라고 영양분이 풍부했던 감자는 유
럽 농민의 식문화를 바꾸었을 뿐만 아니라 인구 증가의 중요한 동력
이 되었다. 옥수수는 유럽뿐 아니라 아프리카와 아시아로도 퍼져 그
곳의 주요 작물로 자리 잡았다. 반대로 밀과 포도, 사탕수수는 유럽에
서 아메리카로 유입되었다. 사탕수수는 아메리카의 플랜테이션 농업
을 가능하게 했고, 이는 곧 아프리카 노예무역과 결합해 설탕과 노예,
은이 이루는 악(惡)의 삼각무역 체제를 완성했다.

유럽에서 건너간 말, 소, 돼지는 아메리카 원주민의 삶에 큰 충격을 주었는데, 그중에서도 말은 사냥과 이동에서 놀라운 기동성을 발휘해 북아메리카 원주민의 생활 방식을 혁명적으로 변화시켰다. 북아메리카 대평원의 일부 부족은 말을 중심으로 한 새로운 문화와 사회구조를 형성했다.

결국 유럽인의 '신대륙' 발견은 지구의 생태계를 하나의 체계로 묶어내는 결과를 낳았다. 곡물과 가축, 전염병과 인구가 대륙을 넘어 오가면서 인류는 처음으로 하나의 세계 속에 살게 되었다. 이 거대한 교환은 상품의 교역만이 아니라 인류의 생존 방식을 바꾼 인류사의 대전환이었다.

✦

노예무역, 대항해 시대의 어두운 그림자

한편 여러 대륙이 하나로 연결된 세계사의 새로운 무대 뒤에는 깊은 그림자가 드리워져 있었는데, 아프리카 노예무역은 그중에서도 가장 어두운 그림자였다. 아메리카에서 은과 설탕 생산이 확대되면서, 유럽인들은 막대한 노동력이 필요하다는 사실을 절감했다. 기존 원주민이 전염병과 강제노동의 후유증 때문에 많이 줄어든 상황에서 그 공백을 채운 이들은 아프리카에 끌려온 수많은 노예였다.

15세기 후반부터 포르투갈을 시작으로 스페인, 네덜란드, 프랑스, 영국 등 대부분의 유럽 열강이 아프리카 해안에 요새와 교역 거점

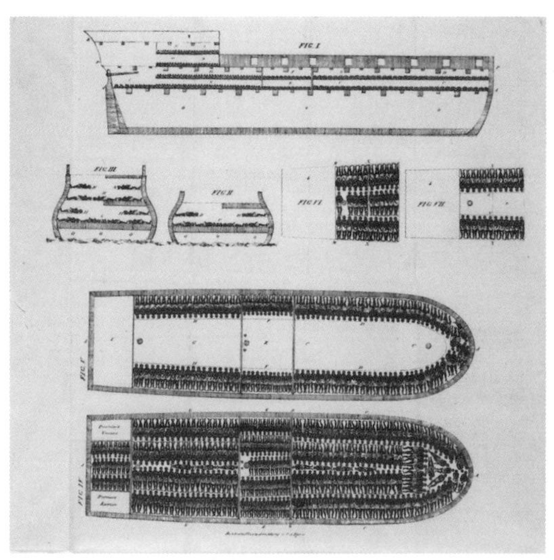

브룩스호 노예선 단면도

을 세웠다. 그곳에서 유럽의 노예상은 무기와 술, 직물로 아프리카에서 잡혀 온 사람들을 사들였다. 서아프리카 지역, 특히 오늘날의 앙골라 지역은 노예제가 폐지되기 전까지 약 570만 명의 노예를 공급한 대표적인 노예 수출 지역이었다. 이렇게 포획된 남녀와 아이들은 배를 타고 대서양을 건너는 끔찍한 항해에 내몰렸다. 그들이 탄 노예선의 환경은 생지옥에 가까웠다. 좁은 배 안에 쇠사슬로 묶인 채 겹겹이 눕혀진 사람들은 호흡조차 제대로 하기 어려웠으며 화장실도 제대로 갖춰져 있지 않아 누운 자리에서 그대로 배변을 해야 했다. 그 결과 끔찍한 악취와 함께 전염병이 쉽게 퍼져나갔다. 이 과정을 버티고 살아남은 이들은 아메리카에 도착하자마자 경매에 넘겨져 사탕수수,

담배, 면화 플랜테이션으로 보내졌다.

이렇게 형성된 노예무역은 단순히 아프리카와 아메리카 사이의 비극으로만 머물지는 않았다. 유럽은 노예를 제공받는 대가로 총기와 직물을 팔았고, 아메리카에서 생산된 설탕, 면화, 은은 다시 유럽으로 들어갔다. 이른바 '삼각무역'으로 불린 이 구조는 유럽의 부를 비약적으로 늘렸다.

✧

절망 속에서 남겨진 기록들

노예무역선 안의 노예는 자신의 운명을 순순히 받아들였을까? 선상에서 일어난 노예의 저항은 오랫동안 무시되거나 주목받지 못했지만, 최근의 연구에 따르면 아프리카에서 출발해 대서양을 건넌 노예무역선 열 척 중 한 척꼴로 집단 저항으로 인한 유혈 사태가 일어났다고 한다. 대부분은 배 안에 탑승한 무장선원에 의해 진압되었지만, 노예들이 저항에 성공해 배의 경로를 다시 고향으로 되돌린 사례도 극소수나마 존재했다.

18세기 중반 올라우다 에퀴아노Olaudah Equiano라는 노예의 사례는 배에 탑승한 노예들이 느꼈을 감정을 생생하게 보여준다. 열 살 무렵 노예로 끌려가게 된 그는 이런 기록을 남겼다. "나는 배에서 주위를 둘러보면서 온갖 종류의 흑인을 볼 수 있었다. 모두가 절망과 걱정의 표정을 하고 있었다. 나는 어떤 운명이 나를 기다리고 있는지 바로 알 수 있었다. 배 아래로 내려가자 평생 맡아보지 못한 냄새가 났다. 엄청난 악취와 사람들의 울부짖음으로 인해 얼마 지나지 않아 병이 들었고, 어떤 것도 먹을 수 없었다. 나는 그저 빨리 죽음이 나를 구원해주기만을 기다렸다.”

노예로 끌려간 그가 어떻게 이런 기록을 남길 수 있었을까? 그가 다른 노예들과는 달리 아주 운이 좋았기 때문에 가능했다. 영국 해군 장교였던 그의 첫 주인은 그에게 구스타푸스 바사Gustavus Vassa라는 새로운 이름을 지어주었고, 플랜테이션에서 강제노동을 시키지 않고 자신의 시중을 들게 하면서 그를 데리고 다녔다. 읽고 쓰는 법을 배울 수 있도록 영국의 학교에 그를 보내기도 했다. 10년이 지난 후, 그는 주인에게 돈을 주고 자유의 몸이 되었다.

1700년, 오늘날의 가나 지역에서 태어난 또 다른 노예의 사례도 노예무역 도중에 일어난 뜻밖의 상황을 보여준다. 나중에 안톤 빌헬름 아모Anton Wilhelm Amo라는 이름으로 불린 이 노예를 산 네덜란드 상인들은 그를 아메리카 지역에서 팔지 않고 유럽까지 데리고 와서 독일 브라운슈바이크 지역의 영주에게 ‘선물’로 주었다. 그런데 이 새로운 주인은 아모에게 교육받을 기회를 주었다. 영주는 왜 이런 선택을 했을까? 아모를 통해 과연 흑인도 백인과 마찬가지로 지식을 배울 수 있는지를 실험해 보려고 했기 때문이다. 기록에 따르면, 아모는 주인의 동기가 어쨌든 간에 자신에게 찾아온 기회를 놓치지 않은 것으로 보인다. 그는 독일어뿐만 아니라 프랑스어, 그리스어, 네덜란드어, 라틴어까지 익혔고, 1737년에는 비텐베르크대학교에서 육체와 영혼의 관계를 중심으로 논문을 써 박사 학위까지 받았다. 이후 독일 대학에서 강의까지 했지만 각종 인종차별과 사회적 고립을 겪고 결국 1747년에 가나 지역으로 돌아갔다.

물론 이는 극히 예외적인 사례였다. 콜럼버스가 1492년에 신대륙을 '발견'한 이후, 노예무역은 17세기와 18세기를 거치며 규모가 계속 커졌다. 이 시기 동안 대서양을 건너는 노예무역에 참여한 선박의 수는 4만 척이 넘고, 끌려간 노예는 1100만 명이 넘으며 그중 약 150만 명은 열악한 배 안의 환경 때문에 목적지에 도착하기도 전에 목숨을 잃었다. 이뿐 아니라 아프리카 내에서 노예를 잡아들이는 여러 과정에서 사망한 사람의 수는 정확히 알기조차 힘들다.

대서양을 중심으로 한 노예무역이 유럽에서 계몽주의가 꽃피던 18세기 중반에 가장 활발하게 이뤄졌다는 사실은 우리에게 여러 생각할 거리를 던져준다. 영국과 프랑스를 중심으로 철학자들이 모든 인간이 보편적으로 받아야 할 교육의 중요성을 강조하고 있을 때, 영국에서만 1700년에서 1800년 사이에 약 250만 명의 노예가 식민지로 팔려나갔다. 18세기 스코틀랜드의 대표적인 철학자 데이비드 흄은 흑인이 백인보다 열등하다고 공개적으로 말했으며, 프랑스의 철학자 볼테르는 자신의 책에서 흑인의 외모적 특징을 조롱하고 인종적 편견을 드러냈다. 칸트 역시 흑인의 지능은 웃음이 나오는 수준에 그친다고 말했고, 훗날 헤겔은 신대륙으로 끌려간 노예의 처지가 '역사의 무대 밖'에 해당하는 그들 고향에서의 생활 수준보다는 낫다고 주장했다.

노예무역은 계몽주의가 주장한 '보편적 인권'이 실현되어 폐지된 것이 아니었다. 영국의 산업화된 경제 구조 속에서 노예무역이 더는 이득을 가져다주지 않게 되었을 때에 이르러서야 점진적으로 금지되었다. 물론 그전에도 흑인 해방 운동가와 인도주의적 단체들의 목소리도 있었지만, 노예제 폐지는 도덕적 각성이 아니라 경제적 이해관계의 변화가 낳은 결과였다.

하나로 이어지는 세계의 양면성

대항해 시대는 인류 역사에서 처음으로 바다를 넘어 모든 대륙이 하나의 세계로 연결된 순간이었다. 새로운 항로의 발견은 유럽인에게는 부와 권력, 지식의 확장을 가져다주었으나 수천만의 원주민이 전염병과 폭력으로 사라졌고, 아프리카에 끌려온 수많은 노예들이 강제로 삶의 터전을 빼앗겼다. 이는 대항해 시대가 단순히 '영광의 역사'로만 기억될 수는 없음을 보여준다.

어쩌면 오늘날의 세계화 역시 대항해 시대의 연장선 위에 놓여 있다고 볼 수 있다. 인터넷과 항공로가 지구를 하나로 묶고 있고, 그 이면에는 여전히 불평등과 착취가 존재하고 있다. 그리고 16세기 유럽인이 신대륙을 향하며 품었던 욕망과 두려움은 21세기의 우리가 새로운 기술과 세계를 마주할 때 느끼는 감정과 크게 다르지 않다. 대항해 시대는 새로운 세계의 가능성을 보여줌과 동시에 인류 문명의 깊은 모순을 보여주었다. 그렇기에 대항해 시대를 바라보는 것은 단순한 과거 회고가 아니라 오늘의 세계가 어떤 힘과 논리 위에 서 있는지를 직면하는 일이다. 대항해 시대의 성취와 그림자를 함께 직시할 때 우리는 오늘의 세계를 더 정확하게 이해할 수 있다.

전쟁과 갈등
끝에 얻은
관용

종교개혁과 30년 전쟁

'총칼로 신앙을 바꿀 수 있을까?' 중세와 근세 사이, 유럽은 이 질문의 답을 찾기 위해 수십 년간 피를 흘리며 싸웠다. 본래 유럽은 중세 내내 가톨릭교회가 지배하는 하나의 신앙 공동체로 간주되었다. 그러나 14세기부터 교회의 타락과 부패 문제가 곳곳에서 제기되기 시작했고, 어떤 이들은 교황보다 성경의 권위가 우선이라는 당시로서는 급진적인 주장을 펼쳤다. 이는 교회의 권위에 금이 가고 있음을 알리는 신호탄이었다.

교회의 권위에 대한 도전은 16세기 초 독일의 신학자 마르틴 루터에 이르러 거대한 분열로 폭발했다. 당시 루터는 가톨릭교회가 돈으로 죄를 면해준다는 '면벌부'를 파는 것에 반대하며 〈95개조 반박문〉을 내걸었고, 이후 유럽은 가톨릭과 개신교라는 두 진영으로 갈라지게 된다. 하지만 종교개혁은 단순히 신앙의 문제로만 머물지는 않았다. 신앙을 따르는 일은 곧 권위를 따르는 일이었기에 이 개혁은 신앙의 문제를 넘어 곧 '누가 국가를 통치할 것인가'의 문제로 번지게 된다. 교황의 권위에 도전하는 개신교는 더 많은 자율성을 원하는 지역 군주들의 욕망과 결합했고, 특히 신성 로마 제국의 수많은 제후가 정치적 이해관계를 중심에 두고 움직이기 시작했다. 그렇게 유럽은 신앙과 권력, 정치가 얽힌 거대한 긴장 속으로 들어서게 된다. 그리고 그 격랑 속에서 국가 주권, 신앙과 양심의 자유, 관용이라는 근대 개념의 씨앗이 움트기 시작한다.

✦

교회를 향해 터져나오는 불만들

흔히 가톨릭과 개신교가 갈라진 계기를 '마르틴 루터의 〈95개조 반박문〉 게시'에서 찾고는 한다. 물론 이것이 종교개혁의 직접적 계기인 것은 맞지만, 사실 교황청의 부패에 대한 비판은 루터 이전에도 이미 존재했다. 그 예로 14세기, 잉글랜드에서 존 위클리프라는 신학자가 등장해 교황청을 비판한 사건을 들 수 있다. 그는 성직자 개인의 부패를 비판하는 것을 넘어서 성화와 성유물에 대한 숭배, 성찬에서 빵과 포도주가 예수의 몸과 피로 바뀐다는 당대의 믿음까지도 공격했다. 위클리프가 내세운 가장 중요한 근거는 성경 어디에도 이를 뒷받침할 구절이 나와 있지 않다는 것이었다. 이후 루터가 모든 믿음의 근거를 성경에서 찾는 논리를 이어받았다. 그러니까 가톨릭과 개신교가 갈라지게 된 계기인 루터의 종교개혁은 하루아침에 갑자기 일어난 것이 아니라, 장기간에 걸쳐 누적되어 온 교회를 향한 불만이 폭발해서 일어난 일이었다.

그런데 위클리프가 루터를 앞서나갔음에도 불구하고, 왜 오늘날 우리는 종교개혁의 상징으로 위클리프가 아니라 루터를 떠올리게 되었을까? 여기에는 위클리프가 활동한 14세기 중반과 루터가 활동한 16세기 초반 사이에 유럽에서 일어난 한 가지 기술의 발전이 결정적인 영향을 주었다. 그것은 바로 금속활자를 이용한 인쇄술이었다. 15세기 중반, 요하네스 구텐베르크가 발명한 이 인쇄술의 파급력은 우리의 상상을 뛰어넘는다. 예전에는 탁월한 생각을 뛰어난 글로 남기더라도 그 글을 접한 사람이 적어 파급력이 퍼져나가는 데 오랜 시간이 걸렸다. 그러나 인쇄술이 개발된 이후에는 수작업으로 필사되던 글이 빠르게 복제되어 여기저기 많은 사람에게 흘러들어 갔다. 이 변화는 지식 전파의 혁명을 넘어 '여론'이라는 새로운 힘이 역사의 주역으로 등장하는 길을 열었다.

인쇄술이 개발되기 전에는 아무리 뛰어나고 날카로운 논리로 무장해서 교황청과 교회를 비판해도 그 논리를 세상에 빠르게 퍼뜨릴 수단이 존재하지 않았기 때문에 다른 지역의 사람들이 그러한 비판을 쉽게 접할 수 없었다. 그래서 교황은 자신에 대해 불만을 제기하는 이들을 비교적 쉽게 '관리'할 수 있었다. 위클리프가 교황을 비난하고 다녔을 때도 마찬가지였다. 교황은 위클리프가 주장한 내용을 이단으로 지정하기는 했지만 그를 법정에 세우지는 않았다. 그의 주장을 두고 논쟁을 벌이는 과정에서 오히려 그에게 동조하는 세력이 늘어날 것을 걱정했기 때문이다. 위클리프는 사망한 이후인 1415년에 조용히 이단으로 선언되었다. 그러나 루터의 경우는 달랐다. 비텐베르크대학교의 신학과 교수였던 그가 〈95개조 반박문〉을 발표할 무렵에는 인쇄술의 영향으로 루터의 주장이 이미 유럽 전역에 퍼져 있었기 때문에 교황이 더는 조용히 지나갈 수 없었던 것이다.

루터의 분노를 일으킨 면벌부 비즈니스

그렇다면 무엇이 일개 교수에 불과했던 루터를 그토록 담대하게 교황청에 맞서도록 이끌었을까? 널리 알려져 있듯이 교황청의 면벌부 판매가 결정적이었다. 당시 교황이었던 레오 10세는 교황청에서 벌인 성 베드로 성당 재건축 사업 때문에 절실하게 돈이 필요했는데, 이때 교황에게 접근한 인물이 마그데부르크 대주교였던 알브레흐트 폰 브란덴부르크라는 자였다. 그는 마그데부르크 대주교 자리에 만족하지 못하고 마인츠의 대주교 자리까지 차지하려고 한 욕심이 많은 인물이었다. 그런데 한 사람이 여러 지역의 대주교를 동시에 지내는 것을 원칙적으로 교황청이 허용하지 않았기 때문에 그는 무언가를 준비했는데, 그것은 다름 아닌 돈이었다.

그는 신성 로마 제국에서 막대한 부를 쌓고 있던 푸거 가문으로부터 돈을 빌려서 교황에게 주는 대신, 8년 동안 자신이 담당하는 지역에서 면벌부를 판매할 권리를 획득하는 일종의 거래를 제안했다. 면벌부를 팔아서 얻은 수익의 절반은 교황에게 지불되었고, 나머지 절반은 푸거 가문에서 빌린 돈을 갚기 위해 쓰였다. 이처럼 교황청과 고위 성직자와 금융 자본이 얽힌 구조 속에서 면벌부가 유통된 사례는 오늘날로 치면 전형적인 '정경유착'에 해당한다. 신앙과 돈이 손을 맞잡은 이 부패한 구조는 결국 루터가 저항의 목소리를 내는 계기가 되었다.

불과 5년 전에 신학 박사로서 학생들에게 성경 해석에 관해 강의했던 젊은 신학자 루터는 눈앞에서 벌어지는 일을 지켜보며 분노했고 1517년 10월 31일, 대주교 브란덴부르크에게 공개적으로 편지를 보냈다. 그는 면벌부 판매라는 잘못된 관행을 중단하기 위한 학술적 토론을 요구하면서 자신의 근거를 담은 〈95개조 반박문〉을 편지의 끝에 덧붙였다. 오늘날에는 루터가 비텐베르크 성문에 〈95개조 반박문〉을 붙였다는 이야기가 널리 알려져 있지만, 확실하게 밝혀진 이야기는 아니다. 그럼에도 불구하고 〈95개조 반박문〉이 발표된 사건은 역사적으로 '종교개혁의 시작'으로 간주된다. 이날을 기점으로 루터의 문제 제기가 단순한 신학 논쟁을 넘어 유럽 전역의 종교 질서와 권위에 균열을 일으키는 거대한 흐름으로 확산되었기 때문이다. 루터의 편지를 받은 브란덴부르크는 이 소식을 교황청에 알리는 한편, 답하지는 않았다.

루터의 〈95개조 반박문〉으로 촉발된 논쟁의 핵심은 성경과 관련된 교황의 권위 문제였다. 교황은 성경을 해석할 권리가 자신에게 주어져 있다고 주장한 반면, 루터는 "아무리 교황이라고 해도 성경에 쓰여 있지 않은 내용을 설파해서는 안 되며 교황도 마찬가지로 성경을 해석하지 않고 성경의 내용을 따라야 한다"고 주장했다. 루터의 주장을 접한 교황은 어떤 반응을 보였을까? 격노한 교황은 자신의 행동에 대한 비판이 이단 행위에 해당한다고 주장하면서 루터를 로마로 부르고자 했다. 만약 이때 루터가 로마로 소환되었다면 이후의 역사는 크게 달라졌을지도 모른다.

마르틴 루터(좌)와 〈95개조 반박문〉(우)

교황과 루터의 정면 충돌, 그리고 팜플렛 전쟁

다행히 루터가 활동하던 비텐베르크 지역의 통치자, 프리드리히 3세가 루터를 보호해 주었다. 프리드리히 3세는 왜 무모하기 그지없는 젊은 신학자 루터를 보호했을까? 그가 '현자'라는 별명으로 불릴 만큼 문화와 지식에 큰 관심이 있었기 때문이기도 하지만, 차기 신성 로마 제국 황제 선출을 둘러싼 교황과의 갈등이 더 중요한 이유였다. 그는 교황을 공격하는 루터를 보호함으로써 교황에게 정치적 타격을 주고자 했다. 이미 이 시점부터 루터를 둘러싼 문제는 교리와 종교의 문제를 넘어서 정치적 문제가 되어가고 있었다는 점을 알 수 있다.

프리드리히 3세가 루터를 로마로 넘기라는 요구를 계속 거부하자 교황은 다음 해인 1518년에 추기경 토마스 카예탄을 루터에게 보내면서 "루터가 입장을 철회하도록 유도하고, 철회하지 않는다면 그를 파문하라"고 말한다. 중세 사회에서의 파문이란 모든 사회적 관계를 박탈당하는, 사형선고나 다름없었다. 그러나 카예탄을 만난 루터는 면벌부 판매를 비판한 자신의 입장을 번복하지 않은 것은 물론이고 교황이 아니라 오직 성경의 내용만이 중요하다는 입장을 고수했다. 루터의 입장을 확인한 추기경은 루터에게 "자네가 하는 말은 아예 새로운 교회를 만들자는 말"이라고 대답했다고 알려진다.

한편 루터도 가만히 앉아서 교황청의 대응을 기다리고만 있지는 않았다. 그는 자신의 생각을 퍼뜨리기 위해 1520년, 팜플렛에 글을 담아 발표했다. 중요한 것은 이때 그가 다양한 독자의 눈높이에 맞게 글의 내용과 형식을 달리해서 세 편의 글을 썼다는 사실이다. 첫 번째 글은 신성 로마 제국의 귀족과 황제를 위한 것이었고, 두 번째 글은 신학자들을 위한 것이었으며 마지막은 일반인 모두를 대상으로 하는 글이었다. 이는 루터가 상당히 전략적이고 체계적으로 행동했음을 분명하게 보여준다. 그는 올바른 주장을 하기만 하면 어렵게 써도 사람들이 받아들일 것이라고 생각할 정도로 순진하지 않았다. 예상 독자의 지적 수준과 기대를 고려해서 쓴 팜플렛은 폭발적인 반응을 얻으며 '팜플렛 전쟁'이라 불릴 정도로 큰 반향을 일으켰다.

루터는 팜플렛의 글로 '오직 은혜', '오직 믿음', '오직 성경'의 원칙을 주장했다. 이 원칙에 따르면 인간은 세상에서 자신이 이룬 결과가 아니라 오직 하나님의 은혜에 의해서만 구원받을 수 있었으며, 오직 믿음을 통해서만 죄를 용서받을 수 있었고, 오직 성경만이 믿음의 문제에서 권위를 지녔다.

✦

루터의 선택과 신념의 자유

'교황의 개입 없는' 신과 인간의 직접적인 관계를 강조한 루터의 주장을 도저히 받아들일 수 없었던 교황은 결국 1520년 6월 15일, "루터가 60일 안에 공개적으로 입장을 철회하지 않으면 그를 파문할 것"이라는 칙서를 발표했다. 60일이 흐르고, 루터는 보란 듯이 교황의 칙서를 불태웠을 뿐만 아니라 교황을 "적그리스도"라 부르며 비난해 결국 파문당하고 만다.

당시 신성 로마 제국의 법에 따르면 교황이 파문한 자에게는 제국추방령이 내려져야 했다. 제국추방령에 처한 자는 법적으로 보호받지 못했고 모든 권리를 박탈당했다. 그런데 바로 이 지점에서 문제가 발생한다. 신성 로마 제국의 황제 카를 5세가 루터에게 제국추방령을 내리려고 하자 프리드리히 3세를 비롯한 신성 로마 제국 안의 지방 군주들이 이를 반대한 것이다. 그들은 왜 루터 추방에 반대했을까? 루터의 종교개혁을 신앙적으로 지지했기 때문만은 아니었다. '교황보다 성경이 우선한다'는 루터의 사상이 교황권을 약화할 수 있었고, 이것이 지방 군주의 자율권을 강화할 기회로 여겨졌기 때문이다. 그래서 루터를 지지함으로써 중앙 권력에 맞서 정치적 입지를 확보하려 했다. 이렇듯 루터를 둘러싼 갈등은 황제와 지방 군주들 사이의 권력 대결로 비화되고 있었다.

자신의 말을 따르지 않는 군주들을 보며 카를 5세는 무슨 생각을 했을까? 확실한 것은 그럼에도 그가 자신의 생각을 굽힐 생각은 하지 않았다는 것이다. 그는 보름스에서 열리는 제국의회에 루터가 자신의 앞에 직접 출석하게 하는 계획을 세웠다. 제국의회는 신성 로마 제국의 모든 정치세력이 자신의 대표단을 보내는 의회였는데, 카를 5세는 이 자리에서 결단을 내릴 생각이었다. 루터가 출석하기 위해 제국의회까지 가는 과정에서 어떤 일이 일어날지 장담할 수 없었기 때문에 카를 5세는 루터가 출석 요구에 응할 수 있도록 미리 신변의 안전을 보장해 주었다.

1521년 4월 17일, 카를 5세는 계획대로 제국의회에 루터를 출석시켜 루터가 쓴 모든 글을 들어 보이며 두 가지를 확인했다. 그가 "모든 글의 지은이가 루터 본인이 맞는가?" 묻자 루터는 곧바로 "맞다"고 대답했고, 이어 "이 글들에 담긴 주장을 철회할 생각이 있는가?" 묻자 루터는 "다음 날까지만 생각할 시간을 달라"고 요청했다. 교황에 당당히 맞선 종교개혁의 선구자로 역사에 이름을 남기게 될 루터였지만, 그가 황제의 질문에 곧바로 대답하지 못했다는 것은 그 역시 자신이 속한 사회의 압력 속에서 고민하던 평범한 인간이었음을 보여준다.

그러나 루터의 진정한 위대함은 결국 자신의 신념을 지키기로 결정했다는 데 있었다. 다음 날 카를 5세 앞에 선 루터는 이렇게 말했다. "내가 쓴 글의 내용이 성경으로 반박되지 않는 한 주장을 철회할 생각이 없다." 이 선택은 근대적 의미에서의 '양심', '신념의 자유'가 탄생한 상징적 출발점으로 해석되어 왔다. 루터의 선언은 단지 개인의 신념만을 말하는 것이 아니라 권위에 맞서 자기 내면의 확신을 따를 권리를 주장한 사건으로 여겨지며, 이는 훗날 계몽주의 시대의 '개인주의적 자유' 개념과도 연결되었다.

황제의 면전에서까지 자신의 뜻을 굽히지 않은 루터에게는 결국 제국추방령이 내려졌다. 이제 루터를 지지하거나 보호하는 것은 물론이고 그의 글을 읽거나 인쇄하는 일도 공식적으로 금지되었다. 다만 카를 5세가 제국의회에 출석한 루터에게 신변의 안전을 보장했었기 때문에, 추방령이 선포된 뒤 루터에게는 21일 간의 '유예기간'이 주어졌다. 이 기간 동안은 누구도 그를 체포하거나 해칠 수 없었으므로, 루터에게는 스스로 몸을 피할 수 있는 마지막 기회가 주어진 셈이었다.

민족주의의 씨앗이 된 성경 번역

루터에게 남은 마지막 희망은 처음부터 그를 지지했던 프리드리히 3세였다. 제국의회에서 돌아오던 길에 루터는 정체불명의 군인들에게 납치되었는데, 이는 그를 보호하려는 프리드리히 3세가 비밀리에

꾸민 자작극이었고, 루터는 프리드리히 3세가 소유한 바르트부르크 성 감옥 안에서 지내게 되었다.

성 밖으로 나갈 수 없었기에 사실상 감옥 생활이나 마찬가지였지만, 이전처럼 이곳저곳 돌아다니며 자신의 주장을 펼칠 수 없었던 루터는 조용한 산속의 성에서 이전처럼 바빴던 시기에는 할 수 없었던 장기 프로젝트에 돌입한다. 라틴어로 쓰인 성경을 일반인들도 쉽게 읽을 수 있도록 독일어로 번역하기 시작한 것이다. 당시 라틴어는 고대 로마에서 사용된 이후 중세 시대에는 일상생활에서 더 이상 사용되지 않고 있었기 때문에 성직자처럼 높은 수준의 교육을 받지 않은 이들은 성경의 내용을 직접 확인하지 못하고 성직자를 통해 전해 들어야 하는 어려움이 있었다. 이런 사정을 잘 알았던 루터는 일반인도 성경의 내용을 최대한 잘 이해할 수 있도록 어려운 문어체를 피하고 흔히 사용하는 문장구조와 어휘를 활용해 성경을 번역했다.

외출도 하지 않고 번역 작업에만 몰두한 루터는 1년 만에 《신약성경》을 독일어로 번역하는 데 성공한다. 그런데 이때 루터가 성경을 독일어로 번역한 일은 종교적 의미를 넘어 역사적으로도 큰 전환점을 만들었다. 이전까지 신성 로마 제국 안에는 의사소통이 어려울 만큼 서로 다른 수많은 독일어 방언들이 존재했는데, 성경을 체계적으로 번역하는 과정에서 오늘날 독일 표준어의 기본 뿌리가 확립되었기 때문이다. 이후 다른 국가들도 루터의 사례를 따라 자국어로 성경을 번역하면서 비슷한 변화가 일어났다. 서로 간 의사소통이 가능하도록 만들어 준 표준어의 확립은 이후 유럽의 여러 지역에서 '민족주의'

감정이 자라날 수 있는 조건을 마련했다. 같은 언어를 쓰는 사람들 사이에 하나의 민족이라는 공통된 의식이 생겨나기 시작한 것이다.

✦

토마스 뮌처와 농민전쟁

성경을 번역하고 주장을 담은 글을 발표하는 일은 성 안에 갇힌 채로도 할 수 있는 일이었지만, 루터가 도저히 통제할 수 없는 일도 있었다. 그것은 그가 불을 붙인 교회에 대한 비판을 사람들이 어떻게 받아들이고 재생산하는지에 관한 문제였다. 사실 루터 본인은 면벌부 판매와 같이 성경의 내용에 전면적으로 반하는 전통에 관해서는 철저하게 비판적이었지만, 성경에 분명하게 나와 있지 않은 내용이더라도 신앙생활에 도움이 된다고 판단되면 받아들일 준비가 되어 있었다. 예를 들어 성상을 파괴하는 행위에는 비판적이었지만, 일반인들이 성경의 내용을 쉽게 이해하기 위해 찬송가를 만들고 부르는 일에는 오히려 긍정적이었다.

그런데 성경에 나온 내용만이 유효하다는 주장을 접한 당시 사람들 중 일부는 이 주장을 루터보다도 더 급진적으로 해석하기 시작했다. 여기에는 울리히 츠빙글리나 장 칼뱅처럼 종교개혁의 대표적인 인물로 꼽히는 이들도 있고 토마스 뮌처 같이 비교적 덜 알려져 있는 인물도 있었다. 그중에서도 뮌처의 사례는 우리에게 중요한 시사점을 제시한다.

뮌처는 루터가 〈95개조 반박문〉을 발표할 때부터 루터의 열렬한 지지자로 활동했다. 이후 루터의 추천을 받아 목사로 활동했는데, 이 과정에서 루터의 주장을 더 급진화했다. 앞서 보았듯이 루터는 구원받기 위해서는 현세에서의 활동이 아니라 오직 신의 은총, 즉 신과의 관계만이 중요하다고 주장했다. 오늘날의 종교인들은 당연히 여길 수도 있는 주장이다. 그런데 뮌처는 루터의 이런 신학적 주장을 정치적 주장으로 확장했는데, 그는 "구원받기 위해서는 신과의 관계만을 중요하게 여겨야 하며, 모든 정치 권력자는 신과의 관계를 가로막는 존재이므로 신을 믿는 사람이라면 이들에 맞서 싸워야 한다"고 주장했다.

이는 '황제의 것은 황제에게, 신의 것은 신에게'로 대표되는 루터의 주장, 즉 세속의 통치는 세속의 통치자들이 담당한다는 중세 사회의 기본 원칙을 인정한 루터의 입장에 전면으로 반하는 것이었다. 루터와 자신이 다르다는 사실을 알게 된 뮌처는 여러 지역을 돌아다니며 글을 읽지 못하는 농민들에게도 적극적으로 자신의 주장을 알렸다. 그렇게 해서 그는 수많은 지지자를 확보하는 데 성공했고, 루터가 점점 자신과 거리를 두자 연설 도중 루터를 직접 비판하기 시작했다.

뮌처의 주장이 많은 지지를 얻은 것은 단순히 그가 뛰어난 말재주를 지녔기 때문만은 아니었다. 모든 세속의 지배자를 악으로 규정한 그의 설교가 교회와 귀족에게 각종 세금을 바치며 궁핍한 생활을 해야 했던 시골의 농민들에게 큰 자극이 되었다. 뮌처의 설교에 감명받은 오늘날 독일 남서부 지역의 농민들은 1524년 대규모 봉기를 일으키기까지 했다. 30만여 명의 농민이 참가해 '농민전쟁'이라고까지 불리게 된 이 봉기는 2년 넘게 지속되면서 오늘날의 스위스와 오스트리아 지역으로까지 확대되었다.

농민들은 루터가 〈95개조 반박문〉을 발표한 것처럼 자신들의 주장을 12개의 조항으로 발표했다. 여기에는 '거주하는 지역의 성직자를 직접 뽑을 수 있게 할 것', '농민이 자율적으로 마을의 목초지를 이용할 수 있게 할 것' 등 중세 사회의 질서를 전면으로 부정하는 요구들이 포함되었다. 원래라면 이런 주장은 귀족들의 관심조차 끌지 못했을 것이다. 그러나 폭발적으로 확대되는 농민들의 움직임에 일부 지역의 귀족들은 적잖이 당황했던 것으로 보인다. 실제로 마인츠 지역에서는 통치자들이 "일단 농민들의 요구사항을 받아들이겠다"고 선언하기도 했다.

그러나 뮌처는 여기서 멈추지 않았다. 그는 계속해서 농민들을 찾아다니며 연설과 설교를 이어나갔고, "목적 달성을 위해 폭력을 사용하라"고 권하기까지 했다. 이 때문에 실제로 여러 수도원과 성에서 약탈 행위가 벌어지기도 했다.

✦

사상가와 사상, 사상과 현실

사실 농민들은 루터가 자신들을 지지해 줄 것이라고 믿었다. 루터가 그랬듯이 농민들도 "우리의 주장이 성경을 통해 반박되면 봉기를 멈

〈농민전쟁 장면〉, 카를 폰 헤버린, 1858년

출 것"이라고 주장하고 있었기 때문이다. 루터는 자신이 보기에 잘못된 길로 빠지고 있는 농민들을 말리기 위해 위험을 무릅쓰고 갇혀 있던 성에서 빠져나와 농민들을 만났고, 봉기에 반대하는 이유를 전하며 그들을 진정시키려 했다. 그러나 한번 불붙은 농민들의 분노는 루터가 왔다고 해서 잠잠해지지 않았다. 루터는 화난 농민들로부터 야유를 들었고, 자신의 말이 통하지 않음을 알게 되자 크게 당황했다. 그는 자신의 주장에서 영감을 받았음에도 뮌처의 말만을 지지하는 농민들을 가리켜 "광신적이며 파괴적인 자들"이라며 맹비난했고, 급기야는 농민들을 "악마의 도구"로까지 묘사하면서 귀족들에게 농민 봉기를 진압하라고 촉구하기에 이르렀다.

이 사태는 사상가와 사상, 그리고 사상과 현실의 관계에 관해 생각하게 만든다. 사상은 한 사상가의 머릿속에서 시작되지만, 세상에 나온 순간부터는 그 사상가의 전유물이 아니게 된다. 그렇게 세상에 퍼진 사상이 본래의 의도와는 다르게 해석되거나 급진화되는 현상은 역사 속에서 줄곧 반복되어 왔다. 18세기 계몽주의자들이 주장한 '인간의 보편적 자유'는 애초에 재산이 있는 성인 남성에게만 해당되는 개념이었다. 그러나 이 말을 접한 사람들은 점차 부유한 남성을 넘어 재산이 없는 남성으로까지 그 범위를 확대했고, 이후에는 부유한 여성과 재산이 없는 여성, 심지어 노예로까지 확장해서 생각하기 시작했다.

이렇듯 사상가는 자기의 생각을 세상에 내놓을 수는 있어도, 그것이 어떻게 받아들여지고 실천될지는 통제할 수 없다. 사상은 언제나 그 자체로 생명력을 가지지만 새로운 시대와 맥락 속에서 예기치 못한 방식으로 재해석되기 때문이다. 루터는 종교개혁가이면서 위대한 사상가였지만 아직 이 역사적 진리는 깨닫지 못하고 있었다.

봉기를 일으킨 농민들은 한가롭게 사상에 대해 생각할 여유가 없었다. 루터가 귀족들에게 폭력적 진압을 촉구하자 귀족들은 정당성과 종교적 권위를 등에 얻고 거리낌 없이 농민들을 공격하기 시작했고, 농민들은 사면초가에 내몰렸다. 결국 진압 과정에서 7만 명이 넘는 농민들이 사망했고, 뮌처도 이때 체포되어 사형당했다. 루터는 한때 자신의 열렬한 지지자였다가 자신에게 도전장을 내민 뮌처를 끝끝내 용서하지 못한 듯하다. "내가 뮌처를 죽였으며, 이는 뮌처가 나의 예수를 죽이려 했기 때문이다"라고 공공연하게 말하며 이미 세상을 떠난 망한 뮌처를 신학적 적으로 규정했기 때문이다.

루터 덕분에 저항할 수 있었던 농민들이 정작 그에게 비난받고 진압되었다는 사실은 이후 역사학자들에게도 여러 고민을 안겼다. 교황과 교회를 비판했지만, 정작 농민전쟁이 일어났을 때는 세속의 통치자들에게 농민을 진압하라고 독려한 루터에게서 이후 나치까지 이어지는 독일 권위주의의 뿌리를 찾는 이들도 생겨났다. 잘못된 관습을 고치려 했으면서도 다른 한편으로는 농민들에 대한 폭력적 진압을 촉구한 복잡하고도 다층적인 면으로 인해 루터는 〈95개조 반박문〉을 발표한 지 500년이 넘은 지금까지도 계속해서 많은 관심을 받고 있다.

✦

아우크스부르크 화의 후 찾아온 일시적 평화

농민전쟁이 많은 희생자를 남기며 끝났을 무렵 불행하게도 종교개혁으로 인한 갈등은 이제 막 시작된 것에 불과했다. 루터가 불붙인 종교개혁은 칼뱅 같은 다른 개혁자들이 가세하며 더욱 확산되었는데, 칼뱅은 루터보다 더 급진적인 교리를 내세웠다. 서로 다른 교리를 믿는 이들은 서로 이해하지 못했고 상대를 악마라고 믿었다. 나와 다른 상대의 신념을 악마의 유혹이라 여긴 이들은, 신앙을 명분 삼아 타인을 배척하고 살해하는 일까지 서슴지 않았다. 그렇게 유럽 대륙은 큰 혼란에 빠지고 만다.

이러한 현상은 루터가 〈95개조 반박문〉을 발표하고 나서 37년이 지난 후인 1555년에 이르러서야 일시적으로 안정된다. '아우크스부르크 화의'라는 합의가 맺어짐으로써 신성 로마 제국을 비롯한 유럽 지역에 오랜만에 평화가 찾아온 것이다. 비록 칼뱅의 교리를 따르는 이들은 제외되었다는 한계가 존재하지만, 이 합의를 통해 루터파와 가톨릭 진영은 서로를 인정하게 되었다. 아우크스부르크 화의는 '그 지역의 지배자가 그 지역의 종교를 정한다^{Cuius regio, eius religio}'는 원칙으로 지역 단위의 종교 선택권을 제도화했다.

이제 각 지역의 영주는 자신의 영지에서 가톨릭과 루터의 개신교 중 하나를 공식 종교로 정할 수 있었으며, 공식 종교에 동의하지 않는 주민은 이주할 권리를 가지게 되었다. 오늘날 우리에게는 이러한 합의와 권리가 당연한 것으로 여겨질 수 있지만, 당시에는 대립한 양쪽이 수십 년간 이어진 피비린내 나는 갈등과 타협 끝에 어렵게 얻어낸 결실이었다.

아우크스부르크 화의 이후, 각 지역의 영주들은 공식 종교의 교리가 확고하게 자리 잡을 수 있도록 여러 정책을 시행했다. 특히 루터파 지역에서 이런 경향이 두드러졌는데, 이는 아우크스부르크 화의에서 여러 개신교 교리 중 루터의 교리만이 공식적으로 인정받았기 때문이었다. 만약 루터파 지역에 칼뱅의 교리 같은 다른 교리가 퍼진다면, 종교개혁으로 이미 혼란을 겪은 영지에 또다시 분열이 일어날 수 있었다. 가톨릭에 맞서 다른 교리가 인정받을 수 있도록 싸운 영주들은 이제 자신들의 영지 안에서는 루터교만 허용하며 다른 개신교 교리가 퍼지지 않도록 경계했다.

✦

여러 욕망이 충돌한 30년 전쟁

피로써 이루어진 평화는 아이러니하게도 피가 멎자 다시 흔들리기 시작했다. 1577년, 신성 로마 제국의 황제 루돌프 2세는 빈에서 개신교 예배를 금지하고 개신교 교회와 학교를 폐쇄하라는 명령을 내렸다. 이는 아우크스부르크 화의가 유지되고 있었음에도, 제국 내에서 가톨릭의 회복을 꾀하려는 황실의 의지를 드러낸 조치였다. 여기에서 더 나아가 신성 로마 제국의 제국의회를 비롯한 주요 기관들에서

의도적으로 개신교 영주들을 배제하기 시작하면서, 종교를 둘러싼 갈등은 다시 심화되었다.

이러한 반종교개혁 정책에 위기감을 느낀 신성 로마 제국 개신교 진영의 영주들은 자신들의 권리를 지키기 위해 1608년, '개신교 동맹'을 결성했다. 이들은 루돌프 2세와 제국 내의 가톨릭 세력에 맞서기 위해 제국에 속하지 않은 강대국, 프랑스에 손을 뻗었다. 프랑스는 명목상 가톨릭 국가였기 때문에 의외의 선택처럼 보였지만 신성 로마 제국을 견제하려던 프랑스에게는 충분히 매력적인 제안이었다. 개신교 진영 영주들이 노골적으로 반발할 기미를 보이자, 신성 로마 제국의 가톨릭 진영에서도 이에 맞서 '가톨릭 연맹'을 결성했다.

일촉즉발의 상황은 신성 로마 제국 내의 보헤미아 왕국, 그중에서도 프라하에서 예기치 못한 사건이 발생하면서 '30년 전쟁'이라는 역사의 비극으로 이어졌다. 1612년부터 이 지역을 통치하던 신성 로마 제국의 황제 마티아스는 전임자 루돌프 2세의 반종교개혁을 더욱 강화했다. 그는 보헤미아 왕국에서 개신교 교회를 폐쇄하고, 개신교 예배 자체를 금지했으며, 심지어는 이에 항의하는 왕국 의회를 해체해 버렸다. 분노한 이 지역의 귀족들은 1618년 5월 23일, 무장한 채 보헤미아 왕국의 행정 건물에 들이닥쳤고, 그곳에서 황제의 대리인 두 명과 관리인 한 명을 건물 창밖으로 던져버리는 과격한 행동을 저질렀다. 창밖으로 던져진 이들이 운 좋게 목숨을 건졌지만 귀족들의 행위는 황제의 권위에 대한 도전으로 받아들여졌기 때문에 반란을 선언한 것이나 다름없었다. '프라하 창문 투척 사건'이라 불리는 이 사

5장. 전쟁과 갈등 끝에 얻은 관용

프라하 창문 투척 사건

건을 계기로 유럽 전역을 뒤흔든 30년 전쟁이 시작되고 만다.

30년 전쟁은 종교 갈등에서 출발한 듯 보였지만, 실제로는 '누가 국가 통치권을 가지는가', '어느 지역이 누구의 지배 아래 있을 것인가'를 둘러싼 권력 투쟁이자 국제적 이해관계의 충돌이었다. 신앙을 내세운 싸움은 시간이 갈수록 국익과 패권 경쟁으로 그 본질이 바뀌었다. 루터파와 가톨릭의 대립뿐 아니라 아우크스부르크 화의에서 배제되었던 칼뱅파의 문제, 지방 영주들의 자치 문제가 화두로 떠올랐고, 여기에 프랑스와 스웨덴, 덴마크 같은 외세까지 개입했다.

30년 전쟁의 주요 전투가 대부분 신성 로마 제국 내에서 벌어졌기 때문에, 전쟁의 참화 역시 오늘날의 독일 지역에 집중되었다. 일부 지역은 지도에서 아예 사라져 버렸고, 생존한 마을마저 전통과 공동체의 기억이 단절되었다. 먹을 것이 없어진 사람들은 살아남기 위해 인육을 먹어야 하는 극단적인 상황에 내몰리기도 했다. 30년 전쟁은 단순히 종교 갈등으로 일어난 군사적 충돌이 아니라 사회 전체를 무너뜨린 총체적인 재앙이었다.

진전이 없던 전쟁은 1637년, 신성 로마 제국에서 페르디난트 3세가 황제로 즉위하면서 새로운 국면을 맞이했다. 새로운 황제는 기약 없이 계속되는 전쟁을 끝내고 싶어 했고, 1640년 레겐스부르크에서 제국의회를 소집해 영주들과 종전을 위한 협상을 시작했다. 문제는 20년 넘게 전쟁이 계속되면서 여러 유럽 국가가 참전한 상태였다는 것이다. 이 때문에 협상에는 프랑스와 스웨덴을 필두로 한 16개의 유럽 국가 대표단이 참여했고, 이들은 경쟁국인 신성 로마 제국의 힘을 약화하고 싶었으므로 일부러 페르디난트 3세가 받아들일 수 없는 가혹한 내용을 평화의 조건으로 내세우며 전쟁을 몇 년간 이어나갔다. 신성 로마 제국 영토 위에서 전투가 이루어지기 때문에 전쟁이 지속될수록 그 피해는 신성 로마 제국이 감내해야 한다는 것이 프랑스와 스웨덴의 계산이었다.

그러나 시간이 지나면서 프랑스와 스웨덴에도 골칫거리가 생긴다. 전투는 다른 나라 땅에서 벌어졌지만, 점점 늘어나는 전쟁 비용 때문에라도 전쟁을 끝내고 싶어 하는 이들이 늘어난 것이다. 프랑스 안에서는 전쟁을 지속하려는 재상 리슐리외와 그의 뒤를 따르는 정부에 대한 반감이 커졌고, 스웨덴에서도 "우리나라는 다른 나라를 망치기 위해 정작 우리나라를 망치고 있다"라는 말이 나올 만큼 전쟁에 대한 반대 목소리가 사회적으로 힘을 얻기 시작했다. 결국 전쟁의 마지막 국면에 이르러서는 모든 참가국이 전쟁이 끝나기를 원하면서도 최대한 자국에 유리한 조건으로 협상을 마치기 위해 억지로 계속 전투를 이어나가는 양상이 지속되었다.

전쟁을 마무리하기 위해 또다시 페르디난트 3세가 주도해 열린 평화 협상에는 신성 로마 제국의 영주들뿐 아니라 유럽 각국의 대표단이 몰려들었다. 문제는 이들이 한자리에 모여 앉는 것 자체가 전쟁과도 같았다는 것이다. 황제와 각국 왕, 공작과 백작 간의 서열 문제를 두고 논쟁이 펼쳐졌고, 통치자들이 아니라 대리인끼리 만나는 경우에는 문제가 더 복잡해졌다. 완전한 국가로 인정받지는 못했지만 스페인으로부터 독립을 선언하고 실질적으로 공화국의 입지를 굳혀가던 네덜란드의 대표단을 어떻게 대할 것인지도 논쟁 대상이었다. 결국 오랜 논쟁 끝에 모든 왕은 '전하Majestät'로, 그리고 모든 대표단은 '각하Exzellenz'로 호칭이 통일되었고, 모든 주권 국가들은 정부 형태와 실제 국력과는 상관없이 의전으로 동등하게 대우한다는 원칙이 협상되었다.

이 협상은 단순히 전쟁의 종결만을 의미하지는 않았다. 신앙의 차이를 인정하고, 국가 간 권한을 조정하며 서로를 동등한 주권체로 인정한 '베스트팔렌 체제'라는 국제질서의 출발점이면서 동시에 관용이야말로 평화의 전제 조건이라는 것을 증명한 역사적 증거였다.

30년 전쟁이 남긴 교훈은 단순하지 않다. 종교적 신념은 그것 자체만으로도 충분히 사회를 분열시킬 수 있지만, 권력과 외세의 개입이 합쳐질 때는 전쟁으로까지 번질 수 있다는 점을 깨닫게 한다. 신앙의 문제를 정치와 국익으로 환산하는 순간, 관용의 결여는 결국 무력 충돌로 이어진다. 이 구조는 오늘날에도 낯설지 않다. 중동에서는 여전히 종교와 민족, 강대국의 이해관계가 얽혀 전쟁과 보복이 이어지고 있다. 신앙이라는 명분으로 폭력을 정당화하는 역사가 반복되고 있는 것이다. 종교개혁과 30년 전쟁의 역사에서 반드시 배워야 할 한 가지가 있다면, 평화란 서로 다름을 인정하는 데서 시작된다는 사실일 것이다.

✦

베스트팔렌 조약이 가져온 변화

기나긴 협상을 거쳐 1648년에 탄생한 베스트팔렌 조약은 1555년의 아우크스부르크 화의에서 한 단계 더 진일보해 있었다. 아우크스부르크 화의에서는 루터의 개신교만이 가톨릭과 동등하게 인정받았지만, 이제는 칼뱅의 개신교도 공식적으로 인정받았다. 또한 이전에는 각 지역의 영주가 자신이 통치하는 지역에서 통용될 교리를 정했지만, 베스트팔렌 조약 이후에는 영주의 뜻과 상관없이 각 개인이 스스로 각자의 양심과 신념에 따라 믿고 싶은 교리를 정할 수 있었다. 또 새로운 조약은 '어떤 교리를 믿는가'로 사회적 차별을 받아서는 안 된

다는 원칙도 명시했다. 이는 근대적인 의미에서 종교적 다원주의의
출발을 의미했다.

베스트팔렌 조약의 영향은 종교에 국한되지 않았다. 협상 과정에
서 개신교를 지지하는 지방의 영주들과 스웨덴, 그리고 프랑스가 신
성 로마 제국의 황제에 맞서 연합한 모양새가 되었기 때문에, 합의에
이르기 위해서 신성 로마 제국의 페르디난트 3세는 정치적으로 상당
히 양보해야만 했다. 스위스와 북이탈리아 지역에서 여러 도시가 독
립하는 것을 인정해야 했고, 전쟁 중에 뺏었던 영토 일부도 북쪽은 스
웨덴에, 서쪽은 프랑스에 돌려주어야 했다.

장기적 관점에서 가장 중요했던 변화는 신성 로마 제국 내의 영주
들이 황제의 간섭을 받지 않고 자신이 다스리는 지역을 독자적으로
통치할 수 있게 된 것이었다. 황제는 "영주들이 각자의 통치권을 행
사하는 데 있어서 종교적 문제인지 세속적 문제인지와 상관없이 어
떠한 간섭도 하지 않겠다"고 약속했다.

이 변화는 중앙집권화된 독일 민족국가의 탄생을 오랫동안 방해
했기 때문에 역사적 측면에서 매우 중요한 사건으로 본다. 훗날 독일
인들은 30년 전쟁과 베스트팔렌 조약을 '독일인들의 민족적 불행'으
로 부르게 되었다. 베스트팔렌 조약 체결 시점으로부터 300년 가까
이 지난 2차 세계대전 시기에 독일에서 반프랑스 감정을 고조시키기
위해 일부러 이 조약에 대한 부정적인 인식을 확산한 일은 역사가 어
떻게 정치에 이용될 수 있는지도 여실히 보여주었다.

물론 베스트팔렌 조약을 부정적으로 바라보는 인식은 통일된 민

족국가라는 이상향이 보편적으로 받아들여지기 시작한 19세기 이후에 형성된 것이었다. 조약이 체결된 시기에 오늘날의 독일 지역에 살고 있던 많은 이들은 30년 동안 전쟁을 겪으며 평화라는 것을 평생한 번도 경험해 보지 못한 상태였기 때문에 이들에게 베스트팔렌 조약은 전쟁과 기근, 약탈로부터 살아남을 기회이자 탈출구로 여겨졌다. 실제로 19세기 이전까지는 신성 로마 제국의 각 지역에서 매년 베스트팔렌 조약을 기념하는 행사가 열렸을 정도로 당대의 대다수가 평화를 절실하게 원하고 있었다.

✦

갈등의 씨앗이 맺은 관용의 열매

30년 전쟁은 면벌부 판매를 두고 볼 수 없었던 루터라는 젊은 신학자의 외침에서 시작되었지만 결과적으로 제국과 지방, 농민과 영주 그리고 권력과 신앙의 경계를 송두리째 뒤흔들었다. 현대에는 당연하게 여기는 종교의 자유, 국가 간 주권의 존중, 서로 다른 신념의 공존은 바로 그 피와 잿더미 위에서 어렵게 싹텄다.

이 역사에서 가장 아이러니한 점은 종교개혁이라는 갈등의 씨앗이 결국 관용이라는 열매를 맺었다는 사실이다. 누구도 완전히 승리하지 못했고, 완전히 패배하지도 않았던 베스트팔렌 조약은 단지 전쟁을 멈춘 협정이 아니라 서로 다른 이들이 함께 살아가기 위한 새로운 원칙을 세운 근대 유럽 질서의 출발점이었다. 더는 총칼로 다른 이의 신념을 바꾸려 하지 않겠다는 약속, 그리고 다름을 인정하는 것이야말로 평화를 가능하게 한다는 깨달음이 그 중심에 있었다. 종교개혁과 30년 전쟁은 바로 이 새로운 질서의 방향을 제시하는 이정표와도 같았다.

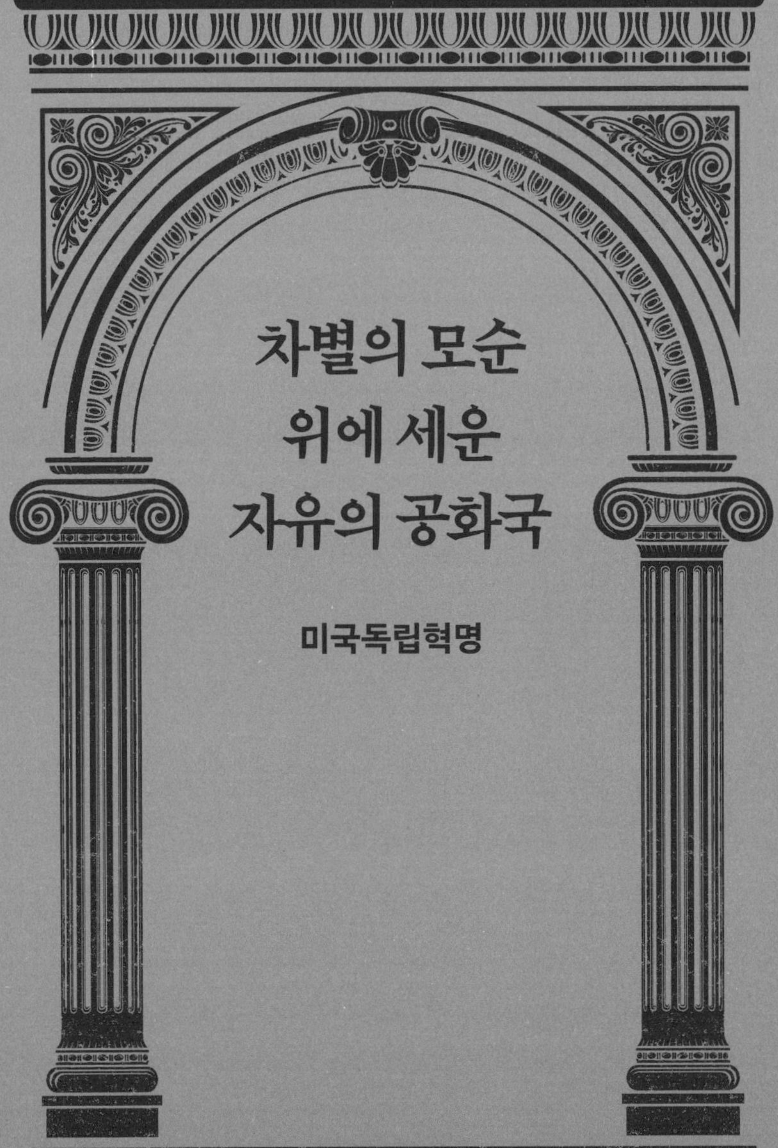

차별의 모순 위에 세운 자유의 공화국

미국독립혁명

1776년 7월 4일, 영국령 북아메리카의 13개 식민지는 세상을 향해 전례 없는 선언을 한다. 단순히 영국의 지배를 벗어나는 데 그치지 않고 모든 인간은 태어날 때부터 평등하며 생명과 자유 그리고 행복의 추구를 포함한 타인에게 양도할 수 없는 권리를 갖는다는 대담한 원칙을 전 세계에 선포한 것이다. 어떤 한 나라나 지역이 다른 제국의 지배로부터 벗어나 독립을 쟁취한 사건은 역사 속에 드물지 않았지만, 이번에는 그 성격이 조금 달랐다. 왕의 권위와 신분에 기반한 위계가 당연한 질서로 여겨지던 시대에, 이 선언은 그런 질서를 뒤흔드는 도전이었다. 미국 독립이라는 사건이 독립 '전쟁'에 머물지 않고 '혁명'으로 세계사에 남은 이유가 바로 여기에 있다. 그러나 이 혁명은 처음부터 완전하지는 않았다. 자유와 평등이라는 이상을 내세웠지만 그 자유의 문턱에 수많은 사람이 들어서지 못했고, 독립 혁명은 누군가에게는 이미 시작된 위대한 변화였지만 다른 누군가에게는 시작조차 허락되지 않은 막연한 미래기만 했다.

1492년 콜럼버스가 아메리카 대륙을 '발견'한 때로 거슬러 올라가보자. 유럽인들은 점차 이 낯선 땅으로 몰려들기 시작했다. 앞선 장에서 살펴봤듯이 16세기까지만 해도 유럽인들의 '신대륙' 진출은 금과 은을 빼앗기 위한 약탈의 동기가 강했고 영구적인 정착을 목적으로 하는 이주의 비율은 적었다. 그러나 17세기에 접어들면서 상황이 변하기 시작했다. 정든 고향을 떠나 소문으로만 들어온 대서양 건너의 '신세계'로 향하는 사람들이 눈에 띄게 늘어난 것이다.

유럽인들이 영구적인 정착을 위해 신세계로 떠난 이유는 제각기 달랐다. 경제적인 이유로 구대륙을 떠난 이들은 신대륙에서 새로운 부와 기회를 꿈꿨다. 영국의 버지니아 회사가 오늘날의 미국 버지니아주에 건설한 제임스타운은 이 흐름에 발맞춰 탄생한 미국 최초의 영구 정착지였다. 한편 종교적인 이유로 이민을 떠난 이들도 있었다. 17세기 초 영국 내에서 발생한 종교 갈등을 이유로 일부 청교도 잉글랜드인들이 종교의 자유를 찾아 북아메리카 대륙으로 이민을 떠나기 시작했는데, 이들은 오늘날 미국 동북부 끝쪽으로 이주해 뉴잉글랜드를 건설했고, 이곳의 이주민들이 훗날 미국 건국의 토대가 되었다. 이를 감안하면, 루터가 초래한 종교개혁이 영국 등 유럽 전역에 미친 세계사적 영향을 다시 한번 생각해 보게 된다.

이주민들은 이주 초기까지만 해도 정착에 어려움을 겪었다. 이전에 살던 곳과는 전혀 다른 자연환경에 적응해야 했고, '인디언'이라는 이름으로 불리게 될 원주민들과도 갈등을 겪었기 때문이다. 그러나 이들은 낯선 환경과 원주민과의 잦은 충돌 속에서도 점차 토지를 일구고 무역을 해내며 이른바 '스스로 다스리는' 식민지 사회의 기틀을 다져갔다. 그 결과 18세기 초, 영국령 북아메리카에는 13개의 식민지가 형성되었고, 식민지인들은 공식적으로는 영국 왕의 신민이었지만 그들의 마음속에는 이미 자치와 독립의 씨앗이 자라나고 있었다.

 —————— 6장. 차별의 모순 위에 세운 자유의 공화국

7년 전쟁, 식민지인의 의식을 깨우다

18세기 초중반의 북아메리카 지역을 이해할 때 기억해야 할 사실은, 훗날 미국이 될 13개 식민지가 하나의 나라가 아니었다는 점이다. 13개의 식민지는 각각 독립적으로 존재했으며, 때때로 땅과 무역권과 같은 이권을 두고 무력 충돌을 벌일 정도로 서로 경쟁 관계에 놓이기도 했다. 서로를 물리적·정치적으로 이어주는 통합된 체제도 거의 없었다. 1732년 버지니아주에서 태어난, 훗날 미국의 초대 대통령이 되는 조지 워싱턴은 젊은 시절 카리브해의 바베이도스^{Barbados}는 방문한 적이 있을지언정 정작 필라델피아나 뉴욕은 가본 적이 없었다. 또 조지 워싱턴에 이어 제2대 미국 대통령 자리에 오르는 매사추세츠주 출신의 존 애덤스 역시 마흔 살이 되어서야 처음으로 뉴욕과 필라델피아를 방문했다. 대서양 연안의 이 식민지들은 오늘날의 시각으로 보면 서로 가까워 보일지 몰라도, 두 사람의 일화를 통해 알 수 있듯이 당시의 현실에서는 완전히 서로 다른 세계에 속해 있었다.

이렇듯 남처럼 지내던 13개의 식민지는 뜻밖의 사건으로 하나의 전쟁터 안에 묶이게 된다. 1754년, 스물두 살의 젊은 장교였던 조지 워싱턴이 오하이오강 유역에서 프랑스 순찰대를 기습한 사건이 그 발단이었다. 여러 유럽 국가의 외교관들은 이 사건을 세계의 변방으로 여겨졌던 북아메리카에서 벌어진 작은 충돌로 보았지만, 프랑스는 즉각 보복에 나섰다. 이렇게 북아메리카에서 시작된 피비린내 나

18세기 대서양 연안의 영국령 13개 식민지

는 충돌은 곧 유럽 전역으로 번져, 1756년에 영국과 프랑스가 정식으로 전쟁을 선포하기에 이른다. 여기에 프로이센, 신성 로마 제국, 러시아, 스웨덴, 스페인 등 당대 유럽 강대국들이 잇따라 참전하며 전쟁은 유럽 대륙을 넘어 인도, 카리브해, 아프리카로까지 확산되었고, 훗날 '7년 전쟁'으로 불리게 된다. 7년 전쟁은 유럽을 넘어 여러 대륙으로 전장이 확대되었기에 '18세기의 세계대전'으로도 불린다.

북아메리카 대륙에서 벌어진 작은 충돌이 유럽 본토로 번지고 세계적 전쟁으로 확전되자, 13개 식민지에 살고 있던 이들은 자신의 의지와 무관하게 거대한 전쟁의 한가운데로 끌려들어 갔다. 식민지들이 영국의 통치를 받고 있었으므로 당연히 이들은 영국 군사로 징집되었다. 그렇게 전쟁은 유럽 강대국만의 싸움이 아니게 됐다. 영국과 프랑스는 각자의 편에 선 원주민 부족에 무기와 보급품을 지원하며 계속해서 원주민들을 전쟁에 깊숙이 끌어들였고, 북아메리카의 숲과 강 곳곳에서 끊임없이 전투가 이어졌다. 이처럼 식민지인들에게 7년 전쟁은 그저 동떨어진 남의 분쟁이 아니라 자신들의 앞마당까지 밀려온 생존 싸움이었다.

1756년부터 1763년까지 이어진 7년 전쟁은 식민지인들에게 전례 없는 경험을 안겨주었다. 앞서 본 조지 워싱턴과 존 애덤스의 사례처럼, 전쟁 이전의 대다수 식민지인은 태어난 마을과 그 주변을 거의 벗어나지 않으며 살았다. 그러나 전쟁에 동원되면서 전쟁터 여기저기를 돌아다니게 되었고, 그 과정에서 북아메리카 대륙 내의 또 다른 식민지와 그곳에 사는 식민지인들을 목격하게 되었다. 이때부터 이전까지는 느슨하게 연결되어 있던 13개 식민지 간의 정치적 협력이 훨씬 긴밀해졌다. 아이러니하게도 유럽 본토의 전쟁이 의도치 않게 북아메리카 식민지들 사이에 '동질감'을 심어준 것이다. 이때의 경험

은 식민지들이 독립을 향한 첫걸음을 내딛을 때, 식민지들을 하나의
국가로 묶는 중요한 밑거름이 된다.

✦

세금을 둘러싼 본국과 식민지의 대립

7년 전쟁이 북아메리카 식민지에 당장 끼친 결정적인 영향은 따로 있
었는데, 식민지와 '모국' 영국 사이에 균열이 생기기 시작한 것이다.
영국은 유럽, 인도, 카리브해 등 전 세계 여러 전선에서 동시에 싸워
야 했으므로 북아메리카에까지 충분한 병력을 보낼 여력이 없었다.
그래서 북아메리카 대륙의 전쟁에 필요한 병력은 대부분 식민지에서
자체적으로 충당하게 하고, 그 비용은 영국 정부가 부담하는 방식을
선택했다. 이런 전략은 전쟁 도중에는 효과가 있었다. 현지에서 인력
을 보충하면서 동시에 중앙정부에서 빠르게 명령을 하달할 수 있었
기 때문이다.

그러나 전쟁이 끝나자, 그동안 누적된 재정 문제와 그 해결을 둘러
싼 권한 문제를 두고 영국 내부에서 갈등이 폭발했다. 영국은 전쟁에
서 승리한 뒤 가장 먼저 재정 적자를 메우려 했지만 이미 정부의 빚
이 눈덩이처럼 불어난 상태였고, 본국에서 세금을 더 거두자니 국내
에서의 반발이 불 보듯 뻔했다. 이에 영국 정부는 비교적 저항이 덜할
것이라고 여겨진 북아메리카 식민지를 재정 충당의 대상으로 삼았
다. 예나 지금이나 돈을 거둬들일 수 있는 가장 손쉬운 방법은 새로운

세금을 도입하는 것이다. 1765년, 영국은 인지세법을 도입했다. 식민지의 모든 신문, 팜플렛, 증명서, 허가증 등에 영국으로부터 수입한 인지를 붙이는 것을 의무화한 법이었다. 그리고 병영법을 시행해 영국 군인이 북아메리카에 주둔하기 위해 필요한 집과 음식을 식민지인이 제공하도록 강요했다. 이런 영국의 욕심은 영국과 북아메리카 식민지 사이에 돌이킬 수 없는 갈등의 불씨를 키웠다.

결국 영국의 조치는 갈등의 차원을 넘어 식민지 독립의 발단이 된다. 문제는 이 법들이 북아메리카 식민지인들의 동의 없이 제정되었다는 데에 있었다. 새로운 법은 영국 의회에서 제정되었는데, 당시 식민지인들은 그곳에 자신들의 대표조차 보내지 못했다. 대표를 보내지 못하는 곳에서 내가 내야 할 세금이 정해진다는 것이 지금은 당연히 불합리하게 느껴진다. 그러나 이러한 현실 속에서 식민지인들이 주창하게 된 '대표 없는 곳에 과세 없다'라는 구호는 당시의 최신 사상이었던 계몽주의에 뿌리를 둔, 혁명적이고 급진적인 외침이었다.

✦

부당한 과세로 시작된 자유의 투쟁

북아메리카 보스턴의 변호사 제임스 오티스는 대표 없는 곳에 과세가 있을 수 없다는 식민지인들의 주장을 한 걸음 더 밀고 나갔다. 그는 영국 정부가 도입한 세금 그 자체보다 세금이 부과되는 과정에 문제가 있다고 보았고, 세금을 내는 사람의 동의 없는 과세는 노예제에서나 가능한 일이라는 입장을 내세웠다. 오티스는 이 논리를 끝까지 밀어붙여, "그렇다면 북아메리카 식민지인들은 사실상 노예 상태에 놓여 있는 것과 다름없다"고 주장했다. 흥미로운 것은 이 주장이 단지 정치적 비유에 그치지 않고 노예제 자체를 향한 비판으로 이어졌다는 점이다. 그는 "노예가 흑인인지 백인인지와 상관없이 노예제는 본질적으로 부당하다"고 공개적으로 주장했다. 그가 주장한 이 원칙에 대한 식민지인의 공감과 확신은 훗날 '미국 건국의 아버지' 중 한 명이 될 식민지 지도자 벤저민 프랭클린의 발언에서도 드러났다. 영국 의회가 "세금의 도입을 철회하면 식민지인들도 원칙을 철회하겠는가?"라고 묻자, 프랭클린이 단호하게 "그럴 일은 없을 것"이라고 답한 것이다. 이제 일방적 과세의 문제는 정치적 정당성과 자유의 문제로 변모하고 있었다.

거센 저항에 부딪힌 영국 정부가 일단 인지세법을 철회하자 식민지인들은 이를 승리로 받아들였다. 중요한 것은 식민지인 대다수가 이때까지도 이를 영국 제국 '안'에서의 승리로 여겼다는 점이다. 아직 '영국으로부터 완전히 독립하겠다'는 생각은 잘 받아들여지지 않고 있었다.

그러나 승리로 인한 환희는 오래가지 못했다. 1767년, 영국 재무 장관 찰스 타운젠드가 자신의 이름을 딴 '타운젠드법'을 추진하면서 갈등이 재점화되었기 때문이다. 이 법은 유리, 납, 종이, 페인트, 차[*] 등 다양한 수입품에 식민지인들의 동의를 얻지 않고 관세를 부과하는 법이었다. 당연히 식민지인들은 이를 또다시 '대표 없는 과세'로

 ———————— 6장. 차별의 모순 위에 세운 자유의 공화국

간주해 거세게 반발했다. 이전과 같은 성격의 문제가 반복되자 이제 투쟁의 구도는 자의적인 영국 정부와 식민지인이 수립한 식민지 정부 사이의 대결로 재편되고 있었다.

매사추세츠주의 총독 프랜시스 버나드는 끊이지 않는 식민지인들의 저항을 진압하기 위해 본국인 영국에 군대를 요청했고, 요청을 받아들인 영국 정부가 파견한 군대가 1768년 10월, 보스턴에 도착한다. 소식을 들은 벤저민 프랭클린은 이를 두고 "화약고 안에 대장간을 차리는 행위나 마찬가지다"라고 경고했는데, 그의 이 같은 비유는 곧 현실이 되고 만다. 1770년 3월 5일, 식민지인들로 구성된 시위대가 영국군을 공격했고, 영국군이 반격하면서 시위대를 향해 총을 쏘는 사태가 벌어진 것이다. 이 사건은 '끔찍한 학살Horrid Massacre'이라 불리며 식민지인들을 분노로 들끓게 만들었다.

군대가 투입된 이후에도 저항이 수그러들지 않자 영국 의회는 일단 타운드젠드법 조항 대부분을 철회했다. 그러나 '식민지에 영국 본국이 과세할 수 있다'는 원칙만은 포기하지 않겠다는 뜻에서 차에 부과하는 세금만은 상징적으로 남겨두었다.

✦

갈등을 폭발시킨 보스턴 차 사건

1773년, 북아메리카 식민지와 영국의 갈등이 경제적 이해관계를 넘어 '원칙'에 관한 문제로 번졌음을 다시금 보여주는 결정적 사건이 발생한다. 일명 '보스턴 차 사건'이었다. 당시 북아메리카 식민지에서 소비된 차의 대부분은 정식으로 수입된 차가 아니라 네덜란드로부터 밀수해 온 차였다. 영국의 동인도회사를 거쳐 수입된 차가 밀수해 온 차보다 훨씬 비쌌기 때문에 일어난 일이었다.

이런 상황을 가만히 두고 볼 수만은 없었을 영국 정부는 어떤 조치를 취했을까? 단순히 차를 밀수하는 식민지인들을 처벌하는 데 그치지 않고, 동인도회사가 차를 식민지로 수출할 때 영국 정부에 내야 하는 세금을 일부 면제해 주었다. 그 결과 동인도회사가 북아메리카 식민지에서 파는 차의 가격이 내려갔고, 식민지인들도 보다 저렴한 가격에 정식으로 수입된 차를 구매할 수 있게 되었다. 언뜻 보기에는 영국 정부의 조치가 모두에게 이득이 되는 것처럼 보였으나 실상은 그렇지 않았다. 식민지인이 차를 살 때 영국 정부에 내야 하는 세금은 그대로 유지된 것이다. 동인도회사가 영국 정부에 내야 하는 세금은 줄어들었지만 식민지인이 내야 하는 세금은 차의 값이 내려간 것과 상관없이 그대로였으니, 값싸진 차의 판매량이 늘면 영국 정부가 거둬들이는 세금의 총액은 오히려 증가할 수도 있었다. 많은 식민지인은 식민지로부터 거두는 세금은 유지하면서 차의 판매가만 낮추는 영국 정부의 조치를 비난했고, 이런 방식이 북아메리카 식민지를 영국 정부에 더욱 종속시키려는 의도에서 비롯되었다고 생각했다.

결국 같은 해 12월, 원주민으로 변장한 식민지인들이 보스턴 항구에 잠입해 동인도회사의 선박에 실린 차 상자 300여 개를 바다에 던져버린다. 이것이 바로 앞서 언급한 '보스턴 차 사건'이다. 이에 영국

 ——————— 6장. 차별의 모순 위에 세운 자유의 공화국

보스턴 차 사건

정부는 즉각적인 진압에 나섰고 식민지인들에게 이 사건으로 입은 피해를 배상받을 때까지 보스턴 항구를 폐쇄한다는 '보스턴 항구법'을 발표했다.

그러나 보스턴 항구법은 단지 시작에 불과했다. 이듬해 영국 정부는 강경 조치들을 잇따라 내놓았다. 그 조치들에 붙은 공식 명칭은 '강제법Coercive Acts'이었지만 분노에 휩싸인 식민지인들은 반발하며 이른바 '참을 수 없는 법Intolerable Acts'으로 불렀다. 강제법은 보스턴 항구법뿐 아니라 매사추세츠주 식민지 정부의 자치권을 제한하는 매사추세츠 정부법, 식민지인들에게 영국 군인을 주거지에 숙박시키는 의무를 강제로 부과하는 숙영법, 영국 관료와 군인이 식민지에서 범죄를 저질러 재판을 받아야 할 경우 식민지가 아닌 영국 본국에서 재판하는 재판운영법도 포함되어 있었다. 영국 정부는 이 법으로 보스턴 차 사건과 같은 저항을 다시는 용납하지 않겠다는 의도를 분명히 보여 주고자 했다.

✦

식민지 대표 12인, 공동 대응을 결의하다

과연 영국의 의도는 통했을까? 만약 북아메리카 식민지들이 영국의 강경 조치에 주눅 들어 순응했다면 현대 미국의 모습은 크게 달라졌을지도 모른다. 영국의 기대와 달리, 이러한 조치들은 오히려 역효과를 낳았다. 보스턴 차 사건이 일어난 매사추세츠주뿐 아니라 북아메리카의 다른 식민지들도 '우리에게도 언제든 닥칠 수 있는 위협'으로 받아들였기 때문이다.

결과적으로 '참을 수 없는 법'은 북아메리카 식민지들을 더 강력하게 하나로 묶어주는 계기가 되었고, 식민지 대표들은 영국에 집단적으로 맞서기 위해 필라델피아에서 제1차 대륙회의를 열었다. 이 회의에는 13개 식민지 중 조지아를 제외한 12개 식민지 대표들이 모였다. 이들은 영국 정부에 항의하는 차원을 넘어 식민지 공동의 대응 방안을 논의했고, 부당한 '참을 수 없는 법'을 규탄하는 것은 물론이고 영국과의 무역을 전면 보이콧하기로 결의했다. 또 이 불매 운동이 선언에 그치지 않도록 각 식민지에 위원회를 설치해 감시하는 방안도 마련했다. 그러나 이때까지도 아직 '독립'이라는 단어가 공식적으로 언

　　　　　　　　6장. 차별의 모순 위에 세운 자유의 공화국

급되지는 않았다. 이들은 여전히 영국 왕실에 대한 충성을 표하면서 청원의 형태로 자신들의 의사를 표명했다.

하지만 영국과 식민지의 관계는 이미 돌이킬 수 없는 지경에 다다르고 있었다. 1775년 4월, 매사추세츠주의 렉싱턴과 콩코드에서 영국군과 식민지의 민병대가 충돌하는 사태가 벌어졌다. 영국군이 민병대의 무기고를 탈취하려고 하자 민병대가 저항했고, 렉싱턴에서 첫 교전이 일어난 후 소식을 들은 주변 마을의 주민들도 길목마다 나타나 영국군을 막았다. 영국군이 콩코드에 도착했을 때는 이미 민병대가 대부분의 무기를 은닉한 뒤였다. 곧이어 민병대는 영국군을 몰아내고, 보스턴으로 퇴각하는 군대를 공격했다. 이날의 전투로 60명이 넘는 영국군이 전사했고 민병대의 사상자도 90명이 넘었다.

렉싱턴과 콩코드에서의 전투는 단순한 국지적 충돌이 아니라 북아메리카 대륙을 뒤흔든 미국독립전쟁의 서막이었다. 한 달 뒤, 필라델피아에서 제2차 대륙회의가 열렸고 식민지의 대표들은 이제 청원이나 항의로는 사태를 해결할 수 없다는 점을 서서히 깨닫고 있었다. 그래서 식민지 연합군을 조직하고, 이를 지휘할 총사령관으로 조지 워싱턴을 선출한다. 이때에도 이들은 영국 왕실에 충성을 표하고 있었지만, 이미 영국군을 공격하고 군대까지 조직한 이상 평화적 타협의 여지는 줄어들고 있었다. 그해 여름과 겨울 내내 식민지 연합군과 영국군 사이의 전투가 보스턴을 중심으로 이어졌고, 양측의 사상자도 점점 늘어났다.

마침내 독립을 말하고, 쓰고, 선포하다

전투가 한창이던 시기, 토머스 페인의 《상식》이 식민지 사회에 퍼져 있던 영국 왕실에 충성한다는 기존 담론의 한계를 깨부수는 계기가 된다. 페인은 식민지인이 여태까지 독립을 주장하지 않은 가장 결정적인 이유로 '영국의 민주적 제도를 향한 존중심'을 꼽았다. 하지만 그는 영국 정부가 프랑스와 스페인 같은 전제 군주정보다는 나은 형태라는 것을 인정하면서도, "여전히 세습군주와 귀족제에 기반한 영국 제도를 민주적인 것으로 볼 수는 없다"고 비판했다. 그는 "지리적·정치적·경제적 관점에서 보더라도 영국의 식민 통치는 비합리적"이라고 지적하며 "북아메리카 식민지들이 독립으로 나아가야 한다"고 주장했다. 또 페인이 보기에 영국으로부터 독립할 새로운 국가는 유럽의 구시대적인 지배 체제가 아니라 계몽주의의 이상에 걸맞은 새롭고도 합리적인 정치체를 갖춰야 했다. 그는 "우리는 세계를 처음부터 다시 시작할 만한 힘을 갖추고 있다"고 말할 만큼 자신만만하면서도 낙관적이었다.

40여 쪽 남짓한 《상식》은 출간 후 불과 세 달 만에 12만 부가 넘게 팔려나갔다. 지금의 역사학자들은 이미 1776년 초에 북아메리카 식민지 전체 인구의 절반가량이 어떤 식으로든 책의 내용을 읽거나 접했을 것이라 추정한다. 《상식》이 이처럼 폭발적인 호응을 얻은 것은 그가 일반 대중도 이해할 수 있을 정도로 쉽고 간결한 문장으로 정치

철학을 풀어낸 덕분이었다. 이 책은 전쟁의 목표를 '권리의 회복'에서 '독립'으로 바꾸는 결정적인 촉매제가 되었다.

《상식》의 여파는 제2차 대륙회의의 분위기에도 곧바로 반영되었다. 전투가 시작된 지 1년이 지난 1776년 여름, 또다시 필라델피아에 모여 대륙회의를 연 식민지 대표들은 더 이상 영국과의 화해 가능성을 전제로 한 절충안을 논의하지 않았다. 그 대신 페인이 주장한 영국으로부터의 완전한 독립을 공식 목표로 채택했고, 이후 각 식민지 안에서도 독립을 지지하는 결의안이 속속 통과되었다. 그리고 대륙회의에 모인 이들은 마침내 독립선언문 작성위원회를 구성했다. 이 안에서 초안 작성을 맡은 버지니아 출신의 젊은 변호사 토머스 제퍼슨은 며칠 만에 글을 완성했는데, 그 글에는 어떤 내용이 담겨 있었을까?

"모든 인간은 평등하게 창조되었으며, 창조주로부터 양도할 수 없는 권리를 부여받았다."

_〈독립선언문〉 초안, 토머스 제퍼슨

〈독립선언문〉 초안의 첫머리는 '인간의 권리 선언'으로 시작한다. 생명, 자유, 행복 추구라는 권리는 정부로부터 보장받아야 하며, 시민에게는 이를 침해하는 정부를 폐지하고 새로운 정부를 세울 권리가 있다는 내용이었다. 그리고 이어지는 본문에는 북아메리카 식민지들이 독립을 결심하게 된 구체적인 이유가 제시되어 있었다. 이때 처음으로 영국 의회가 아닌 영국 왕 조지 3세가 직접적인 책임자로 지목

되었다. 선언문은 영국 정부가 수년간 식민지의 자치권을 침해하고 '대표 없는 과세'를 감행했으며 군대를 상주시켜 시민의 자유를 위협했다고 비판했다. 또한 식민지의 거듭된 청원을 무시하고 상업과 교역을 제한하면서 원주민을 식민지를 억압하는 수단으로도 이용했다고 기록했다. 초안에는 조지 3세가 노예무역을 장려했다고 비판하는 대목도 있었으나, 이 부분은 노예제가 성행했던 남부 식민지의 반발로 최종본에서는 삭제되었다.

제퍼슨이 초안을 완성한 이후 대륙회의에서는 치열한 토론이 이루어졌다. 일부 표현은 덜 논쟁적인 방향으로 수정되거나 삭제되기도 했다. 그러나 인간의 권리에 관해 쓴 첫머리와 왕을 직접 비판하는 구조는 그대로 유지되었다. 특히 마지막 부분에서 이 선언이 그저 정치적 결의기만 한 것이 아니라, 새로운 국가의 탄생을 알리는 역사적 문서라는 사실을 분명히 밝혔다. '미합중국United States of America'이라는 국호 역시 이 선언문에서 처음으로 등장했다.

✦

미국이라는 국가의 탄생과 독립전쟁

1776년 7월 4일, 대륙회의에 모인 식민지 대표들은 마침내 〈독립선언문〉을 채택했다. 이 순간은 북아메리카 식민지가 영국과 결별하고 자유와 평등 그리고 자치의 이상을 토대로 하는 새로운 국가의 탄생을 선포한 역사적 전환의 한 장면으로 남았다. 식민지의 대표들은 자신들이 이제 영국의 신민이 아니라 새로운 국가 미국의 독립된 시민임을 천명했다.

이 사건은 미국인들에게 거대한 자부심과 희망을 안겨주었지만 이로써 영국과의 대대적인 전면전이 불가피해졌다. 이제 독립은 원칙을 내세운 선언으로 끝나는 이상적 목표가 아니라, 생존을 내건 싸움으로 쟁취해야 하는 것이었고 그렇게 '미국독립전쟁'이 본격적으로 시작되었다.

이미 같은 해 여름부터 영국군은 대규모 병력과 함대를 동원해 북아메리카의 '반란군'을 공격하고 있었다. 독립선언문을 채택한 지 한 달이 지나 벌어진 롱아일랜드 전투는 미국독립전쟁을 통틀어 가장 큰 규모의 전투였으며, 조지 워싱턴이 이끈 반란군, 대륙군은 참담한 패배를 맛봤다. 이 전투에서 승리한 영국군이 뉴욕을 장악하면서 신생 국가 미국의 독립은 시작부터 좌초될 위기에 처하고 만다. 그러나 그해 겨울, 워싱턴은 절망 속에서도 반격의 기회를 포착했다. 그는 혹한의 성탄절 밤에 부하들을 이끌고 델라웨어강을 건너 기습 공격을 감행했고, 성탄절 다음 날 벌어진 트렌턴 전투에서는 워싱턴의 대륙군이 영국군 부대를 격파하며 사기를 끌어올렸다. 이 승리는 뉴욕이 점령당한 후 독립전쟁의 불씨를 다시 살려낸 상징적 의미를 지녔다.

하지만 미국은 이것만으로는 실질적인 승리를 쟁취하기 어려웠다. 전세를 뒤집기 위해서는 더 큰 힘이 필요했기에 미국의 지도자들은 국제무대로 눈을 돌려 외교를 펼치기 시작했다. 유럽의 다른 국가를 설득해 미국의 독립전쟁을 지원하게 만들려 했고, 이 노력은 프랑스가 참전하면서 결실을 맺게 된다.

그렇다면 프랑스는 왜 멀고 먼 북아메리카 대륙의 전쟁에 참전하기로 결정했을까? 프랑스는 앞서 7년 전쟁에서 영국에 패배하고 지금의 캐나다와 인도에서 밀려난 뒤 설욕할 기회를 호시탐탐 노리고 있었다. 물론 프랑스가 순전히 복수심만을 가지고 참전한 것은 아니었다. 프랑스의 왕 루이 16세는 줄곧 전쟁 상황을 관찰하면서 대륙군이 영국군을 상대로 승리할 수 있을 것이라는 가능성을 확인한 뒤에 참전을 결정했다. 1778년 2월, 프랑스는 미국과 조약을 맺어 미국을 공식 국가로 인정하고 전쟁에 뛰어들었다. 이로써 미국독립전쟁은 영국과 식민지 간의 분쟁을 넘어 여러 나라가 개입하는 국제전으로 변모하게 된다.

프랑스의 참전은 신생국 미국에 결정적인 도움이 되었다. 프랑스가 미국에 해군과 육군을 파병하고 막대한 재정도 지원하면서 열악했던 대륙군의 보급 상황이 개선되기 시작했다. 무엇보다 프랑스 해군의 활약은 영국이 대서양을 완전히 장악하고 있던 상황도 무너뜨릴 만큼 강력했다. 이제 전장은 북아메리카를 넘어 유럽과 카리브해, 인도양으로까지 확대되었다. 영국은 프랑스에 대응하느라 병력과 자원을 세계 각지로 분산해야 했고 이 때문에 북아메리카 전선에서 미국을 압박하는 힘은 약해질 수밖에 없었다. 설상가상으로 프랑스의 참전을 목격한 스페인까지 영국을 견제하기 위해 참전을 결정하면서 영국은 더욱 불리한 상황에 놓이고 말았다.

그렇다고 해서 전황이 곧바로 미국에 유리하게 바뀌지는 않았다.

1778년부터 1780년까지 영국군은 비교적 영국 충성파의 비율이 높았던 남부 식민지에 집중했고 사우스캐롤라이나주의 찰스턴 항구를 점령하는 성과를 거두기도 했다. 그러나 미국의 민병대가 영국군의 보급로를 기습하고, 소규모 게릴라 전투에서 연달아 승리를 거두면서 고향으로부터 멀리 떨어진 곳에서 전쟁을 치러야 하는 영국군의 피로는 점점 더 쌓여만 갔다.

전세가 결정적으로 기울기 시작한 때는 프랑스와 미국의 대륙군이 본격적으로 연합 작전을 전개한 1781년부터였다. 프랑스군의 지원을 등에 업은 대륙군이 버지니아주 요크타운에서 영국군을 포위했고, 인근 바다를 봉쇄한 프랑스 함대 때문에 영국은 해군의 지원도 받을 수 없는 상황에 놓였다. 결국 영국의 찰스 콘월리스 장군은 탈출이 불가능함을 깨닫고 항복을 선언하고 만다.

✧

미국 독립과 혁명의 연쇄

당시 영국군은 이미 6년간의 전쟁으로 막대한 전쟁 비용을 소모하고 있었고, 프랑스와 스페인까지 참전한 상황에서 대서양, 카리브해, 지중해, 인도양 등 여러 전선을 동시에 방어해야 했다. 그 와중에 북아메리카의 대규모 병력이 무너지자 영국 본토에서도 '더 이상의 전쟁은 피하자'는 여론이 급격히 퍼져나갔다. 영국 의회 내의 야당은 정부의 진쟁 정책을 강하게 비편했고, 경제계는 전쟁으로 인한 무역 손실

〈콘월리스 경의 항복〉, 존 트럼불, 1820년

을 언제까지 감내해야 하냐며 목소리를 높였다. 정치적 명분과 자국민의 지지를 모두 잃은 영국 정부는 이 시기 벌어진 요크타운 전투에서 전투를 이끌던 콘월리스 장군이 대륙군에 패배해 항복하면서 전쟁을 이어갈 이유를 상실했다. 따라서 미국이 거둔 요크타운에서의 승리는 사실상 미국독립전쟁의 종결을 의미했다.

이후 영국 정부는 북아메리카 대륙에서 전쟁을 지속하기가 어려운 현실을 인정하고, 적극적인 군사 작전을 중단한 뒤 협상을 통한 종전을 모색해야 했다. 그러나 협상은 쉽지 않았다. 미국뿐만 아니라 미국의 동맹국인 프랑스와 스페인도 각자의 이해관계를 두고 힘겨루기를 벌였기 때문이다. 결국 1년이 넘게 걸린 긴 협상 끝에 1783년 9월, 영국과 미국은 파리에서 '파리조약'을 체결했다. 이 조약은 영국이 미국의 독립을 정식으로 승인하고 미시시피강 동쪽의 광대한 영토를 미국의 영토로 인정한다는 내용을 담고 있었다. 결과적으로 신생국 미국은 독립하자마자 유럽의 그 어떤 국가보다도 거대한 영토를 확보하게 되었다.

그렇다면 7년 전쟁에서 패배한 수모를 되갚고자 미국의 독립전쟁을 지원한 프랑스는 어땠을까? 오랜 숙적인 영국에 실질적이고 상징적인 타격을 주는 데에는 성공했지만 스페인이 지금의 플로리다 땅을 차지하게 된 것 같은 이득을 얻지는 못했다. 오히려 직접적인 이익을 챙기지 못한 이 전쟁을 위해 막대한 비용을 지불하고 말았다. 역사적 관점에서 볼 때 프랑스가 미국을 지원한 선택이 중요한 이유가 바로 여기에 있다. 프랑스가 7년 전쟁의 여파로 겪고 있던 재정난은 미국을 지원한 뒤에 더욱 심각해졌다. 프랑스 정부는 파리조약이 체결되고 미국이 독립한 이후에도 계속해서 전쟁 부채와 그로 인한 이자 부담에 시달렸다. 루이 16세는 세제를 개혁함으로써 이러한 상황을 타개하고자 시도했으나 귀족과 성직자 등 특권층의 완강한 저항에 부딪혀 그마저도 쉽지 않았다. 결국 루이 16세는 1614년 이후 한 번도 열리지 않았던 삼부회를 1789년에 직접 소집해야 했고, 이 일이 프랑스혁명의 도화선이 되고 만다.

프랑스가 미국의 독립을 지원한 행위는 대서양 건너편에 있는 신생국의 탄생을 도운 것에서 더 나아가 유럽 대륙의 정치와 사회의 질서를 송두리째 바꾸는 대전환을 야기했다. 미국독립혁명과 프랑스혁명은 서로 관련이 없는 듯 보였지만, 실제로는 하나의 역사적 연쇄 속에 있었다. 그리고 이 연쇄는 이후 전 세계로 확산된 근대 민주주의와 국민국가의 등장을 예고하는 것이기도 했다.

미완의 혁명

성공한 혁명 이후 신생국 미국은 어떤 변화를 맞았을까? 영국의 속박을 끊어낸 미국의 '시민'은 '신민'에서 벗어나 스스로의 주권을 주장하며 공화국을 세웠다. 이는 이후 프랑스혁명을 비롯한 유럽의 혁명은 물론이고 라틴아메리카와 아시아, 아프리카 등 전 세계에 이념적 영감을 주었다. 또한 〈독립선언문〉에서 천명된 '모든 인간은 평등하게 창조되었다는 선언'과 '정부의 정당성은 시민의 동의에서 나온다는 원칙'은 이후 전 세계 민주주의의 보편적 언어가 되었다. 이러한 이유로 미국독립혁명을 정치사적으로 세계의 역사가 근대에 들어선 출발점으로 볼 수 있다.

그러나 이 혁명의 성과 뒤에는 분명한 한계와 모순이 존재했다. 혁명의 주역이었던 식민지의 대표들은 자유와 평등을 외쳤지만, 그 자유의 범위에서 원주민과 여성 등 많은 이들이 철저하게 배제되었다. 존 애덤스의 아내 애비게일 애덤스는 〈독립선언문〉이 발표되기 직전, 남편에게 편지를 보내 "여성을 기억해 달라"고 당부하면서 새로 수립될 정부가 여성의 권리를 보장해야 한다고 강조했다. 그녀는 식민지의 대표들이 영국 정부에 요구한 것과 같은 논리로 "남성들에게 견제받지 않는 무제한적 권력을 부여해서는 안 된다"고 주장하며 "여성들 역시 반란을 일으킬 결심을 했으며, 우리가 아무런 발언권이나 대표권을 갖지 못하는 법에는 구속되지 않을 것"이라는 이야기도 덧붙였다. 아내의 편지를 받은 존 애덤스는 어떤 반응을 보였을까? 그는 아내의 이야기를 진지한 이야기가 아닌 농담으로 받아넘겼다. 이 때문에 새 국가의 헌법과 제도에는 여성의 권리가 반영되지 않았다.

여성뿐 아니라 흑인 노예 역시 자유의 약속으로부터 외면당했다. 미국독립전쟁이 시작되기 전, '대표 없는 과세'는 노예제나 다름없으며 노예제가 존재하는 것 자체가 모순이라고 비판했던 제임스 오티스의 생각은 새로운 공화국에서 주류가 되지 못했다. 독립 이후 미국은 남부를 중심으로 오히려 노예제에 기반한 경제를 확대했으며, 노예제는 법적으로 인정받는 제도로 남았다. 자유와 평등을 부르짖으며 쟁취한 독립이 정작 노예제라는 불평등한 제도를 공고히 하는 결과로 이어졌다는 점은 미국독립혁명이 지닌 가장 깊은 아이러니였다.

역사학자들은 대체로 누군가의 주장이 일시적으로 본래 의도와 다른 결과를 낳는다고 하더라도 그 주장 자체의 의미를 평가절하하지는 않는다. 예를 들어, 뒤에서 살펴볼 프랑스혁명은 공화정을 수립한 지 불과 몇 년 만에 나폴레옹이라는 황제를 탄생시켰지만, 그로 인해 자유, 평등, 박애라는 혁명의 이상이 무의미해졌다고 보지는 않는다. 그 이상이 전 세계에 퍼져 뿌리내린 것이 분명하기 때문이다. 마찬가지로 산업혁명 역시 초기에는 노동자의 삶을 악화시키고 빈부격차를 키웠지만, 장기적으로는 생산력을 높이고 전반적인 삶의 질을 향상시켰다.

그러나 미국독립혁명의 모순은 혁명 직후 일시적으로 드러났다가 사라지지 않았다. 노예제는 파리조약이 체결된 시점으로부터 80년 가까이 지나 1861년 남북전쟁이 일어날 때까지 미국 남부를 중심으로 더욱 견고하게 자리 잡았다. 내전을 겪은 끝에 법적으로 폐지된 이후에도, 20세기 중반까지 이어진 인종 분리 정책과 제도적 차별이 흑인들이 평등한 시민으로 살아가는 길을 가로막았다. 그리고 21세기에 이른 오늘날에도 미국 사회에 깊숙이 뿌리 박힌 인종차별 문제는 여전히 새로운 갈등과 분열을 낳고 있다. 자유와 평등을 약속했던 미국독립혁명의 이상이 200년이 넘는 시간이 흐른 지금까지도 완전히 실현되지 못한 것이다. 위대한 성취와 뚜렷한 한계를 동시에 품은 미국독립혁명은 세계 최강대국이 된 미국의 '찬란한 역사' 속에 끝내 봉합되지 않은 과제를 남겨놓았다. 어쩌면 이 혁명은 이미 끝난 역사가 아니라, 누군가에게는 여전히 계속되고 있는 현실의 이야기인지도 모른다.

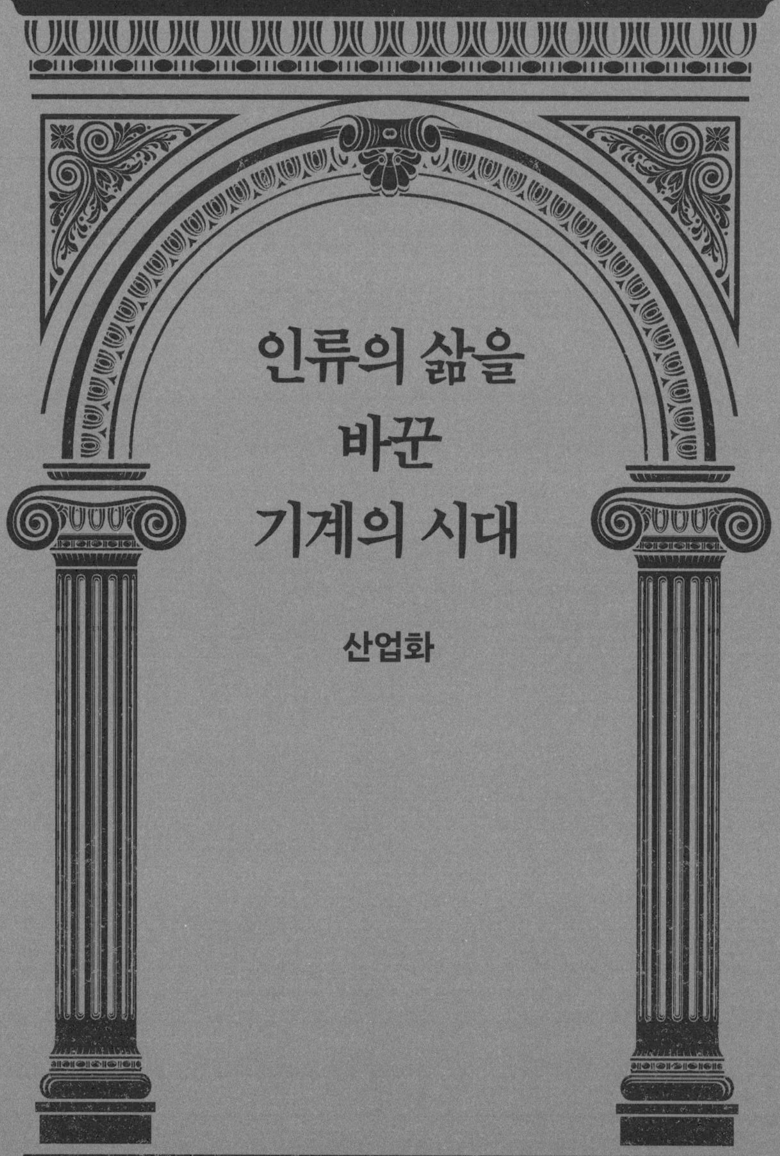
인류의 삶을
바꾼
기계의 시대

산업화

종교개혁과 30년 전쟁을 거치며 종교와 권력이 뒤엉킨 격랑 속에서 새로운 질서를 세운 유럽은 이제 또 다른 거대한 변화의 소용돌이로 향하고 있었다. 이번에는 신앙도, 정치도 아닌 '물질적 삶'의 변화였다. 18세기 들어 유럽은 인간이 어떻게 먹고 일하며 살아갈지를 물을 때 이전과는 완전히 다른 답을 내놓게 되었다. 산업'혁명'이 인류가 수천 년 동안 지켜온 농업 중심의 생활 방식을 무너뜨리고 기계와 공장이 지배하는 새로운 시대의 문을 열었기 때문이다. 증기기관의 바퀴가 굴러가기 시작한 순간부터 시간과 공간, 노동과 소비, 도시와 사회의 모습은 더는 이전과 같을 수 없었다. 산업'혁명'은 인류의 일상 그 자체를 거대한 혁명으로 만든 사건이었다.

눈치 빠른 독자라면 지금까지 산업'혁명'을 이야기할 때 혁명이라는 단어에 작은따옴표를 붙이고 있음을 눈치챘을 것이다. 이는 이 혁명으로 인한 18세기 영국의 변화가 정치혁명처럼 한순간에 일어난 격변이라기보다는, 한 세기에 걸쳐 일어난 점진적인 발전에 더 가까웠기 때문이다. 그래서 최근의 역사학자 중에는 산업'혁명'보다 산업화라는 표현을 선호하는 이들이 많다. 이 표현이 혁명이 암시하는 단기적 단절보다 장기적이고 누적적인 과정을 더 정확히 드러낼 수 있다고 여기기 때문이다.

산업화는 18세기 중반 영국에서 시작되었다. 이 시기 영국에서는 산업 기술에 있어서 몇 가지 혁명적인 발전이 등장했다. 그중 첫 번째는 면직물이었다. 1733년에 존 케이가 나는 북flying shuttle을, 1764년에는 제임스 하그리브즈가 제니 방적기를, 1769년에는 리처드 아크라이트가 수력 방적기를 발명함으로써 이전까지 인간의 수작업으로 운영되던 면직물 공업이 본격적으로 자동화되기 시작했다. 면 생산이 자동화되자 원재료인 면화의 수입량도 폭발적으로 증가했다. 예컨대 영국은 1750년까지만 해도 연당 약 250만 파운드의 면화를 수입했는데, 1800년부터 수입량이 5200만 파운드로 크게 늘었다. 이렇게 수입된 면화는 영국 공장으로 옮겨져 가공되었고, 영국 안에서만 소비되기에는 너무 많은 양이 생산되었기에 영국 정부는 생산된 면직물을 전 세계로 수출하기 시작했다. 이때 영국은 '세계의 공장'으로 부상해 세계 경제를 이끌었다.

산업화가 본격적으로 꽃피울 수 있었던 두 번째 발판은 증기력의 개발이었다. 스코틀랜드의 제임스 와트는 10여 년간 실험한 끝에 1776년 증기기관을 완성했다. 와트 이전에도 초보적인 형태의 증기기관이 있기는 했지만, 와트의 증기기관은 이전의 것보다 더 적은 연료로도 같은 양의 에너지를 생산할 수 있었다. 발명 직후에는 주로 광산에서의 작업에 사용되었고, 얼마 지나지 않아 기차와 배 같은 교통수단의 동력기관으로도 사용되기 시작했다. 그리고 18세기를 거치며 제철, 시멘트, 유리 등 다른 산업에서도 여러 혁신적인 기술 발전이 일어났다.

기계가 만든 풍요, 인간이 치른 대가

이런 기술 혁신은 실제로 당시 영국인의 삶을 얼마나 바꾸어 놓았을까? 산업화는 의심의 여지 없이 영국인의 생활 수준 전반을 향상시켰다. 증기력의 발전으로 물자와 식량이 훨씬 빠르고 안정적으로 운송될 수 있었고, 도시로 몰려든 노동자가 늘어났음에도 농업 기술 혁신이 뒷받침되면서 대규모 기근은 이전보다 줄어들었다. 이 변화는 인구 통계에서도 뚜렷하게 나타났다. 사실 전근대 사회에서는 전쟁, 역병, 기근 때문에 인구가 주기적으로 감소하고는 했다. 동시대의 경제학자 토머스 맬서스는 "인구가 식량 생산량을 초과하면 결국 기근과 빈곤이 다시 찾아올 것"이라고 경고했다. 그러나 세계 식량 교역망의 형성과 함께 진행된 산업화는 그 주장을 무력화했고, 영국은 이른바 '맬서스의 함정'에서 벗어날 수 있었다. 그 결과 1740년까지 약 600만 명에 머물렀던 영국 인구는 기하급수적으로 증가해 1800년에는 약 830만 명으로 늘었고, 1900년에 마침내 3000만 명대를 돌파했다.

그렇다면 산업화는 그저 눈부시기만 한 '혁명'이었을까? 물론 그렇지는 않았다. 생활 수준 향상과 인구 증가라는 긍정적 변화와 함께 이전에는 없었던 새로운 문제를 동반했기 때문이다. 그 문제의 중심에는 산업화의 상징인 공장이 있었다. 산업화 이전에는 대부분의 상품이 가내수공업으로 생산되었다. 농민들은 자신이 만들 수 있는 물건을 만들어서 시장에 팔거나 상인으로부터 의뢰받은 상품을 만들었다. 한 사람이 처음부터 끝까지 완성하는 수작업이다 보니 아주 복잡한 물건은 만들 수가 없었다. 대표적인 생산품인 의류도 농민이 농사를 짓고 남은 시간에 베틀 한두 개로 면직물을 만드는 방식으로 굴러가다 보니 전체 생산량도 많을 수가 없었다.

이런 생산 방식은 산업화로 공장이 들어서면서 완전히 바뀌게 된다. 이제 공장에 출근하는 한 명의 노동자는 전체 생산 과정에서 하나의 과정만을 반복해서 수행했다. 이러한 분업화는 생산 효율을 높여 전체 생산량을 비약적으로 늘렸지만, 동시에 노동자의 성격을 근본적으로 바꾸어 놓았다. 이전의 가내수공업 체제에서는 한 사람이 상품을 만드는 모든 과정을 맡음으로써 전문가가 될 수 있었지만, 이제 노동자는 숙련된 기술자가 아니라 언제든지 다른 노동자에 의해 대체될 수 있는 생산 공정의 '부품'이 되었다. 이 문제는 노동자가 생산 시설을 직접 소유하지 않게 되면서 더욱 부각되었다. 과거에 규모는 작더라도 집 안에서 직접 물건을 만들던 사람들이 이제는 자본가가 투자한 공장에 의존해 노동력만을 제공하는 존재로 전락한 것이다.

✦

산업화의 빛 뒤에 가려진 처참한 삶

공장의 노동자가 언제든지 대체 가능한 부품 하나쯤으로 여겨졌기 때문에, 자본가는 노동 환경에 신경 쓸 필요가 없었다. 자신의 공장에

     —————— 7장. 인류의 삶을 바꾼 기계의 시대

서 일하는 노동자가 과도한 노동 때문에 병이 생기거나 다치더라도 언제든지 그를 다른 노동자로 대체해 버리면 그만이었다. 따라서 도덕적 감수성을 지니고 있던 극히 일부 자본가를 제외한 자본가 대다수가 노동자를 고용한 뒤에 생존에 필요한 최소한의 임금만을 주고 노동력을 쥐어짰다. 일부 자본가는 임금을 주는 것조차 아까워하며 현금이 아니라 공장의 생산품을 임금으로 주기도 했다.

이러한 공장의 열악한 처우가 많은 노동자의 생활 전반을 어렵게 만들었다. 노동자들은 공장에서 일하면서 돈을 아끼기 위해 서로 집을 나눠 쓰기도 했는데, 부부 노동자가 하나의 침대에 세를 놓아 다른 노동자와 함께 나눠 쓰는 경우도 흔했다. 이렇게 인간다운 삶이 불가능한 환경에서 노동자들의 불만이 폭발하는 것은 시간문제였다. 일부 노동자는 고통의 원인으로 여겨진 기계를 부수는 '러다이트 운동'에 나서기도 했다.

노동자 중에서 아동 노동자는 더욱 상황이 좋지 않았다. 산업화 초기에는 아동 노동에 대한 법적인 규제가 존재하지 않았으므로 많은 자본가가 더 적은 임금을 줘도 된다는 이유로 아동을 공장에 고용했다. 그렇게 고용된 어린아이들이 성인 남성의 10~20퍼센트의 임금만을 받으며 하루에 15시간에서 많게는 18시간의 노동을 했다. 다섯 살밖에 되지 않은 아이가 공장이나 광산에서 일하는 광경이 드물지 않았다. 열악한 환경에 처한 노동자 부부는 한 푼이라도 더 벌기 위해 어쩔 수 없이 자식을 공장으로 보내는 경우가 많았기에 아동 노동은 끊어지기 힘든 악순환으로 이어졌다.

1833년과 1844년에 통과된, 최초로 아동 노동을 규제한 공장법이 당시의 실상을 적나라하게 보여준다. 이 법안에 따르면 열한 살에서 열여덟 살 사이의 노동자는 하루에 최대 12시간, 아홉 살에서 열한 살 사이의 노동자는 하루 최대 8시간 노동할 수 있었다. 이것이 '최소한'의 규제였다는 점에 주목해야 한다. 이 법이 통과될 때 많은 자본가가 여러 가지 이유를 대며 반대했는데, 그들이 내세운 주된 근거는 '산업 경쟁력이 떨어질 뿐만 아니라 아동 노동량이 줄어들면 결과적으로 노동자 가구의 임금이 줄어들기 때문에 노동자에게도 도움이 되지 않는다'는 것이었다.

이러한 현실에서 노동자가 자신의 권리를 지키기 위해 선택한 방법은 바로 조직을 갖추는 것이었다. 노동자 개개인은 언제든지 다른 노동자에 의해 대체될 수 있었기에 자본가에 맞설 수 없었지만, 한 공장 혹은 한 산업의 노동자 전체가 조직적으로 움직이면 자본가도 쉽게 노동자를 무시할 수 없었다. 이렇게 탄생한 노동조합은 자본가에게 노동 환경의 개선을 요구할 수 있었고, 자본가가 이를 수용하지 않으면 파업을 해서 자본가에게 타격을 줄 수도 있었다.

그러나 오늘날 대부분의 국가에서 헌법으로 보장되어 있는 노동조합 결성의 권리는 산업화 시기까지만 해도 사회적으로 극심한 논란의 대상이었다. 영국에서는 1799년 '결사의 금지법'으로 노동자의 단체 결성이 불법화되었고, 이 법은 무려 25년이 지난 1824년에 이르러서야 폐지되었다. 법이 폐지되기 전후로 노동자가 권리를 요구하는 움직임이 거세게 일어났는데, 그 대표적인 사건이 1819년 영국

피털루 학살

맨체스터에서 벌어진 '피털루 학살'이다. 당시 수만 명의 노동자가 평화적인 집회를 열었지만 정부는 군대를 투입해 진압했고, 결국 많은 사상자가 발생하고 말았다.

✦

카를 마르크스, 무능한 정부를 비판하다

보다 장기적인 관점에서 보면, 노동조합이 법적으로 인정받은 것보다 더 크고 근본적인 변화는 노동자들의 의식이 달라진 것이라고 할 수 있었다. 시간이 흐르고 산업화가 진행되면서 점점 많은 노동자가 자신을 단순히 한 개인으로 보지 않고 '노동자 계급'이라는 집단의 일원으로 인식하기 시작한 것이다. 이런 의식이 자리 잡으면서 어떤 이들은 민족 소속보다 계급 소속을 더 중요하게 느끼는 흥미로운 현상이 나타났다. 예컨대 영국의 한 노동자는 같은 영국 출신의 자본가보다 다른 언어를 쓰는 독일과 프랑스의 노동자에게 더 깊은 유대감을 느꼈다. 이런 계급 중심의 사고방식은 19세기 사회주의 사상의 토대가 되었고, 이후 1차 세계대전이 발발할 때까지 많은 사상가의 사상 실험과 이론 논쟁을 자극했다. 그리고 그 중심에 있었던 인물이 바로 카를 마르크스였다.

카를 마르크스는 어떤 인물이었을까? 마르크스는 1818년 오늘날 독일 서부 트리어 출신으로, 유대계 아버지 밑에서 태어났다. 그는 대학교에서 법학뿐 아니라 고전문헌학, 역사, 철학 등 다양한 분야를 공부했으며, 대학교를 졸업한 뒤에는 고대 그리스 철학을 연구해 박사 학위를 취득했다. 그는 처음에는 학문적 경력을 쌓아가려 했지만, 자신을 후원해 주던 교수가 해임되고 교수가 되는 길이 막히자 언론인의 길을 선택하게 되었다.

1842년, 그는 라인 신문사에 입사해 사회 문제와 정치 상황을 다룬 비판적 논조의 글을 연이어 신문에 실었다. 그 결과 신문 구독자 수는 900명에서 3,400명으로 늘었고, 마르크스는 곧 편집 책임자가 되었다. 이때 그가 집중적으로 비판한 대상은 당시 독일 내에서 가장 강력했던 프로이센 정부였다. 보수적인 정치 체제와 엄격한 검열로 지식인의 활동을 통제하던 프로이센 정부는 마르크스의 비판이 거듭

카를 마르크스

될수록 점점 더 강하게 그를 압박했다.

결국 그는 1843년, "'작금의 검열 상황' 때문에 편집부에서 물러난다"고 밝히며 라인 신문사를 떠나게 된다. 이때까지도 마르크스의 관심은 '정치적 자유'와 '언론의 독립' 문제에 집중되어 있었고, 훗날 그가 주장하게 되는 자본주의 비판이나 프롤레타리아 혁명 같은 주제는 아직 본격적으로 드러나지 않았다.

정부의 압박으로 독일 안에서는 일자리를 구할 수 없었던 마르크스는 인맥을 총동원해 같은 해 10월에 프랑스 파리로 이주했다. 이때부터 그는 본격적으로 공산주의에 관심을 쏟고, 그곳에서 프랑스 사회주의자와 프랑스에서 활동하는 작가, 예술가, 학자, 언론인과 어울리며 새로운 사회사상과 운동에 영향받기 시작했다. 마르크스는 "철학자들은 지금까지 세계를 다양하게 해석해 왔을 뿐이다. 그러나 중요한 것은 세계를 변화시키는 것이다"라는 유명한 말을 남기며, 사상가를 넘어 혁명적 지식인으로서의 정체성을 다져나갔다.

하지만 파리에서의 활동도 오래 지속하지는 못했다. 마르크스는 출판사로부터 약속된 원고료를 제대로 받지 못했고, 프랑스 정부 또한 그에게 곱지 않은 시선을 보냈다. 프로이센 대사관이 프랑스 정부에 "그의 사상은 위험하다"고 경고한 탓이었다. 마르크스는 이에 아랑곳하지 않고 계속해서 반정부적 논조의 글을 썼고, 결국 1845년 1월 프랑스 정부는 마르크스를 추방하고 만다. 함께 활동하던 몇몇 인물들에게도 추방령이 내려졌지만, 실제로 추방된 사람은 마르크스가 유일했다. 그의 정치 활동과 비판적 글쓰기가 프랑스 정부뿐 아니라, 당시 보수적 질서를 유지하려 한 주변 국가들에도 위협으로 받아들여졌기 때문이었다.

✦

마르크스와 공산당 선언

파리를 떠난 마르크스는 벨기에 브뤼셀로 이주하며 프로이센 국적을 포기했고 이후 '국가에 속하지 않은 사상가', 무국적자로 살았다. 브뤼셀에서 그는 인생을 바꾸어 놓을 동반자를 만나게 되는데, 과거에 짧게 인사 나눈 적 있던 프리드리히 엥겔스와 본격적으로 교류하기 시작한 것이다. 두 사람은 산업화의 실태를 직접 확인하기 위해 영국으로 여행을 떠났는데, 이 여행은 마르크스에게 아주 큰 지적 자극을 안겨주었다. 이후 그의 글에는 '생산력 발전', '노동의 분업화'와 같은 개념들이 체계적으로 등장했다. 이 시기부터 마르크스는 자본주의를 비판하는 이론가로 급부상해, 영국의 노동자 단체들로부터 조언과 강연을 요청받는 인물로 떠올랐다.

1848년 2월, 마르크스는 자신의 대표작이자 인류사에 길이 남을 〈공산당 선언〉을 발표한다. 30여 쪽에 불과한 이 글은 발표된 직후에 마침 유럽 혁명이 시작되면서 일종의 예언서로 여겨지며 빠른 속도로 유럽 대부분 국가의 언어로 번역되었다. "하나의 유령이 유럽을 배회하고 있다. 공산주의라는 유령이"라는 강렬한 첫 문장으로 시작하는 이 선언은 자본주의의 모순을 비판하고 그 대안을 모색하는 이들에게 경전처럼 읽히며 오랫동안 영향을 미쳤다.

그러나 사회적 명성과는 별개로 마르크스 개인의 삶은 좀처럼 나아지지 않았다. 브뤼셀 정부는 혁명 선동 혐의로 마르크스와 그의 아내를 체포했고, 고향을 떠나올 때 스물다섯 살이었던 마르크스는 서른 살이 되어 또다시 추방되고 만다. 영국 런던으로 망명한 그는 막 태어난 아들의 사망을 지켜보아야 했고, 월세를 낼 돈이 없어 거리를 전전하기도 했으며 이후로도 세 명의 어린 자식이 먼저 세상을 떠나는 일을 견뎌야 했다.

처참한 상황에 놓인 그에게 가장 중요한 도움을 준 사람이 엥겔스였다. 아버지로부터 사업과 재산을 물려받은 엥겔스는 마르크스를 재정적으로 후원해 주었고, 신문에 글을 실어 원고료를 받을 수 있도록 각종 언론사와 연결해 주었다. 마르크스는 돈을 벌기 위해 영국의 경제는 물론이고 외교와 식민지 정책에 대해서도 글을 써야 했는데, 그 과정에서 영국의 노동법, 은행법, 의회의 예산 처리 과정, 무역, 금융, 화폐 정책 등 자본주의 사회를 작동시키는 메커니즘을 깊이 조사하고 분석하게 됐다. 이때 조사한 자료는 이후 마르크스의 대작으로 남는《자본론》의 토대가 되었다.

마르크스는 가난과 망명, 개인적 비극 속에서도 흔들리지 않고 자본주의 사회의 모순을 해부하려 했다. 그의 사상은 산업화로 격변하던 19세기의 현실을 해석하려 한 시도이자 불평등과 빈곤의 문제를 해결할 수 있다고 믿은 일종의 해법이었다. 그리고 그의 사유와 분석은 이후 세계사의 흐름을 바꾸는 사상적 무기가 되어갔다.

❖

자본주의의 모순을 꿰뚫은 자본론

1867년에 출판된《자본론》은 1848년의 〈공산당 선언〉과 더불어 마르크스와 공산주의를 상징하는 책이 되었다. 〈공산당 선언〉이 짧고 강렬한, 문학적인 글에 가까웠다면《자본론》은 800쪽이 넘는 방대한 학문적 분석서였다. 이 책에서 마르크스는 '현대사회가 어떤 경제 법칙에 의해 움직이는가'를 밝히고자 했다. 그는 자본가, 노동자, 임금, 노동 착취, 잉여가치 등의 개념으로 자본주의 체제가 왜 궁극적으로 몰락할 수밖에 없는지를 논리적으로 증명하려고 했다.

그가 제시한 개념 중 가장 핵심적인 것은 잉여가치였다. 그는 노동자가 만들어 낸 가치 중 임금으로 지급되지 않고 자본가의 이윤으로 남는 잉여가치가 자본주의 사회에서 '자본 축적의 원천'이 된다고 보았다. 마르크스는 이 때문에 생겨나는 착취의 구조가 자본주의의 본질이며, 자본주의 사회에서는 끊임없는 자본 축적 경쟁과 기술 혁신이 일어날 수밖에 없다고 보았다.

기술 혁신은 좋은 것이 아닐까? 물론 발전된 기술은 생산성을 높이고 새로운 산업을 창출하지만 마르크스는 기술 혁신이 노동자를 해방시키는 수단이 아니라, 오히려 자본가가 더 적은 노동력으로 더 많은 이윤을 얻기 위한 도구로 이용된다고 보았다. 새로운 기계는 노동을 줄이기보다는 일부 노동자를 밀어내고 살아남은 노동자에게 더 많은 경쟁과 불안을 안기며, 기술이 발전할수록 실업자는 늘어나고, 이것이 다시 노동자의 협상력을 떨어뜨려 임금 하락으로 이어진다는 것이 그의 분석이었다.

마르크스가 보기에 기술은 결코 중립적이지 않았다. 그는 기술이 자본주의 체제 안에서는 특정한 방향으로, 그러니까 자본의 이익을 극대화하는 방향으로 움직인다고 주장했다. 따라서 그에게 중요했던 것은 자본가가 도덕적으로 악하기 때문에 자본주의가 몰락한다는 주장이 아니라, 자본주의 체제 자체가 스스로 몰락을 불러일으킬 수밖에 없는 구조를 가지고 있음을 증명하는 일이었다.

그런데 노동운동의 경전으로 떠오른 《자본론》은 〈공산당 선언〉과는 달리 길고 어려워서 처음부터 끝까지 정독한 사람이 극히 드물었다. 1868년, 독일의 경제학자 루요 브렌타노가 "인터내셔널"이라 불린 국제노동자협회의 간부 헤르만 융을 만났을 때의 일화가 그때의 상황을 비유적으로 묘사한다. 융은 자신이 지니고 있던 《자본론》을 보여주며 "이 책이 세상의 진리를 담고 있다"고 말했다. 그러나 브렌타노가 보니 책은 아직 뜯어지지 않은 새것이었다. 이에 융은 "책을 읽을 시간은 없고 마르크스가 무슨 말을 하는지는 그의 강연을 들어서 다 알고 있다"고 대답했다.

이 일화는 《자본론》이 단순한 연구서가 아니라 노동운동자들과 공산주의자들에게 지적 권위의 상징으로 기능했으며 읽히기보다는 존재한다는 사실만으로도 위력을 발휘한 책이었음을 알려준다. 이처럼 마르크스의 사상은 《자본론》으로 비로소 체계를 갖추게 되었고, 그의 사상은 《자본론》을 끝까지 정독한 소수의 학자보다 오히려 강연과 전단, 노동운동을 통해 대중에게 더욱 널리 퍼져나갔다.

반면 노동운동과 상관없는 보수층에서는 거센 반발을 불러일으켰다. 유럽 각국의 정부는 마르크스의 이론이 사회 질서를 무너뜨리고 혁명을 조장한다고 보아 탄압했고, 보수적인 지식인들은 망상이라며 비웃었다. 그럼에도 불구하고 마르크스는 '노동자 계급의 세계적 상징'으로 자리 잡아갔다. 그는 여전히 런던의 허름한 집에서 가난과 병

　　　　　　　　　　　　—————— 7장. 인류의 삶을 바꾼 기계의 시대

마에 시달렸지만, 그의 사상은 국경을 넘어 번역되고 토론되며 점점 더 넓은 세계 무대에서 영향력을 발휘했다. 산업화가 만들어 낸 거대한 변화와 모순 속에서 탄생한 그의 사상은 19세기와 20세기를 이해하는 핵심 언어 중 하나면서 중요한 사유의 축이 되었고, 이후 전 세계 정치와 사회 운동을 규정하는 하나의 좌표가 되었다.

✦

세계적 흐름이 된 산업화

산업화는 영국에서 시작되었지만 영국의 전유물로 남지는 않았다. 기차와 증기선, 무역망이 전 세계로 뻗어나갔고 기술과 자본, 노동조직도 국경을 넘어 유럽 대륙은 물론이고 아메리카와 아시아의 일부 지역으로 퍼졌다. 따라서 산업화는 한 나라의 경제적 성취에 머무는 사건이 아니라 전 세계의 경제 체제와 생활양식을 근본적으로 바꾼 거대한 전환의 시작이었다.

가장 먼저 영국의 뒤를 이은 나라는 벨기에였다. 리에주와 샤를루아를 잇는 새로운 산업지대에는 석탄과 철이 묻혀 있었고, 영국인 기술자와 기계가 합법과 불법을 가리지 않고 유입되었다. 이로 인해 벨기에는 유럽 대륙 최초의 공업국가로 부상했다. 프랑스의 행보는 조금 달랐다. 농촌 인구가 여러 지역에 흩어져 있었던 탓에 한 지역에 노동력과 소비 시장이 집중된 영국의 방식을 그대로 복제하기는 어려웠지만 각 지방마다 특화된 산업이 점진적으로 발전했다. 그래서 프랑스는 소규모 공방과 대공장이 공존하는 구조가 오랜 기간 유지되었다.

세계사적 관점에서 더 중요한 변화는 미국과 독일에서 일어났다. 19세기 중반 이후부터 본격적으로 시작된 미국과 독일의 산업화는 이미 산업화에 성공한 영국의 기술, 제도, 금융 시스템 등을 모방하거나 수입함으로써 시행착오를 줄이고 더 빠르게 궤도에 진입하는 후발주자의 이점을 누릴 수 있었다.

미국은 풍부한 자원과 거대한 내수시장을 발판으로 삼았다. 대륙을 가로지르는 철도망이 빠르게 건설되면서 서부의 곡물과 광물이 동부의 공장으로 흘러들었고, 이곳에서 생산된 제품은 다시 대륙 전역으로 퍼져나갔다. 여기에 이민자의 노동력이 유입되자 앤드루 카네기의 제강업, 존 록펠러의 석유산업, J.P. 모건의 금융업으로 대표되는 초대형 기업과 독점 자본이 탄생해 미국은 세계 경제의 중심으로 부상했다.

1871년이 되어서야 통일된 민족국가를 갖춘 독일은 또 다른 과정을 거쳤다. 1830~1840년대에 이 지역의 여러 국가가 정치적 통일에 앞서 관세동맹으로 우선 내수시장을 하나로 묶었고, 대학교와 기술전문학교에서 화학·물리학·공학 분야의 인재를 길러내 기업들에 보냈다. 또 독일은 영국에서 먼저 발전한 증기기관과 섬유산업 중심의 산업화를 부분적으로 수용한 채 강철과 화학, 전기 기술을 토대로 한 새로운 산업화로 곧장 진입했다.

7장. 인류의 삶을 바꾼 기계의 시대

제국주의, 문명화를 명분 삼은 폭력

영국에서 시작되어 유럽 대륙과 미국으로 확산된 산업화의 물결은 전에 없던 새로운 현상을 낳았다. 철도와 증기선이 원료와 상품을 국경 너머로 빠르게 실어 나르자 세계가 점차 하나의 거대한 시장으로 묶이기 시작했다. 각 나라는 더 많은 원료와 더 넓은 시장을 필요로 했고, 국내 수요만으로는 폭발적으로 증가한 생산력을 감당하기가 어려웠다. 결국 유럽의 강대국들은 아시아와 아프리카로 눈을 돌려 본격적인 식민지 쟁탈전에 나선다.

　확산된 산업화가 제국주의로 전환되는 결정적 계기이자 본격적인 식민지 경쟁의 출발점이 된 사건이 바로 독일의 총리 오토 폰 비스마르크가 주도한 1884~1885년의 베를린 회담이었다. 영국, 프랑스, 러시아, 오스트리아-헝가리, 이탈리아, 스페인, 포르투갈, 심지어 미국의 대표단까지 모인 이 회담의 만찬에는 진귀한 풍경이 연출되었는데, 이전까지 유럽의 일반적인 외교 행사에서 보기 힘든 식재료인 굴, 거북이, 연어 등으로 만들어진 요리들이 준비되어 있었다. 회담을 주도한 비스마르크가 이렇게 낯선 음식을 차린 데에는 이유가 있었다. 유럽 열강이 앞으로 어떻게 아프리카 대륙을 나눠서 식민지화할 것인지를 논의하는 자리의 성격에 맞게 세계 각지의 다양한 식재료를 준비했던 것이다. 참가국들은 1884년 11월부터 이듬해 2월에 이르기까지 열 번이나 공식적인 회담을 열어 아프리카의 미래에 관해 이야기했으나 정작 그 자리에 아프리카 대표단은 초대받지 못했다.

18세기 이전까지 유럽 국가들의 관심은 주로 아프리카 해안 지역에 머물렀고, 보급 문제와 말라리아 같은 풍토병 때문에 내륙 깊숙이 들어가지는 못하고 있었다. 그러나 19세기를 기점으로 상황이 바뀌었다. 새로운 지식을 이용해 말라리아에 어느 정도 대처할 수 있게 되었고, 증기선과 신식 무기가 발달해 내륙 깊숙한 곳까지 진입이 가능해졌기 때문이었다. 먼저 프랑스가 오늘날의 이집트와 알제리 지역에 군사 개입을 시도했고, 영국이 오늘날의 나이지리아와 가나를 포함해 아프리카 내륙으로 '진출'했다. 여기에 이탈리아, 독일 그리고 벨기에까지 가세하면서 아프리카는 거대한 경쟁의 땅으로 변했다.

독일의 비스마르크는 중립적 중재자를 자처하며 베를린 회담에서 유럽 강대국 사이의 이해관계를 조율하려 했다. 그러나 그 회담은 사실상 아프리카를 둘러싸고 경쟁 관계에 놓인 유럽 열강들의 욕심으로 준비된 자리였고, 각국은 이를 숨긴 채 공식적으로는 '문명화의 의무'라는 고상한 명분을 내세웠다. 아직 문명을 이루지 못한 아프리카 원주민을 교육하고 개화시켜 문명 세계에 편입시킨다는 것이었다. 이들의 논리에 따르면 원주민들은 오히려 유럽 문명에 감사를 표해야 했다.

이런 정당화는 학문적 외피까지 두르고 있었는데, 당시 유럽의 학자들은 유럽인의 우월성을 학문적으로 증명하려고도 했다. 예컨대 인종 간 두개골 크기를 비교해 우열을 따지거나 피부색과 지능 사이의 상관관계를 논하는 등 오늘날 보기에는 엉터리에 불과한 주장을

베를린 회담을 묘사한 프랑스 잡지 삽화

'과학'으로 포장했다. 이렇게 탄생한 '과학적 인종주의'는 유럽인의 우월성을 증명하는 근거이자 유럽의 아프리카 분할과 식민지 지배에 정당성을 부여하는 도구로 활용되었다.

✦

레오폴드 2세와 콩고의 비극

베를린 회담의 최대 수혜자 중 한 명은 벨기에의 왕 레오폴드 2세였다. 회담 참가국들은 아프리카 내륙에 '콩고 자유국'을 세우겠다는 그의 선언을 승인했다. 그러나 이름만 자유국이었을 뿐, 실제로 그곳은 레오폴드 2세 개인의 사유지였다. 그는 자신을 인도주의적 군주로 포장하며 아프리카 원주민을 문명으로 이끌겠다고 호언장담했지만, 현실은 정반대였다.

그런데 레오폴드 2세는 왜 갑자기 콩고에 관심을 보였을까? 콩고에서 생산되는 천연자원 고무 때문이었다. 산업화로 고무 수요가 폭발하자 그는 콩고에서 고무를 대량 생산할 계획을 세웠다. 결국 콩고 자유국의 모든 마을에 2주마다 생산해야 할 고무의 할당량이 부여되었고, 남성들이 고무를 가져올 때까지 그들의 아내나 가족 중 여성이 인질로 잡혔다. 만약 2주 안에 돌아오지 못하거나 할당량을 채우지 못하면 인질이 처형되었고 이에 저항해 반란을 일으키는 마을은 불태워졌다.

이렇듯 레오폴드 2세의 통치는 잔혹하기 그지없었다. 그는 이른바 '효율적' 통치를 위해 '총알 하나당 오른손 하나'의 원칙을 내세웠다. 이는 토착민 출신의 사병이 발포한 총알 수만큼 원주민의 오른손을 잘라와야 한다는 의미였다. 그는 손 대신 코를 잘라오라는 명령을 내리기도 했다. 이 명령에 따르지 않거나 실패한 병사는 처형되었다.

이것이 콩고 자유국의 일부 지역에서만 일어난 예외적 폭력이었을까? 그렇지 않았다. 약 2500만 명이었던 콩고 전역의 인구는 레오폴드 2세의 식민 통치를 겪은 뒤에 약 1500만 명으로 줄어들었다. 무려 1000만여 명이 학살된 것이다. 이는 그때까지의 역사상 유례없는 학살이었다. 오늘날 역사학자들은 콩고에서 일어난 학살을 근대 식민지사에서 일어난 가장 끔찍한 범죄로 꼽는다.

레오폴드 2세는 이렇게 채취한 고무로 막대한 경제적 이득을 취할 수 있었고, 그가 콩고 자유국의 통치를 위해 세운 위장형 주식회사의 주가는 수백 배가 넘게 뛰었다. 그러나 콩고에서 일어난 학살의 실상은 1900년대 초까지도 국제사회에 알려지지 않았다. 일부 선교사와 선박회사 직원들이 콩고로 향하는 선박에 교역품은 전혀 없고 무기만 가득 차 있는 것을 수상하게 여겨 조사를 벌인 끝에야 전말이 드러났고, 그제야 레오폴드 2세는 국제사회의 비판을 마주하게 된다. 그러나 그는 자신의 사유지였던 이 땅을 벨기에에 공식적으로 위임하는 정도로 물러설 뿐이었고, 콩고 원주민들은 계속해서 강제 노역에 시달렸다. 이 같은 콩고의 악몽은 비극적이게도 콩고 지역에서 고무나무 대부분이 벌목되고, 아시아와 카리브해를 비롯한 다른 지역에서 고무가 본격적으로 생산되기 시작한 1920년대가 되어서야 멈췄다.

✦

산업화를 어떻게 바라볼 것인가

인류는 산업화로 기계와 공장이 중심이 된 세상을 살아가게 되었다. 그 변화는 이전까지 상상할 수 없었던 풍요를 가져다주었고, 인류의 생활 방식을 송두리째 바꾸었다. 그러나 산업화의 빛이 밝게 드리워진 만큼 노동 착취와 제국주의의 폭력이라는 그림자도 짙어졌다. 증기기관차가 보급되면서 누군가는 이전에는 불가능했던 여행을 즐기게 되었지만 또 다른 누군가는 그 기차를 달려가게 하기 위해 강제로 노동해야 했다. 증기기관의 바퀴는 사람들의 삶을 편리하게 바꾸는 동시에 저 멀리 아프리카의 마을도 불태웠다.

산업화는 기술 혁신이나 경제 성장만으로 설명되는 사건이 아니었다. 인류가 만들어 낸 위대한 성취이자 번영과 착취가 공존하는 인류사의 근본적인 모순을 드러낸 역사적 사건이었다. 그리고 그 파장이 오늘날까지 이어져 우리가 현재 누리는 풍요로운 소비 사회의 토대를 마련해 주는 한편, 인류의 생존을 위협하는 환경 파괴와 기후변화라는 문제도 싹트게 했다.

산업화는 시간을 느끼고 삶을 살아가는 방식도 바꾸어 놓았다. 전근대 사회에서는 대체로 할아버지의 삶과 아버지의 삶 그리고 손자의 삶이 크게 다르지 않았다. 이들 모두 봄이 오면 씨를 뿌리고, 여름에 농사를 짓고, 가을에는 추수하고, 겨울에는 다시 봄이 찾아오기를 기다렸다. 그렇기에 삶에서 어떤 문제가 발생하면 나이 많은 이를 찾아가 조언을 구했다. 그가 이미 비슷한 문제를 겪어봤을 확률이 높기 때문이었다.

독일의 역사학자 라인하르트 코젤렉은 이를 '경험공간'과 '기대지평'이라는 절묘한 개념으로 포착해 설명했다. 전근대 사회에는 한 인간이 겪어온 경험의 공간과 앞으로 예측할 수 있는 기대의 지평이 대체로 겹쳐 있었기에 과거의 경험이 다가올 미래의 삶을 예측하는 데 유효했다는 것이다. 조상 세대가 겪은 농사법과 생활 방식을 자식 세대도 그대로 적용했고, 과거의 기억과 전통은 미래를 준비하는 지혜

 ———— 7장. 인류의 삶을 바꾼 기계의 시대

가 되었다. 그래서 코젤렉은 산업화 이전 전근대인의 미래를 '지나간 미래'라고 불렀다. 전근대인이 바라본 미래란 아직 오지 않은 낯선 시간이 아니라, 이미 수없이 반복되어 온 과거의 연장이었기 때문이다.

그러나 산업화 이후 상황이 달라졌다. 농사를 짓던 할아버지와 일자리를 찾아 도시 공장으로 떠난 아버지의 삶은, 마음으로는 이어져 있었을지 몰라도 경제적으로나 사회적으로 전혀 다른 세계에 속했다. 아버지 세대가 살아낸 경험은 이제 자식 세대에게 기준이 될 수 없었다. 아버지가 경험한 공장 노동의 세계가 자식에게는 전신주와 전기, 철도망이 연결된 또 다른 풍경으로 바뀌었기 때문이다.

이제 과거의 경험은 더 이상 미래를 설명하지 못했다. 산업화가 만들어 낸 변화의 속도가 너무나 빨라서 아버지가 겪은 삶이 아들에게는 더 이상 길잡이가 되지 못하는 시대가 열린 것이다. 코젤렉은 이러한 '경험공간과 기대지평의 분리'를 근대 사회의 핵심 특징으로 보았고, 바로 이것이 근대인의 삶에 근본적인 불안과 긴장을 만들어 냈다고 지적했다.

경험공간과 기대지평이 분리된 구조는 오늘날까지도 지속되고 있다. 21세기를 살아가는 우리 역시 불과 한 세대 전만 해도 상상하기 어려웠던 세계 속에 살고 있다. 부모 세대가 겪은 삶과 노동의 경험이 자식 세대에 이르러서 스마트폰과 인터넷, 인공지능 같은 전혀 다른 기술 환경 속에서 다시 정의되고 있다. 또한 20년 전만 해도 생소했던 기술이 이제는 일상의 기반이 되었고, 심지어 몇 년 전의 경험조차도 지금을 설명하지 못하는 경우가 많다. 경험공간과 기대지평의 간극은 더욱 넓어지고 있으며, 이는 산업화가 만들어 낸 거대한 변화가 여전히 현재에 영향을 주고 있음을 보여준다.

그렇다면 우리는 산업화를 어떻게 평가해야 할까? 인류에게 풍요와 진보를 안겨준 위대한 전환점으로 보아야 할까, 그렇지 않으면 끝없는 착취와 폭력, 불안과 모순을 낳은 기원으로 보아야 할까? '산업화가 남긴 성취와 그림자를 어떻게 함께 직시할 수 있는가?'라는 물음은 오늘의 우리에게 피할 수 없는 질문으로 남아 있다. 그리고 이 질문의 답은 같은 시기 또 다른 차원에서 인간 사회의 정치와 제도를 뿌리부터 뒤흔든 프랑스혁명을 나란히 놓고 생각할 때 더욱 선명해진다.

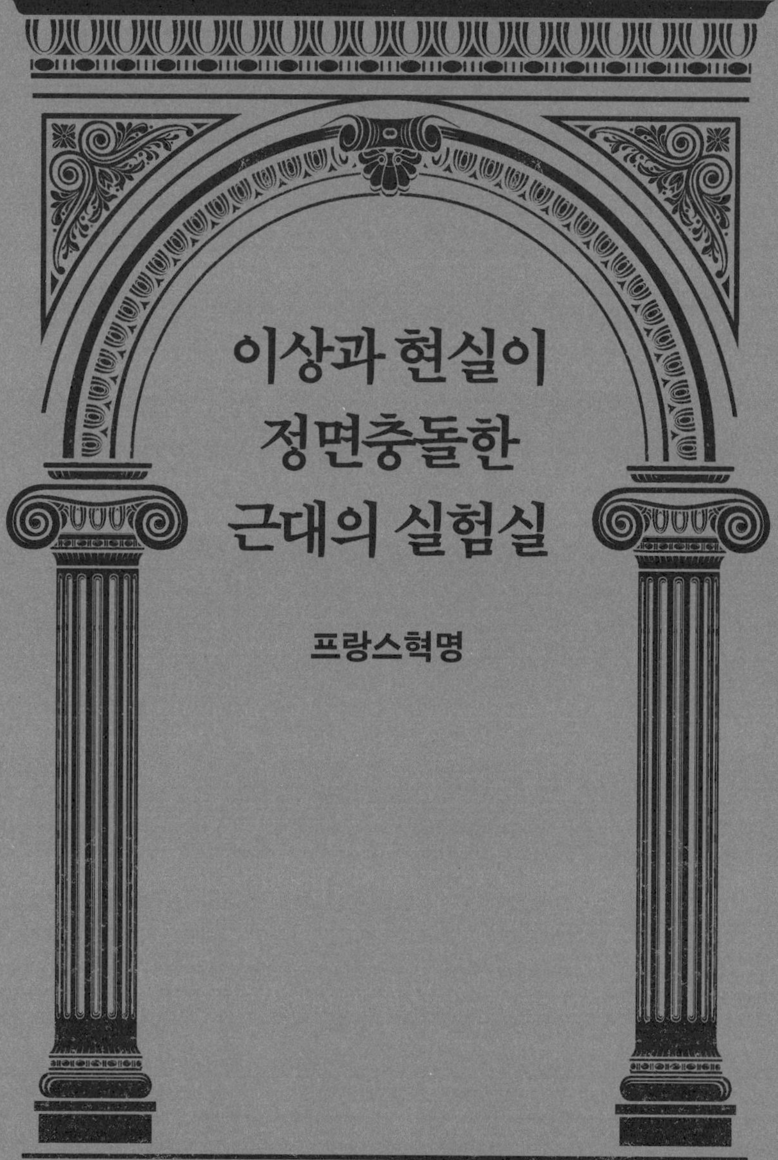

이상과 현실이 정면충돌한 근대의 실험실

프랑스혁명

불과 250년 전만 해도 '국가의 지도자를 어떻게 뽑아야 할까', '국민이란 누구인가'는 아직 정해지지 않은 문제였다. 그렇다면 지금의 우리가 당연하게 여기는 투표로 지도자를 뽑는 제도, 누구나 법 앞에 평등해야 한다는 믿음, 언론의 자유, 시민의 권리 같은 것들은 언제 어디에서 비롯되었을까?

그 기원을 추적하다 보면 1789년 프랑스에서 일어난 거대한 사회적 격변, '프랑스혁명'에 도달하게 된다. 왕과 귀족의 권력을 뒤흔들며 시민이라는 존재를 각인시킨 이 혁명은 단지 왕이 폐위되고 새로운 정부가 들어선 변화에 그치지 않았다. 불과 10년의 혁명 기간 동안 한 나라 안에서 입헌군주제, 공화정, 공포정치, 그리고 군사독재에 이르기까지 이후 200년간 세계 곳곳에서 등장하게 될 거의 모든 근대 정치 체제가 차례로 나타나 검증을 거치고 사라지거나 수정되었기 때문이다.

그 과정에서 다양한 계층의 이해관계가 충돌했고, 이념과 현실이 맞부딪쳤다. 그런 의미에서 프랑스혁명은 '근대의 실험실'이라 불리기도 한다. 그렇기에 지금의 세계를 만든 정치적 질서가 어떤 역사적 맥락 속에서 등장했는지 이해하려 한다면, 프랑스혁명이라는 실험의 현장으로 들어가 보지 않을 수 없다.

✦

위기의 프랑스, 삼부회를 소집하다

프랑스혁명이 발발하기 직전인 1780년대 후반, 프랑스는 거듭된 전쟁으로 인해 어려운 상황에 놓여 있었다. 당시 유럽 내의 패권을 두고 경쟁하던 라이벌 영국을 견제하기 위해 7년 전쟁과 미국독립전쟁에 참전했지만, 큰 이득을 거두지 못하고 막대한 전쟁 비용만 떠안게 되어 빚더미에 올라 있었기 때문이었다. 게다가 주로 시민들로부터 세금을 거둬서 전쟁 자금을 충당한 영국과 달리 프랑스는 돈을 빌려서 전쟁을 벌였기 때문에 늘어난 빚은 더욱 뼈아프게 다가왔다. 설상가상으로 연이어 흉년이 들어 프랑스인 대다수가 당장 먹고사는 문제에 있어서 큰 어려움을 겪었고, 길거리에서 아사하는 이도 심심치 않게 볼 수 있는 암울한 상황이 이어졌다.

이러한 위기 속 또 다른 쪽에서는 새로운 변화의 조짐이 일고 있었는데, 계몽주의 사상이 확산되면서 정부 운영에 대한 비판 의식을 갖춘 지식인들이 늘어나기 시작한 것이다. 그들은 주로 카페나 살롱 또는 독서 클럽에서 교류하며 새로운 지식을 주고받았고, 토론은 사회와 정치의 문제로 이어지고는 했다. 지식인이 모이는 곳에는 항상 사회 현안을 전하는 신문이 마련되어 있었고, 지식인들은 신문을 돌려 읽으며 프랑스 정부가 무엇을 잘못하고 있는지 논의하고 비판했다. 이들은 지나치게 많은 빚에 시달리게 된 프랑스 정부를 "구체제(앙시앵 레짐)", 즉 낡은 체제로 부르기 시작했다.

     8장. 이상과 현실이 정면충돌한 근대의 실험실

그렇다면 이렇게 경제적 어려움이 깊어지고 사회 전반의 불만이 고조되던 상황에서 프랑스의 왕 루이 16세는 어떤 선택을 했을까? 그는 관료들과 논의한 끝에 일반 시민뿐 아니라 귀족에게도 세금을 부과하기로 한다. 당시 프랑스 사회에서 귀족과 성직자는 세금 납부 의무를 면제받고 있었기 때문에 루이 16세는 귀족들을 소집해 조세제도 개혁에 관해 이야기하려고 했다. 그러자, 귀족들은 "조세에 관한 사항은 모든 신분이 참가한 삼부회에서만 논의할 수 있다"고 주장했다. 삼부회는 프랑스 사회를 구성하는 세 가지 신분, 성직자, 귀족 그리고 제3신분으로 불린 평민이 모인 프랑스의 신분제 의회였는데, 1614년 이후 한 번도 열리지 않았을 정도로 사실상 사문화된 회의체였다.

프랑스 귀족들은 왜 루이 16세의 요구에 맞서 삼부회 소집을 고집했을까? 삼부회가 소집되면 루이 16세의 의지를 꺾고 자신들의 뜻을 관철할 수 있을 것이라고 믿었기 때문이다. 이 믿음은 삼부회의 투표 방식에서 비롯되었다. 삼부회에서는 신분별로 한 표씩 투표할 수 있었는데, 어떠한 안건에 대해서 각 신분의 대표 한 명이 투표한 뒤에 다수가 표결한 쪽이 승리하는 방식이었다.

그런데 성직자와 귀족 신분은 사회적·경제적으로 밀접하게 연결되어 있었기 때문에 사실상 비슷한 이해관계를 공유하고 있었다. 그러니까 성직자와 귀족 신분이 연합해 조세개혁에 반대표를 던지면, 제3신분이 어떻게 투표하든지 상관없이 루이 16세의 계획을 무너뜨릴 수 있었던 것이다. 이런 이유에서 루이 16세가 귀족들의 요구에

어쩔 수 없이 175년 만에 삼부회를 소집할 때까지만 해도 귀족들은
승리를 확신하고 있었다.

테니스 코트에 울려 퍼진 제3신분의 선언

루이 16세가 삼부회 소집을 명령하자 각 신분은 그들의 대표를 뽑기
위한 선거를 실시했다. 하지만 당대 지식인들의 눈에는 삼부회의 표
결 방식 자체가 부당해 보였다. 신분별로 한 표씩만 행사할 수 있는데
성직자는 약 10만 명, 귀족은 약 40만 명이었던 데 반해 제3신분은
무려 약 1000만 명에 달했기 때문이다. 전체 인구의 대다수를 차지하
는제3신분에게 표는 똑같이 한 표만 주어지니 비합리적이라 생각한
것이다.

그리고 귀족과 성직자와는 다르게 제3신분은 단일한 집단이 아니
었다. 제3신분을 이루는 인구 대다수가 농민이었지만 그들의 대표로
선출된 의원들은 변호사, 부유한 상인, 지주였다. 이들은 카페와 살롱
에서 이미 당시 정치 체제에 대한 불만을 주고받고 있었기 때문에 삼
부회 참여를 공개적으로 불만을 표출할 기회로 여겼다.

1789년 5월 5일, 베르사유 궁전에서 삼부회가 개회하자마자 제
3신분의 대표단은 곧바로 표결 방식을 문제 삼았다. 이전처럼 성직자
와 귀족이 연합하면 제3신분은 들러리 노릇을 할 수밖에 없으니 "신
분별 표결이 아니라 이곳에 모인 모든 대표가 한 표씩 행사해야 한

1789년 5월 5일에 열린 삼부회 개회식

다"고 주장했다. 이 요구에 귀족들은 어떤 반응을 보였을까? 당연하게도 딱 잘라 거절했다. 결국 삼부회가 소집되고 한 달이 넘도록 표결 방식에 관한 논쟁이 이어져, 정작 삼부회가 소집된 이유인 조세개혁은 논의조차 되지 못했다.

제3신분의 대표들은 귀족들이 계속해서 자신들의 요구를 거부하자, 역사의 흐름을 바꿀 과감한 선택을 감행한다. 삼부회로부터 독립해 스스로를 프랑스 국민 전체를 대표하는 "국민의회"라 칭한 것이다. 국민의회를 자처한 제3신분의 대표들은 귀족과 성직자 신분의 대표들에게도 국민의회에 참가하라고 요구하고, 그들이 참가하지 않더라도 국민의회는 계속될 것이라고 밝혔다.

그렇다면 이 소식을 들은 루이 16세는 어떻게 대응했을까? 그의 입장에서 이전까지 존재하지도 않았던 국민의회를 주장하는 제3신분 대표단의 행동은 왕의 권위를 부정하는 도전으로 볼 수밖에 없었다. 분노한 루이 16세는 제3신분 대표단이 모이기로 한 건물을 폐쇄해 버렸고, 이에 제3신분 대표단은 같은 해 6월 20일에 베르사유 궁전 인근의 테니스 코트에 모였다. 그리고 그곳에서 이렇게 서약했다. "프랑스 왕의 자의적인 통치를 억제할 수 있는 헌법이 프랑스에 생길 때까지 해산하지 않겠다."

그렇게 탄생한 '테니스 코트의 서약'은 정치적 항의로서만 기능한 것이 아니라 제3신분이 처음으로 '시민'이 주권의 근원이라고 선언한 의미를 지녔다. 왕의 절대적 권위 아래에 있던 신민들이 자신들을 국가의 주체로 자각한 테니스 코트의 서약은 프랑스혁명의 방향을 결정짓는 중요한 도화선이 된다.

그 순간, 예상치 못한 장면이 펼쳐졌다. 성직자 신분의 대표들 중 일부가 국민의회에 합류한 것이다. 그들은 비교적 하위 서열에 속해 낮은 보수와 과중한 업무에 시달리는 동시에 지금의 정치 상황을 비판하는 제3신분의 문제의식에 공감하고 있었기에 국민의회로 발걸음을 옮겼다. 성직자들까지 국민의회에 참여하자, 루이 16세와 귀족들도 일단은 국민의회를 인정할 수밖에 없었다. 이에 국민의회는 프랑스에 헌법을 도입하겠다는 목표를 밝히며 이름을 '국민제헌의회'로 바꾸고 헌법 제정을 위한 준비를 시작했다.

✦

바스티유의 함락, 시민이 분노하다

한편 베르사유 궁전 근처에서 이처럼 상황이 긴박하게 흘러갈 무렵, 바로 옆 파리의 분위기 역시 심상치 않았다. 어려운 경제 상황과 거듭된 흉년으로 파리 시민들의 삶이 극도로 궁핍해지면서 기존 정치 체제를 향한 시민들의 불만은 임계점에 도달해 있었다. 그래서 시민들은 베르사유에서 삼부회가 열린다는 소식을 들었을 때, 그곳에서 벌어지는 일에 많은 관심을 보였다. 이들은 제3신분의 대표단과 국민제헌의회를 열렬히 지지하는 한편, 머지않아 왕과 귀족이 국민제헌의회를 무력화할 것이라고 의심했다.

그리고 얼마 지나지 않아 이런 의심이 확신으로 바뀌는 사건이 발생한다. 루이 16세가 고용한 용병 부대가 베르사유와 파리 시내로 진군하려 한다는 소문이 돌기 시작한 것이다. 소문을 듣고 분노한 시민들은 7월 14일, 프랑스 왕권의 상징과도 같았던 바스티유 감옥을 습격했다. 이 때문에 7월 14일은 프랑스혁명을 상징하는 날로 자리 잡았다. 프랑스가 지금까지도 7월 14일을 국경일로 정해두고 있다는 사실은 이 사건이 프랑스인들에게 얼마나 깊은 영향을 미쳤는지를 보여준다.

그런데 여기에는 소소한 역사의 반전이 숨어 있다. 파리 시민들이 바스티유 감옥을 습격했을 당시 루이 16세는 이 감옥을 그다지 중요하게 여기지 않았다. 왕권의 상징으로 여겨지기는 했지만, 수감되어

〈바스티유의 함락〉, 작자 미상, 1789년

있던 사람이 열 명이 채 안 되었을 정도로 바스티유 감옥은 방치되어 있었다. 그럼에도 바스티유 감옥 습격 사건이 오늘날까지 중요하게 이야기되는 이유는 혁명 이후 이 습격이 왕에게서 국민제헌의회로의 권력 이동을 정당화하는 근거가 되어주었기 때문이다. 죄수를 석방하고 무기를 탈취하는 것으로는 당시 왕권에 큰 타격을 주지 못했지만, 그런 실질적인 성과보다 역사를 기억하는 데 있어서 상징과 집단 기억, 그리고 의미 부여가 얼마나 중요하게 작동하는지를 알려준다.

시민들이 무력으로 바스티유 감옥을 습격하는 모습을 지켜본 귀족들의 심정은 어땠을까? 많은 귀족이 매우 큰 두려움과 불안감에 휩싸였다. 위협을 느끼고 프랑스를 떠나 외국으로 망명하는 이들도 생겨났다. '망명귀족'이라 불리게 된 이들은 이후 프랑스혁명이 일어날 때 외세와 손잡고 중요한 반혁명 세력으로 활동하게 된다. 그러나 당장의 현실에서는 귀족들과 루이 16세가 위축될수록 힘의 무게추가 시민들과 국민제헌의회로 옮겨갔다.

바스티유 감옥 습격 사건 이후, 이제 혁명은 거리에서의 저항에 머물지 않았다. 왕정에 대한 저항을 넘어 사회 전반의 제도를 재편하려는 본격적인 정치혁명으로 나아가기 때문이다. 시민들의 지지를 등에 업은 국민제헌의회는 구체제를 상징하는 일련의 악습을 철폐하기 위한 역사적 조치를 취하기 시작한다.

그 결과 귀족들이 가지고 있던 여러 특권과 교회가 거두던 십일조, 중세 유럽의 상징 '농노제'와 '봉건제'도 폐지됐다. 신분에 따른 공직 제한 역시 사라졌다. 신분에 상관없이 만인이 법 앞에 평등하다는 원

칙과 모든 사람이 조세의 부담을 동등하게 져야 한다는 원칙도 선언
되었다. 이제 국민제헌의회는 새로운 질서를 세우는 데 필요한 주도
권을 손에 넣은 듯했다.

국민제헌의회의 의원들은 한 걸음 더 나아가 1789년 8월 26일,
오늘날 널리 알려진 〈인간과 시민의 권리 선언〉을 발표했다. 계몽주
의 철학과 미국 독립선언문의 정신을 이어받은 이 선언문의 첫 번
째 조항은 이렇게 시작한다. "모든 인간은 평등하고 자유롭게 태어났
다." 또한 왕의 권한이 신으로부터 비롯된다는 왕권신수설에 대항해
서 "모든 주권은 국민으로부터 나온다"는 원칙도 밝혀두었다. 여기에
"개인의 자유는 오직 타인에게 해를 끼칠 경우에만 법률로 제약할 수
있다"는, 시민사회의 질서를 떠받치는 핵심 원칙도 제시했다. 이 원칙
들은 전부 현대 사회의 기반을 이루며, 지금까지도 그 의미를 잃지 않
고 있다.

그러나 당시에는 이러한 선언이 즉시 현실의 제도로 구현된 것은
아니었다. 많은 논의가 필요한 헌법 역시 아직 제정되지 못했다. 그렇
지만 지금까지의 모든 과정이 삼부회가 소집된 지 불과 세 달 남짓 동
안 일어났다는 사실은 프랑스인들이 마주한 세계가 얼마나 빠르게
변하고 있었는지를 생생히 보여준다.

숨 가쁘게 일어난 프랑스혁명의 초기 과정을 찬찬히 되돌아보면,
혁명의 시작에 아이러니가 숨어 있다는 사실을 눈치챌 수 있을 것이
다. 혁명의 계기를 마련한 삼부회 소집이 귀족들이 자신들의 이해관
계를 보호하기 위해 벌인 일이었기 때문이다. 귀족들이 세금 면제라

　　　　　—————— 8장. 이상과 현실이 정면충돌한 근대의 실험실

는 특권을 유지하기 위해 내린 선택이 스스로를 몰락의 길로 내모는 정반대의 결말을 이끌었다.

✦

도주 시도 후 추락한 왕의 권위

모든 인간이 평등하고 자유롭게 태어났다고 선언되었지만 세상은 하루아침에 달라지지 않았다. '모든 인간'이라는 말 속에 사실은 많은 사람이 빠져 있었다. 예를 들어 선거와 같은 국가의 중대한 결정에 모든 시민이 동등하게 참여할 수는 없었다. 여성에게는 참정권이 주어지지 않았고 남성에게도 재산에 따라 참정권에 제약이 가해졌다. 프랑스혁명을 이끈 이들은 시민을 능동시민과 수동시민으로 구분하고, 능동시민에게만 온전한 참정권을 부여했다. 이 능동시민에 속하기 위해서는 당시 노동자가 받는 평균 임금의 3일 치가 넘는 금액을 매년 세금으로 낼 수 있어야 했는데, 그 결과 약 40퍼센트의 남성 시민이 완전한 참정권을 누리지 못했다. 게다가 직접 선거에 출마하려면 더 많은 재산이 있어야 했다. 이렇듯 프랑스혁명이 내세운 보편적 인권의 이상은 시대를 앞섰지만 현실에 적용될 때는 시대적 한계를 벗어나지 못했다.

국민제헌의회의 또 다른 중요한 과제는 의회의 설립 목적인 헌법을 제정하는 것이었는데, 사실 헌법을 제정할 임무를 맡은 의회의 의원 모두가 급진적인 혁명가는 아니었다. 제3신분에 속하기는 했어도 그들 대다수가 부유한 자들이었기 때문에 신분제를 무력화하고 보편적 인권을 선언하는 등 이제까지 이루어 낸 성과에 만족하고 혁명이 더 급진화되는 것을 원치 않는 의원들도 있었다. 그들은 루이 16세가 여전히 자리를 지키면서 왕과 의회, 시민 사이에 적당한 견제와 균형이 유지되기를 바랐다.

이러한 이유로 1791년 새로운 헌법이 논의될 때, '급진적 혁명파'와 '반혁명파' 모두가 새 헌법에 만족하지 못하는 일이 일어났다. 새 헌법에 따르면 왕은 더 이상 법을 초월해서 존재하지 않고 국민과 법에 충성해야 했고, 프랑스는 입헌군주제 국가로 새로운 출발을 해야 했다. 이에 일부 시민은 왕정이 여전히 유지되고 재산에 따라 시민 사이에 권리의 차등이 생긴다는 사실을 납득하지 못했고, 루이 16세는 자신의 권력을 제한하려는 혁명 세력을 못마땅하게 여겼다. 그렇게 혁명은 또다시 새로운 긴장의 국면으로 접어들고 있었다.

그해 6월 20일, 시민들을 결정적으로 자극하는 사건이 벌어진다. 루이 16세가 가족과 함께 프랑스에서 몰래 도망치다가 시민들과 국경 수비대에게 발각되어 붙잡힌 것이다. 루이 16세는 도주가 성공할 줄 알고 미리 발표문을 남겨놓기까지 했다. 이 발표문에는 혁명이 초래한 무질서에 대한 가차 없는 비난이 담겨 있었다.

사실 이 사건이 일어나기 전까지만 해도 시민 중에는 평생 왕으로 섬긴 루이 16세에 유보적이거나 호의적인 입장을 취하는 이들이 많았다. 경제난으로 살기가 어려워지면서 왕에게 불만은 품었지만, 왕의 존재를 당연하게 여기는 사회에서 인생의 대부분을 살았기 때문

 ———— 8장. 이상과 현실이 정면충돌한 근대의 실험실

에 왕을 부정하는 일이 쉽지 않았던 것이다. 프랑스혁명이 시작되고 새로운 헌법을 도입하면서 왕정을 폐지하지 않고 루이 16세에게 일정한 권력을 남겨놓은 것도 이러한 맥락 때문이었다.

하지만 이제 상황이 달라졌다. 혁명을 비난하는 글을 남겨놓고 도망치려던 루이 16세의 도주 시도는 여론이 극도로 악화하는 결과를 낳았다. 그리고 마치 포로처럼 붙잡혀 온 왕의 모습은, 이성적으로는 비판해도 평생 왕정을 경험하면서 무의식적으로 군주의 권위에 익숙해져 있던 사람들에게 큰 충격을 안겼다. 왕의 권위가 공개적으로 추락하자 혁명가들 사이에서는 왕정을 종식하고 공화정으로 이행해야 한다는 논의가 이루어졌다. 헌법을 완성한 국민제헌의회가 해산을 선언하고 그 이후 헌법에 따라 새로 구성된 '입법의회'의 결정에 따라, 같은 해 10월에는 의회의 결정에 따라 왕이 입장하거나 말할 때 의원들이 모자를 계속 쓰고 있거나 자리에서 일어나지 않아도 되게 되었다. 이러한 일이 가능해질 정도로 루이 16세의 권위는 산산조각 났다. 공식적으로 왕은 여전히 존재했지만, 왕이 지닌 권위와 권력은 사라지고 있었던 셈이다.

✦

주변 국가의 개입과 급진파의 부상

이렇게 프랑스의 정치적 상황이 급변하고 있을 때, 이웃 국가들은 프랑스에서 벌어지는 일을 어떻게 받아들이고 있었을까? 프로이센과 신성 로마 제국 같은 왕조 국가의 왕에게 이입해 본다면, 프랑스에서 벌어지는 일이 자신의 왕권까지 위협할 수 있는 중대한 사건으로 느껴졌을 것이다. 또 프랑스혁명의 영향력이 자국으로 넘어올 것을 우려해 혁명의 불씨를 초기에 뿌리 뽑아야 한다고 생각했을 것이다. 실제로 당시 이웃 국가의 군주들은 프랑스혁명가들에게 경고하고 전쟁 준비에 돌입했다.

프랑스혁명가들이라고 해서 이웃 국가의 이런 속내를 모를 리 없었다. 급진적인 혁명가들은 외국이 공격해 오기 전에 선제공격을 하자고 말했다. 이들은 자유를 지키기 위해 전쟁에 임할 프랑스 시민들이 그저 돈을 받고 고용된 것일 뿐인 외국의 군대를 상대로 싸우면 승리할 수밖에 없다고 주장했다. 그리고 일단 승리하게 되면, 이 승리가 혁명의 물결이 더 거세지게 하는 결과를 낳을 것이라 예상했다.

결국 1792년 7월 11일, 입법의회는 전쟁 위협과 급진적인 여론의 요구에 대응해 '조국이 위험에 처해 있다'라는 구호와 함께 사실상 계엄령을 선포하기에 이른다. 다른 나라의 왕이 왕정이라는 제도를 지키기 위해 프랑스를 상대로 전쟁을 벌이려 한다는 사실을 알게 된 루이 16세는 어떻게 행동했을까? 그는 겉으로는 프랑스를 지키기 위한 전쟁을 지지했지만 속으로는 다른 계산을 하고 있었다. 프랑스가 외국과의 전쟁에 휘말리면 패배할 것이라고 믿었고, 그 패배로 혁명이 종식될 것이라고 기대한 것이다. 그러나 루이 16세의 이러한 속내는 그가 오스트리아와 몰래 연락을 주고받다가 금세 들통나게 되었고, 결과적으로 외국과의 전쟁이 격화될수록 루이 16세에 대한 국민의 반감은 더욱 심해졌다.

막시밀리앙 드 로베스피에르를 비롯해 앞으로 프랑스혁명에서 중요한 역할을 맡게 될 급진파 인사들은 루이 16세의 퇴위를 주장했고, 안팎의 혼란이 심화되자 프랑스 각지에서는 각종 폭력 사태가 벌어졌다. 의회의 권력은 사실상 파리 시민들이 만든 모임으로 옮겨갔고, 시민들이 주도하는 '혁명위원회'가 등장했다. '공포정치'의 상징이 되는 로베스피에르, 대중 선동에 능한 조르주 당통, 인민의 복수를 외친 급진적 언론인 장 폴 마라를 포함해 288명이 참여한 혁명위원회는 "우리야말로 혁명의 진정한 정신을 대표한다"고 주장하면서 입법의회의 무력화를 정당화했다. 그런 가운데 새로운 의회, '국민공회'를 만들기 위해 치러진 선거에서 로베스피에르가 의원으로 당선되었고, 의회 안에서 그를 지지하는 급진파의 영향력이 빠르게 커져갔다.

급진파는 불만족스러웠던 1791년의 헌법을 폐지하고, 1793년에 더욱 평등한 원칙에 기반한 새로운 헌법을 제정했다. 그들에게 새 헌법은 혁명이 처음부터 꿈꿔온 '자유와 평등'의 이상을 법으로 실현하려는 시도였다. 이 헌법은 재산에 따른 차등을 두었던 이전의 선거제도를 폐지하고 모든 남성 시민이 동등하게 투표할 수 있는 보통선거제도를 택했으며, 종교와 언론의 자유를 인정하는 등 보다 진일보한 민주주의에 기반하고 있었다. 그러나 외국과 전쟁 중이라는 특수한 상황 때문에 즉시 시행되지 못하고 전쟁 이후로 그 실행이 미뤄졌다. 이후에는 정세가 또다시 급변하면서 실현되지 못한 채 폐기된 비운의 헌법으로 남았다. 그러나 나중에 1848년 유럽 전역에 혁명이 일어날 때, 그리고 1871년 프랑스가 다시 공화정으로 돌아갈 때 이 헌법이 중요한 이정표 역할을 했다.

✦

왕의 처형으로 분열되는 민심

한편 루이 16세는 점점 거세지는 시민들의 요구에 결국 1792년 9월, 왕의 자리에서 물러나게 됐다. 그러나 루이 16세가 전쟁 상황에서 외국으로 망명한 귀족들과 비밀리에 연락을 주고받은 일이 발각되면서, 점점 많은 사람이 "루이 16세가 국가를 배반한 것이나 다름없으며 귀족들과 밀통한 책임을 물어 사형에 처해야 한다"고 주장하기 시작했다. 로베스피에르는 루이 16세를 두고 어떤 태도를 취하느냐가 곧 혁명을 지지하는 자와 그렇지 않은 자를 가른다고 말함으로써 많은 이가 그의 처형에 동의할 수밖에 없도록 만들었다.

1793년 1월, 운명의 시간이 다가왔다. 의회는 루이 16세를 두고 '사실상의 재판'을 열었다. 루이 16세는 '자유에 대한 음모'를 꾸민 죄로 기소되었고, 718명의 의원 중 673명의 찬성을 얻어 유죄를 선고받았다. 이어서 그를 '사형'에 처해야 하는가를 두고 표결이 이루어졌는데, 참석한 의원 721명 중 387명이 찬성표를, 334명이 반대표를 던졌다. 이는 루이 16세의 유죄 여부에 대해서는 폭넓은 찬성 여론이 있었지만 그를 사형시켜야 할지에 대해서는 찬반 의견이 팽팽하게 갈렸다는 사실을 보여준다. 마지막 쟁점은 사형을 '즉시' 집행할 것

콩코르드 광장 단두대에서 처형된 루이 16세

인가였다. 결과는 361대 360. 단 한 표가 루이 16세의 운명을 결정지었다. 그로부터 이틀 후, 죄인 루이 16세는 프랑스 시민들이 지켜보는 가운데 단두대로 걸어갔다. 오늘날 프랑스 파리를 여행하는 이들이 즐겨 찾는, 샹젤리제 거리의 끝자락에 있는 콩코르드 광장이 루이 16세의 사형이 집행된 장소다.

왕까지 처형함으로써 프랑스는 구체제의 잔재로부터 완전히 결별한 것처럼 보였다. 그러나 표차의 아슬아슬함에서도 엿볼 수 있듯이, 왕을 처형한 결정은 혁명에 대한 반감을 키우는 결과를 낳았다. 해외로 떠나는 귀족과 성직자의 수는 점점 늘어났고, 혁명에 유보적인 입장을 가지고 있던 이들 중 상당수가 왕까지 처형한 것은 너무 과한 조치가 아니었나 하는 생각을 품었다. 이제 프랑스 내부는 혁명을 지지하는 진영과 지지하지 않는 진영으로 나뉘게 되었다. 이전까지는 혁명에 별다른 생각이 없거나 나와 다르게 생각하는 이와 공존할 수 있는 여지가 있었다면, 앞으로는 혁명을 대하는 태도에 있어서 다른 생각을 가진 상대를 이해할 여지가 극히 줄어들었다.

✦

귀족 편에 선 방데의 농민들

극단으로 치달은 혁명의 여파는 프랑스 내부뿐 아니라 국제관계에도 번졌다. 왕을 처형함으로써 프랑스는 외교적으로도 돌아올 수 없는 강을 건넌 셈이었다. 만약 여러분이 이 시기 이웃 국가의 왕이었다면 루이 16세가 결국 처형당했다는 소식을 듣고 어떻게 반응했을까? 아마도 '왕까지 처형한 프랑스혁명의 물결이 우리나라로 퍼지지는 않을까' 하며 이전보다 더 깊이 우려했을 것이다. 그런 가운데 프랑스에서는 왕정이 폐지된 뒤 새로 수립된 국민공회, 이른바 '혁명 정부'가 외국과의 관계가 되돌리기 어려울 정도로 악화하고 있음을 자각하고 있었다. 그래서 루이 16세를 처형한 지 얼마 지나지 않은 1793년 2월 1일에 혁명 정부는 영국과 네덜란드에 선전포고를 단행했다.

프랑스혁명가들은 왜 먼저 선전포고까지 하면서 외국과 전쟁을 벌였을까? 표면적인 명분은 자국에서 일어난 혁명을 외세의 간섭으로부터 보호하고, 구체제로 억압받는 다른 민족들에게 자유, 평등, 박애를 필두로 한 혁명의 이념을 전파하기 위함이었다. 그러나 그 속에는 전쟁을 통해 영토를 확장하려는 야욕도 분명히 존재했다. 프랑스 혁명가들은 유럽의 다른 왕조 국가들과 전쟁을 치르기 위해 전국적으로 30만 명을 징집하기로 하고, 혁명 이후 새로 구성된 83개의 행정단위마다 인구에 비례해 필요한 병력을 갖추려 했다.

그러나 징집은 생각만큼 순조롭지 않았다. 자발적으로 징집에 응하는 사람의 수는 기대보다 적었고, 지역마다 인구에 비례해서 사람을 뽑는다는 원칙이 있었음에도 각 지역에 '우리만 더 많이 뽑힌다'는 소문이 돌았다. 특히 프랑스 서쪽에 위치한 '방데'라는 지역에서는 혁명과 징집에 대한 반발이 심해 내전에 가까울 정도로 치열한 진압이 이루어졌다. 왜 방데에서 유독 반발이 심했을까? 방데 사람들도 초기에는 혁명을 환영했다. 그러나 혁명이 진행되면서 애초의 예상과는 다르게 흘러간 상황이 그들의 반감을 키웠다. 혁명 전보다 오히려 세금을 더 많이 내게 되었고, 지역의 부유한 부르주아들이 관직을 독점했을 뿐만 아니라 교회의 특권을 폐지하는 과정에서 매물로 나온 교회의 재산도 독차지한 것이다. 그래서 성직자와 귀족들이 반혁명의 구호를 내걸었을 때, 방데의 많은 농민이 이 움직임에 합류했다.

귀족과 성직자에 맞서 제3신분이 반발하면서 시작된 혁명이었지만, 혁명의 성과를 제3신분 중 일부인 부르주아가 독차지하면서 대다수의 제3신분 농민들이 귀족과 성직자의 편에 합류하는 기묘한 현상이 벌어진 것이다. 이런 반혁명의 물결은 방데에서 가장 극렬히 일어났지만 리옹, 툴루즈, 보르도, 마르세유 등 다른 지역에서도 비슷하게 일어났다. 프랑스혁명을 단순히 왕과 시민 혹은 귀족과 제3신분의 대립으로 설명할 수 없는 이유가 여기에 있다. 혁명은 계층 내부의 갈등, 지역 간 이해관계의 차이, 그리고 혁명이 품은 이상과 현실 사이의 괴리가 뒤엉키며 전개된 복잡한 과정이었다. 그래서 프랑스혁명은 한 사회가 근본적으로 변하는 일이 얼마나 복잡하며, 왜 모순적으로 흘러가기가 쉬운지를 보여주는 대표적인 사례로도 남게 되었다.

로베스피에르의 선택, 공포정치

이렇게 프랑스의 지방에서 혁명에 대한 반발이 거세지고 있을 때, 수도인 파리의 상황은 어땠을까? 파리에서는 '누가 혁명의 주도권을 쥘 것인가'를 둘러싸고 치열한 투쟁이 벌어지고 있었다. 의회 내에서는 '지롱드'로 불린, 중도파에 가까운 이들이 다수를 차지하고 있었지만 외국과의 전쟁, 지방과의 갈등을 겪으면서 그들의 입지는 약해지기 시작했다. 흉년이 들면서 주식인 빵 가격이 급격하게 오르고 프랑스의 화폐가치는 50퍼센트 가까이 하락했다. 또한 지롱드가 투기꾼과 결탁해 이익을 챙기고 있다는 소문이 돌았다. '상퀼로트'로 불린, 급진적 혁명을 주창한 파리 시민들은 경제위기를 이용해 이익을 챙기는 투기꾼을 비난하며 빵을 포함한 생필품에 가격상한제를 실시해야 한다고 목소리를 높였다. 이런 혼란스러운 상황에서 프랑스혁명 시기 가장 뛰어난 연설가로 평가받는 로베스피에르가 등장해 '인민이 모이면 대의제는 무력화된다'는 논리를 펼치며 의회에서 다수를 차

    8장. 이상과 현실이 정면충돌한 근대의 실험실

지하고 있던 지롱드의 힘을 빼앗으려고 했다.

오늘날에는 공포정치의 상징처럼 여겨지는 로베스피에르지만, 사실 그는 혁명 이전까지는 비교적 온건한 성향을 지닌 변호사였다. 학창시절에는 가장 뛰어난 학생이었던 관계로 루이 16세가 학교를 방문했을 때 환영연설을 하기도 했었다. 이후 로베스피에르가 루이 16세의 사형을 밀어붙인 일을 생각하면 이 역시도 아이러니하게 느껴진다. 이런 배경 때문에 그는 혁명 초기까지만 해도 비교적 유화적인 태도를 보였다. 그러나 이런 태도는 루이 16세가 도주 사건을 벌인 이후 완전히 바뀌었다. 로베스피에르는 왕이 도망가려고 한 이상, 혁명 이전의 구체제로 돌아가지 않기 위해서는 왕을 처형해야 한다고 주장했고 이 과정에서 중도파 지롱드와 사이가 멀어졌다.

이렇게 상퀼로트와 로베스피에르를 중심으로 지롱드를 향한 반감이 고조되던 때에도 정작 지롱드들은 빵값 폭등에 자극받은 시민들이 빵집을 공격하자 이를 사유재산 침해라며 맹비난하기만 했다. 비난받은 파리 시민들은 어떤 입장을 취했을까? 이들은 더욱 분노해 곡물의 가격통제를 요구하며 의회를 덮쳤고, 이로써 지롱드가 다수를 차지한 의회의 권력은 사실상 무력화되었다. 대신 로베스피에르가 주도권을 가진 의회 내의 '공안위원회'가 주요 정책을 결정하기 시작했다. 로베스피에르가 주요 결정을 내리게 되면서 파리에서는 대체로 시민들이 원하는 방향으로 정치적 의사결정이 이루어졌다. 그런데 이 변화가 혁명에 대한 반감이 심한 지방을 자극했고, 프랑스와 외국 사이의 긴장도 한층 심각해지는 결과로 이어졌다.

지방 반란과 전쟁의 압박 속에서 로베스피에르와 공안위원회가 선택한 해결책은 다름 아닌 '기요틴', 즉 단두대로 상징되는 공포정치였다. 로베스피에르는 파리 시민들이 요구한 대로 투기꾼들을 처형했고, 귀족이 가진 모든 관직을 몰수했으며, 파리 시민 6,000여 명으로 구성된 혁명군을 조직해 상인과 고리대금업자가 매기는 가격을 통제하는 임무를 맡겼다. 그리고 '혁명의 적'으로 의심되는 이들을 조사하고 처벌할 수 있는 법도 제정했는데, 그 기준이 모호해서 귀족, 성직자와 제3신분 중에서 부유한 자들이 집중적으로 박해받기 시작했다. 그 과정에서 수많은 이가 제대로 된 절차를 없이 단두대에서 처형되었다. 로베스피에르는 "혁명의 적에게는 자신의 신념을 바꾸거나 단두대에서 죽음을 맞는 선택지밖에는 남지 않았다"고 말하면서 "선한 시민을 보호하고 민족의 적을 궤멸시키는 것이 혁명의 목표"라고 주장했다.

로베스피에르의 조치는 성공을 거두는 것처럼 보였다. 집중적으로 처형이 이루어진 끝에 1793년 말에는 리옹과 툴루즈, 방데에서 반혁명 세력이 진압되었고, 외국과의 전투에서도 승전보가 이어졌다. 그러나 이러한 상황은 공포정치를 이어나갈 명분이 약해지고 있음을 의미하기도 했다. 로베스피에르는 한때는 자신과 비슷한 진영에 속했다가 공포정치에 대한 우려를 표명한 에베르, 데물랭, 당통이 "위장한 지롱드"라고 비난받으며 처형되는 모습을 방관했다.

이런 극단적인 공포정치는 로베스피에르가 자신의 추종자를 제외한 거의 모든 이로부터 멀어져 점점 고립되게 만들었다. 누구든 자신

　　　　　　　　　　　　　　8장. 이상과 현실이 정면충돌한 근대의 실험실

공포정치 시기, 반혁명 혐의로 체포되는 수녀들

이 곧 처형될지도 모른다는 공포심을 안고 살아야 했다. 이렇게 만연해진 공포심은 결국 로베스피에르를 향한 반발로 이어졌고, 1794년 3월에는 그를 노린 암살 시도가 두 차례나 발생하기도 했다. 로베스피에르는 혁명의 적으로 의심되는 이들을 더욱 간소한 절차로 처형할 수 있게 하며 한층 더 극단적인 공포정치를 시행했지만 결국 7월, 의회에 출석해 연설하던 도중 반대파에게 체포되고 만다. 이어 그는 자신을 따른 105명의 지지자와 함께 단두대에 올라 생을 마감한다.

혁명이 가장 급진적으로 밀어붙여져 프랑스혁명의 절정을 이뤘다고도 일컬어지는 공포정치를 우리는 어떻게 바라보아야 할까? 단순한 실패로 봐야 할까? 로베스피에르가 집권한 시기에 약 1만 7,000명이 처형된 사실을 보면 그런 생각이 들 수도 있다. 혁명 초기에는 귀족과 성직자가 주로 처형되었지만, 공포정치가 시행되면서부터는 그 대상이 귀족과 성직자뿐만 아니라 부르주아, 수공업자 등 여러 계층으로 확산됐다. 그러나 공포정치가 프랑스혁명의 성과를 공고히하는 데에 영향을 주었다는 사실도 부정하기 어렵다. 예컨대 외국으로 도주한 귀족과 성직자가 남기고 간 토지를 몰수하고 그에 딸린 봉건적 권리를 가차 없이 폐지한 뒤 농민에게 저렴한 가격으로 분배한 조치는 프랑스의 토지제도를 근대적으로 재편했다. 그래서 로베스피에르의 공포정치는 오늘날까지도 많은 사람이 줄곧 논쟁하는 주제로 남아 이런 화두를 던진다. '로베스피에르와 그의 공포정치는 지나친 폭력성 때문에 혁명의 명분을 약화하고 불신만 키웠나?', '로베스피에르가 없었다면 이전까지 이뤄낸 혁명의 성과가 물거품이 되었을까?'

✦

본격화된 좌파와 우파의 대립

로베스피에르가 처형된 이후 프랑스혁명은 어떻게 흘러갔을까? 그

 ——————— 8장. 이상과 현실이 정면충돌한 근대의 실험실

의 몰락은 한 지도자의 종말만을 의미하지 않았다. 공포정치로 짓눌려 있던 이들에게는 마침내 새로운 시대가 열릴 전환의 순간처럼 느껴졌다. 실제로 광장의 단두대가 사라졌고, 공포의 열기가 가라앉자 사회도 비로소 안정을 되찾을 기미를 보이는 듯했다. 로베스피에르와 그의 동조자들이 처형되면서 그동안 이들에게 탄압받았던 지롱드와 보수파가 다시 권력을 손에 넣는 데 성공했고, 이들은 1795년에 다시 한번 새로운 헌법을 제정해서 로베스피에르와 같은 인물이 다시는 등장하지 못하도록 만들고자 했다. 이제 의원이 되기 위해서는 서른 살을 넘겨야 했고, 행정부도 한 명의 대표에 의해 운영되지 않고 다섯 명의 총재가 공동으로 집권했다. 직접민주주의를 약화하고 권력을 분산시킴으로써 공포정치의 재림을 막으려고 한 셈이다.

그러나 혁명 과정에서 자신에게 주어진 권리가 다시 박탈되는 것을 지켜본 파리의 시민들이 정부를 지지할 리 없었다. 프랑스 정부는 급진적 정치 모임을 금지했지만 시민들은 당국의 감시를 피해 모이거나 전단지를 뿌리는 방식으로 저항했다. 또 식량 가격통제를 비롯한 로베스피에르 시기의 경제 정책을 다시 도입하고 지금보다 '민주주의적'이었던 1793년의 헌법을 재도입할 것을 주장했다. 결국 2만 명이 넘는 시민이 봉기를 일으켰고, 이 봉기는 정부가 무력을 동원한 끝에야 진압되었다.

그러나 무력 진압은 저항의 싹을 잘라내지 못했다. 비밀스러운 정치 모임은 계속 이어졌고, 1796년에는 그라쿠스 바뵈프라는 인물이 정부에 대한 전면적인 도전까지 준비했다. 그는 임시 혁명 정부를 수립해 사유재산을 폐지하고, 모든 시민이 생산물을 나누는 사회를 만들고자 했다. 그의 목표는 재산의 불평등을 근본적으로 해소하는 '완전한 평등'의 실현이었다. 이런 점 때문에 바뵈프는 사회주의라는 용어가 본격적으로 등장하기 전에 존재한 '사회주의 이전의 사회주의자'로 역사에 남게 되었다. 그러나 바뵈프의 계획은 곧 정부에게 발각되고, 바뵈프는 재판 끝에 처형되고 만다.

프랑스혁명 이후 '좌파'와 '우파'라는 말이 처음으로 정치적 의미를 갖게 되었다. 의회에서 급진적인 혁명파 의원들이 의장석의 왼쪽에, 온건파 의원들이 오른쪽에 앉은 데서 비롯된 구분이었다. 그래서 좌파는 혁명의 이상을 지키려는 이들을, 우파는 혁명에 반대하거나 구체제의 질서를 회복하려 한 이들을 가리켰다. 그런데 바뵈프 같은 좌파만이 정부를 전복하려는 과격한 시도를 감행한 것은 아니었다. 젊은 부르주아가 주축이 된 일부 우파는 자신들과 상반되는 정치적 의견을 가진 이들에게 폭력을 가했다. 문제는 공포정치를 종식시키고 집권한 정부가 우파에게는 비교적 관대한 태도를 보였다는 것인데, 이 때문에 우파는 거리낌 없이 반대 진영에 계속 폭력을 휘두를수 있었다.

그런데 정부의 생각과는 다르게 이들은 정부에게도 큰 짐이 되어갔다. 정부 자체도 부정하고 구체제, 즉 과거의 왕정으로 복귀하려는 왕정복고론자들까지 우파에 합세했기 때문이다. 이들은 1795년 10월에 쿠데타를 일으키기까지 했으나 시민들로부터 예상한 만큼의 지지를 얻지 못해 정부군에 의해 진압되었다. 이때 정부군 안에는 반란을 일으킨 이들에게 가차 없이 대포를 발사함으로써 진압 과정에서 두각을 드러낸 인물이 있었는데, 그는 바로 아직 젊은 군인이었던 나폴레옹 보나파르트였다.

혁명의 끝, 나폴레옹의 시작

나폴레옹은 다양한 활약으로 세계사에 자신의 이름을 새겨놓은 인물이지만, 사실 프랑스혁명이 아니었다면 그는 아주 높은 확률로 평생 중앙 정치 무대에서 활약할 기회를 얻지 못했을 것이다. 1769년 변방의 섬이었던 코르시카에서 태어난 나폴레옹은 프랑스 본토의 군사학교에서 교육을 받았다. 수학에 뛰어난 능력을 보인 덕에 군사학교 안에서는 주목받았지만, 출신과 신분의 한계로 정작 학교를 졸업한 후에는 고향에서 대부분의 시간을 보낼 수밖에 없었다. 그런 그에게 프랑스혁명은 인생을 바꿔놓는 계기가 된다. 혁명이 일어나면서 코르시카에서도 기존의 지역 유지들이 몰락하기 시작했고, 이를 지켜본 나폴레옹은 장교로 재입대해 새로운 질서 속에서 기회를 엿봤다.

　프랑스혁명 이후 귀족 출신의 장교들이 외국으로 망명했고, 이는 나폴레옹의 출세에 큰 도움이 되었다. 나폴레옹이 떠나버린 장교들을 대신해 혁명에 반대하는 반군을 진압하는 임무를 맡게 되었기 때문이다. 그는 지형을 정확히 파악해 정교하게 포격한 덕분에 훈련받지 않은 반군을 손쉽게 진압하고 스물네 살의 나이에 장군으로 승진했다. 1795년 왕정복고론자들이 봉기를 일으켰을 때 이미 그는 파리의 군대를 통솔하는 사령관 자리에 올라 있었을 정도로 혁명의 수혜를 입은 상태였다.

이런 그의 출세는 공포정치의 혼란을 수습하기 위해 만들어진 총재정부의 임명 덕분이었지만, 권력의 냄새를 잘 맡는 본능을 타고난 나폴레옹은 많은 시민이 총재정부를 지지하지 않고 있다는 점을 파악했다. 그래서 점점 총재정부와 거리를 두는 동시에 명성을 키울 무대를 해외에서 찾기로 한다. 프랑스와 전쟁을 벌이던 이탈리아 전선에 배치된 나폴레옹은 사령관 자리에 오른 뒤에 총재정부의 의사와는 상관없이 독자적으로 전쟁의 규모를 더 키웠다. 그는 이탈리아 내부가 서쪽의 사르데냐 왕국에서 동쪽의 베네치아 공화국에 이르기까지 여러 세력으로 쪼개져 있다는 점을 파악했고, 혁명 이전의 프랑스 사회와 마찬가지로 이탈리아 사회에도 불만을 품은 부르주아 계층이 존재한다는 점을 간파했다. '이 지역을 적극적으로 공격한다고 해도 대항할 구심점이 부재하구나'를 깨달은 나폴레옹은 불과 몇 주 만에 수적으로 훨씬 우세한 이탈리아 군대를 물리쳤고, 이를 계기로 프랑스에서뿐만 아니라 유럽 전역에서 '명장'으로 불리게 된다.

이때 나폴레옹은 자신을 임명하고 파견한 총재정부와 상의도 하지 않고 이탈리아와 휴전 조약을 맺음으로써 자신이 가지게 된 정치적 영향력을 굳이 숨기려고도 하지 않았다. 이 과정에서 나폴레옹의 군대는 북이탈리아 지역에서 대대적인 약탈을 벌였고, 그 결과 나폴레옹 개인의 부가 크게 늘었지만, 승전으로 대중으로부터 절대적인 지지를 얻고 있었기 때문에 이는 문제가 되지 않았다. 게다가 새로운 스타로 떠오른 자신의 인기를 잘 알고 있었던 나폴레옹은 자신의 입맛에 맞지 않는 지시가 내려올 경우 사퇴하겠다는 의사를 밝히면서 역으로 총재정부를 압박했다. 이런 행동은 나폴레옹과 달리 총재정부의 인기가 추락해 있었기 때문에 가능했다.

1798년, 나폴레옹이 갑작스럽게 이집트 원정을 추진하겠다는 계획을 내놓자 총재정부는 기꺼이 승인했다. 나폴레옹은 찬란한 고대 문명을 상징하는 이집트 원정을 통해 개인적 인기를 더 끌어올리려는 의도를 품었고, 반면 총재정부는 안 그래도 인기가 높아 부담스러운 존재였던 나폴레옹을 당분간 중앙 정치에서 멀리 떨어뜨릴 기회로 여겼다. 나폴레옹의 이집트 원정은 결국 실패로 끝나지만, 나폴레옹은 파리로 돌아오면서 이 사실을 최대한 숨기는 데 성공한다. 대중 매체가 발달한 지금과는 달리 정확한 뉴스가 전달되기가 쉽지 않았기 때문에 가능한 일이었다. 나폴레옹이 이집트 원정을 감행하는 사이 총재정부의 인기는 더욱 바닥을 치고 있었다. 이 기회를 놓치지 않고 나폴레옹은 프랑스로 돌아온 이후 1799년 11월에 스스로 쿠데타를 일으켜 제1통령 자리에 올랐다. 서른 살에 불과한 젊은 장군이 정권을 장악하자 시민이 주권자임을 천명한 프랑스혁명은 시작된 지 10년 만에 끝을 맞이하게 된다.

✦

과거의 혁명이 건네는 오늘의 질문

프랑스혁명은 인간의 존엄, 평등, 자유라는 보편적 가치를 놓고 벌어진 치열한 정치 실험이었다. 혁명의 현장에서는 새로운 질서를 요구하는 민중과 기득권의 정치적 계산, 자유를 향한 열망과 공포정치의 부작용이 한꺼번에 충돌했다. 그 격동 속에서 탄생한 권리 선언과 헌법, 공화정의 이상은 이후 수많은 근대 국가와 후속 세대에 영감을 주었지만, 동시에 혁명 과정에서 드러난 극단성과 폭력성은 이상을 실현하는 일이 얼마나 복잡하고 어려운 일인지를 보여주는 교훈으로 남았다.

결국 프랑스혁명은 오늘날 우리가 누리는 시민의 권리와 민주적 제도가 결코 당연하게 주어진 것이 아님을 일깨워준다. 그것들은 격렬한 역사적 투쟁을 통해 획득된 것이며, 실패와 반동을 거친 끝에야 겨우 조금씩 다져진 인류의 성취라고 할 수 있다. 바로 이런 점 때문에 프랑스혁명은 단지 과거 속에 묻혀 있는 사건이 아니라 오늘날의 우리에게 여전히 말을 걸어오는 살아 있는 역사로 여겨진다. '자유란 무엇인가?', '평등은 어디까지 가능한가?', '권력은 궁극적으로 누구의 것인가?' 이 질문들의 답을 찾아나가는 여정은 오늘을 살아가는 우리가 더 나은 삶을 선택해 가기 위한 길 위에서 계속되고 있다.

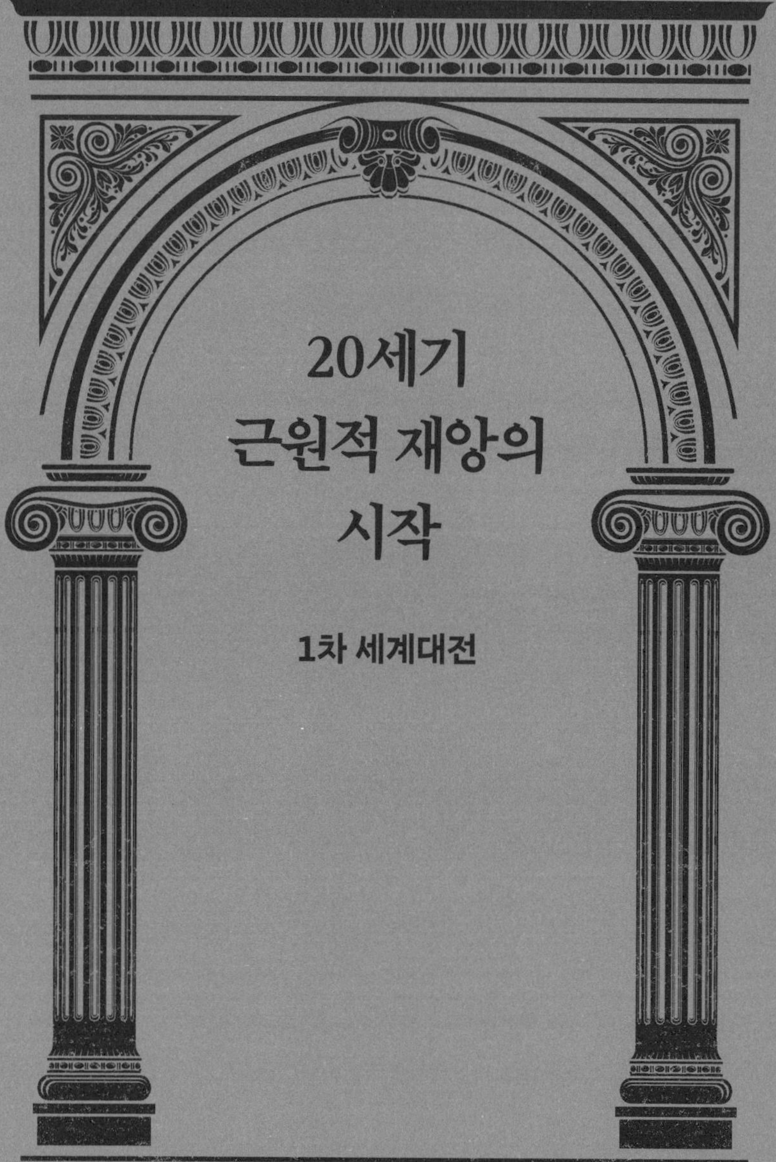

20세기 근원적 재앙의 시작

1차 세계대전

1914년 6월 28일, 오스트리아-헝가리 제국의 황위 계승자 프란츠 페르디난트 대공이 보스니아 헤르체고비나의 수도 사라예보에서 암살되는 충격적인 사건이 벌어졌다. '사라예보의 총성'이라는 이름으로 불리게 된 이 사건은 1차 세계대전의 도화선이 되었고, 이 전쟁은 1600만 명 이상이 희생되는 참혹한 비극으로 이어졌다. 전쟁이 남긴 충격은 단순히 그 참상에만 머물러 있지 않았다. 1차 세계대전은 2차 세계대전, 홀로코스트, 냉전이라는 20세기 비극의 연쇄적 시발점이었고, 이 때문에 많은 역사학자가 1차 세계대전을 '20세기의 근원적 재앙'으로 불렀다.

그렇다면 인류를 비극에 몰아넣은 이 '근원적 재앙'은 어떻게 시작된 것일까? 아무리 황위 계승자가 암살당한 중차대한 일이라지만, 어째서 이 일이 전 세계를 전쟁의 소용돌이에 휘말리게 할 수 있었을까? 오스트리아-헝가리 황제에게 닥친 일이 전 세계를 파국으로 몰아넣는 거대한 연쇄반응으로 이어진 것은 결코 우연이 아니었다. 수십 년 동안 유럽은 비밀외교 아래에서 복잡하게 얽힌 동맹 체제를 구축했고, 여러 나라가 국력을 과시하며 끝없는 경쟁을 벌였다. 발칸반도에서는 불안정한 민족주의가 팽창하고 있었으며, 유럽 안 힘의 균형도 불안하게 흔들리고 있었다. 이 모든 긴장이 임계점에 도달한 상황에서, 사라예보의 총성은 그 복잡한 질서를 폭발시킨 마지막 한 방에 불과했을 뿐이었다.

이 문제는 지금도 낯설지 않다. 강대국이 서로 경쟁하고, 동맹국끼리 과도하게 의존하는 상황과 지역 분쟁이 확산될 수 있는 위험은 지금도 현실 속에 도사리고 있다. 또한 한순간의 오판이 돌이킬 수 없는 세계적 비극을 초래할 수 있다는 두려움 역시 여전히 우리 곁에 살아 있다. 따라서 1차 세계대전이라는 경고의 역사를 되돌아보는 일은 과거의 비극을 아는 데 그치지 않고 국제질서가 얼마나 쉽게 재앙으로 번질 수 있는지를 깊이 이해하려는 노력이기도 하다.

✦

비밀외교로 유지된 유럽의 불안한 평화

1차 세계대전이 일어난 원인을 제대로 파악하기 위해서는 사라예보의 총성이 발생하기 약 반세기 전으로 거슬러 올라가야 한다. 1870년, 프랑스는 프로이센과의 전쟁에서 패배한 후 막대한 배상금을 지불하고, 알자스-로렌 지방을 빼앗기는 등 국가적 치욕을 당한 상태였다. 심지어 전쟁에서 승리한 프로이센은 1871년 1월 18일, 프랑스의 상징과도 같은 베르사유 궁전에서 독일 제국의 성립을 알리고 빌헬름 1세의 즉위식을 열었다. 이 일이 프랑스의 입장에서는 대단한 수치였기 때문에 프랑스는 독일에 복수하기 위해 이를 갈고 있었다.

1871년, 막 통일된 독일 제국의 총리 오토 폰 비스마르크에게는 이런 프랑스를 외교적으로 고립시킴으로써 복수의 기회를 원천적으로 차단하는 것이 중요했다. 목표가 생긴 비스마르크가 이때 눈을 돌린 국가가 있었는데, 바로 러시아였다. 비스마르크는 러시아가 프랑스와 가까워지면, 독일이 지리적으로 러시아와 프랑스 사이에 끼는 형국이라는 사실을 누구보다 잘 알고 있었다. 반대로 독일과 러시아가 동맹을 맺고 있다면, 프랑스가 적어도 유럽 대륙에서는 독일에 맞설 수 없다는 점도 깨달았다. 따라서 그의 핵심 과제는 러시아와 최대한 가까운 관계를 유지하는 것이었다.

그러나 그것이 마냥 쉬운 일은 아니었다. 러시아는 동유럽 지역과 발칸반도로의 패권 확대를 노리고 있었는데, 당시 독일의 우방국이었던 오스트리아-헝가리 역시 이 지역에서의 패권을 포기하지 않으려 했기 때문이다. 그러니까 두 국가와 가까운 관계를 유지해야 했던 독일은 어느 한쪽의 편을 들 수 없었던 것이다. 게다가 러시아가 오스트리아-헝가리와의 경쟁에서 우위를 차지하기 위해 프랑스와 손잡을 가능성도 존재했는데, 이는 비스마르크의 입장에서는 절대 일어나서는 안 되는 일이었다.

'외교의 천재'로 불린 비스마르크는 이러한 잠재적인 위험을 없애기 위해 1873년에 독일, 러시아, 그리고 오스트리아-헝가리가 함께 하는 '삼제동맹'을 체결했다. 세 국가 모두 황제가 지배하는 제국 체제였기 때문에 '삼제'라는 이름이 붙었다. 비스마르크는 만약 오스트리아-헝가리와 러시아가 동유럽 문제를 놓고 갈등을 벌이면 삼국의 동맹 관계 내에서 중재를 통해 갈등을 조정할 예정이었는데, 이는 프

오토 폰 비스마르크

랑스가 이 문제에 끼어드는 것을 방지하기 위함이었다. 그리고 비스마르크는 이탈리아를 끌어들여 독일, 오스트리아-헝가리와 함께하는 삼국동맹도 체결해 프랑스를 고립시켰다. 이처럼 단기간에 여러 국가간 파격적인 합종연횡이 가능했던 것은, 국민의 감시를 받지 않는 소수의 국가 지도자나 외교관들에 의한 일종의 비밀외교가 이루어졌기 때문이었다.

조심스럽게 결정을 내려야 하는 외교 분야에서는 이렇게 비밀스러운 방식이 더 적절하다고 할 수 있을까? 오늘의 민주사회에서도 외

　　　　　　　　　　　　9장. 20세기 근원적 재앙의 시작

교만큼은 비밀리에 진행해도 된다는 주장이 반복해서 제기된다. 그러나 1차 세계대전으로 향한 과정을 들여다보면 소수 결정자에 의해 좌지우지되는 비밀외교가 어떻게 연쇄적 오판을 낳고 얼마나 큰 파국으로 치달을 수 있는지를 알 수 있다.

삼제동맹에도 불구하고 동유럽과 발칸반도를 둘러싼 갈등이 해소되지 않았기 때문에 근본적인 문제 해결은 이루어지지 않았다. 오스트리아-헝가리와 러시아 사이의 경쟁이 계속 심해지자, 비스마르크는 1887년에 러시아와 극비리에 '재보장조약'을 체결해 두 가지를 약속했다. 첫째, 만약 프랑스가 독일을 공격할 경우 러시아는 중립을 선언할 것. 둘째, 반대로 오스트리아-헝가리가 러시아를 공격하면 독일이 중립을 선언할 것. 이에 덧붙여 비스마르크는 러시아가 이 조약에 동의하도록 유도하기 위해 추가로 만약 발칸반도에서 지정학적으로 중요한 위치를 차지하는 보스포루스 지역에 러시아가 개입할 경우 독일이 중립을 선언하겠다고 약속하기도 했다. 이는 독일에게는 상대적으로 중요성이 떨어지는 보스포루스 지역을 미끼로 프랑스가 독일을 공격해 오면 러시아가 프랑스의 편에 서지 않고 중립을 유지한다는 약속을 받아내기 위함이었다.

✦

비스마르크와 빌헬름 2세의 서로 다른 선택

지금까지의 유럽 이야기에서 한 나라가 빠져 있다는 사실을 눈치챈

독자도 있을 것이다. 그 나라는 바로 19세기 말 유럽의 초강대국, 영국이었다. 사실 비스마르크의 외교 정책은 '영국이 유럽 대륙의 일에 개입하지 않는다'는 전제 위에서만 유효했다. 아무리 러시아와 손잡고 프랑스를 고립시키려 한들, 만약 영국이 프랑스의 편에 서면 아무 소용이 없었다. 당연히 비스마르크도 이를 모를 리 없었다. 이런 상황에서 비스마르크가 고를 수 있는 선택지는 무엇이 있었을까?

비스마르크는 영국을 자극하지 않기 위해 제국주의에 기반한 해외 식민지 획득에 적극적으로 나서지 않는 모습을 보였다. 제국주의 열풍이 분 시대적 상황과 독일 국민들의 식민지 획득 요구가 거세지는 상황을 고려한다면 비스마르크가 이례적인 결단을 내렸음을 알 수 있다. 당시 많은 독일인이 "독일도 영국과 프랑스처럼 해외에서 식민지를 경영해야 한다"고 주장했지만, 비스마르크는 한 수 앞을 내다보고 있었다. 만약 독일이 식민지 경쟁에 참여하면, 영국은 반드시 독일을 견제하게 될 것이었다. 비스마르크는 해외 식민지를 포기하는 대신 유럽 대륙 내에서 확실히 주도권을 쥐고자 한 셈이었다. 오늘날 유럽 밖 곳곳에서 영어와 프랑스가 많이 사용되는 것에 비해 독일어는 거의 사용되지 않는 것은, 비스마르크의 선택이 남긴 흔적이라 할 수 있다.

비스마르크의 정책은 시간이 지날수록 독일 내에서 점점 강하게 비판받았다. 특히 당시 독일의 젊은 세대는 "통일 후 강대국이 된 독일이 어째서 해외 식민지를 포기해야 하느냐"며 납득하지 못했다. 이런 상황에서 1888년, 빌헬름 2세가 스물아홉 살이라는 젊은 나이에

빌헬름 2세

황제로 즉위하면서부터 비스마르크의 외교는 크게 흔들렸다. 나이 많은 비스마르크와 젊은 빌헬름 2세는 시작부터 갈등을 겪었고, 2년 후 빌헬름 2세는 비스마르크를 해임하는 대담한 선택을 감행한다.

빌헬름 2세는 이전에 독일이 러시아와 맺었던 재보장조약도 갱신하기를 거부했는데, 그는 프랑스와 갈등이 벌어져도 굳이 비밀스러운 조약에 의존하지 않아도 된다는 자신감이 있었다. 또 '세계정책Weltpolitik'을 내걸고 해외 식민지 획득에 나서기 시작했다. 이는 비스마르크가 온 신경을 집중해 유지하던 외교 관계를 풍비박산 내는 변화였다.

빌헬름 2세의 이러한 선택은 비스마르크의 신중한 계산을 넘어서는 새로운 판단에서 비롯된 것이었을까? 결론부터 말하자면, 전혀 그렇지 않았다. 이후 벌어진 일들이 빌헬름 2세의 자신감이 얼마나 근거 없는 것이었는지를 보여주었다. 빌헬름 2세가 재보장조약의 갱신을 거부하자 러시아 황제 알렉상드르 3세는 곧바로 프랑스와 군사 협상을 시작해 1892년, 러시아-프랑스 동맹을 체결했다. 프랑스가 독일과의 전쟁에서 패배한 지 어느덧 20년이 지났지만, 많은 프랑스인이 여전히 독일에 대한 복수심에 불타오르고 있었다. 프랑스는 이후 독일과의 전면전이 벌어질 경우를 대비해서 러시아가 후방에서 효과적으로 독일을 공격할 수 있도록 러시아의 철도와 군사 장비에 막대한 자금을 투자했다. 1896년, 새로 즉위한 러시아의 황제 니콜라이 2세가 파리를 방문했고, 이듬해에는 프랑스의 대통령이 러시아를 찾았다. 두 나라의 동맹을 상징적으로 드러내는 만남이었다. 오늘날 파리를 찾는 여행객들이 한 번쯤은 지나게 되는 센강의 알렉상드르 3세 다리는 이 동맹을 기념하기 위해 만들어진 다리로, 니콜라이 2세가 파리를 방문했을 때 다리의 초석을 직접 내렸다.

문제는 여기서 끝나지 않았다. 설상가상으로 비스마르크가 염려하던 최악의 상황, 프랑스가 영국과 가까워지는 일이 벌어진 것이다. 빌헬름 2세의 적극적인 해외 팽창 정책이 영국을 불안하게 만들었을 뿐 아니라 빌헬름 2세가 영국과의 경쟁에 대비해 해군을 집중적으로 양성한 것이 영국에게 위협적인 행위로 여겨진 탓이었다. 그리고 1904년에 러시아와 일본이 벌인 러일 전쟁도 영국과 프랑스가 가까워지는 데 영향을 주었다. 당시 영국은 일본과 동맹을 맺고 있었고,

 ———————— 9장. 20세기 근원적 재앙의 시작

프랑스는 러시아와 동맹을 맺고 있었기에 자칫하면 영국과 프랑스가 대립하는 상황이 벌어질 수도 있었으나 이때 두 강대국은 그들과 상관없는 전쟁에 휘말리기를 원하지 않았다. 따라서 양국은 1904년 '영불협상'이라는 협정을 맺고, 러시아와 일본에서의 문제뿐 아니라 양국이 충돌할 가능성이 있는 식민지에서의 쟁점도 조율했다. 이집트에 대한 영국의 권리를 프랑스가 인정하고, 프랑스가 장차 영향력을 행사할 수 있을 것이라 여겨지던 모로코에 대한 프랑스의 잠재적 권리를 영국이 인정한 것이다. 이 협정의 가장 중요한 의미는 영국과 프랑스가 잠재적으로 독일에 맞서 같은 편에 섰다는 사실에 있었다. 한국의 뼈아픈 식민지화 과정을 배울 때 등장하는 러일 전쟁은 한반도의 운명을 바꾼 사건이었을 뿐 아니라 유럽 국가의 패권을 재편한 세계사적 전환점이었다.

발칸반도는 왜 긴장에 휩싸였나

이 시점에 빌헬름 2세는 결정적인 패착에 빠지게 된다. 모로코에 대한 프랑스의 권리가 이미 영국에 의해 인정된 뒤에 직접 모로코를 방문하는 일을 벌인 것이다. 그는 모로코의 도시 탕헤르를 찾아 술탄을 만났고, 그 자리에서 모로코의 독립과 자유무역에 대한 권리를 주장했다. 모로코의 독립이 얼마나 타당한지의 문제와는 별개로, 이 행동은 모로코를 사실상의 식민지로 만들려던 프랑스와 그 권리를 인정한 영국의 심기를 크게 거스르는 것이었다. 결과적으로 빌헬름 2세의 모로코 방문은 영국과 프랑스의 관계를 더욱 끈끈하게 만드는 계기가 되고 만다.

빌헬름 2세는 멈추지 않고 영국과 프랑스를 자극했다. 그는 '세계 정책'의 일환으로 중동에서의 영향력을 키우기 위해 독일의 베를린과 오스만 제국의 바그다드를 철도로 잇는 대형 프로젝트를 시작했다. 문제는 영국과 프랑스뿐만 아니라 러시아도 중동에 관심을 보이고 있다는 것이었다. 사실 영국과 러시아는 이전까지 이 지역의 이권을 두고 갈등을 벌이고 있었는데, 빌헬름 2세의 프로젝트가 시작되자 두 나라는 독일에 맞서기 위한 협상을 시작했다. 결국 1904년 영불협상에 이어 1907년 영러협상까지 체결되면서, 독일은 프랑스를 고립시키기는커녕 오히려 영국과 프랑스, 러시아가 한 배에 타는 모습을 지켜보게 되었다. 결국 비스마르크가 해임된 지 17년 만에 한쪽에서는 영국, 프랑스, 러시아가 삼국협상으로, 다른 한쪽에서는 독일, 오스트리아-헝가리, 이탈리아가 삼국동맹으로 묶여 유럽은 두 개의 거대한 동맹체로 나뉘게 되었다. 천재 외교가 비스마르크조차 해결하지 못했던 오스트리아-헝가리와 러시아의 발칸반도 분쟁은 여전히 해결되지 않은 문제로 남아 있었다.

이쯤에서 잠깐, 발칸반도를 둘러싼 갈등은 궁극적으로 왜 일어난 걸까? 사실 이 지역의 긴장은 새로운 것이 아니었다. 1789년 프랑스 혁명으로 민족주의와 자유주의의 이념이 유럽 전역으로 퍼져나가면서 오늘날의 세르비아, 루마니아, 불가리아, 보스니아 헤르체고비나,

몬테네그로, 그리고 그리스에 이르기까지 발칸반도의 여러 지역에서 민족주의 운동이 활발하게 일어났고, 이 운동에 참여한 사람들은 오스만 제국, 오스트리아-헝가리, 러시아에 맞서 그들만의 민족으로 구성된 하나의 나라를 만들기를 꿈꿨다. 문제는 각 민족이 '정당한' 영토로 여긴 지역이 서로 겹치는 경우가 많았다는 것이다. 그래서 한 민족의 독립은 이웃한 다른 민족에게 위협이 되었다. 그리하여 민족주의는 비극적이게도 해방인 동시에 새로운 갈등의 출발점이 되었다.

이 복잡한 대립과 갈등은 1차 세계대전이 일어나기 6년 전인 1908년에 오스트리아-헝가리가 보스니아 헤르체고비나를 합병하면서 증폭되었다. 이 지역을 "우리의 옛 땅"이라고 주장한 세르비아와 세르비아를 뒤에서 후원하던 러시아는 오스트리아-헝가리에 강하게 반발했고, 발칸반도의 긴장은 급속히 고조되었다. 1912년에는 불가리아, 세르비아, 그리스, 그리고 몬테네그로가 발칸반도에서 오스만 제국을 완전히 몰아내기 위해 동맹을 맺고 '1차 발칸전쟁'을 벌였다. 이 전쟁으로 오스만 제국은 그때까지 가지고 있던 유럽 지역 대부분의 영토를 상실했다. 곧이어 오스만 제국이 잃은 이 영토를 어떻게 나눌지를 두고 1913년에 세르비아와 그리스, 그리고 루마니아가 동맹을 맺고 불가리아에 맞서 '2차 발칸전쟁'을 벌였고, 그 결과 불가리아는 1차 전쟁에서 얻은 영토의 많은 부분을 다시 다른 국가들에 양보해야 했다.

이로써 더 이상의 갈등은 일어나지 않게 됐을까? 승리를 맛본 세르비아 안에서는 더욱 공격적인 민족주의 운동이 일어났다. 극단적인 세력은 "보스니아 헤르체고비나 지역이 역사적으로 봤을 때 세르비아에 속한다"고 주장하며 이 지역을 합병한 오스트리아-헝가리의 관료들을 상대로 수차례 암살을 시도했다. 1914년, 오스트리아-헝가리의 황제 프란츠 요제프 1세가 황위 계승자 프란츠 페르디난트 대공을 보스니아 헤르체고비나의 수도 사라예보에 보내 그곳의 군사 훈련을 시찰하게 한 것은 이러한 긴장 속에서 일어난 일이었다. 그해 6월 28일, 사라예보를 방문한 페르디난트 대공은 극단적인 세르비아 민족주의 운동에 가담하고 있던 열아홉 살의 청년 가브릴로 프린치프에 의해 아내와 함께 암살당했다. 이는 세계사의 흐름을 바꾼 비극적 사건이었다. 암살을 계획한 자들은 이 암살로 목적을 달성할 수 있을 것이라 믿었지만, 한 사람을 암살해서 원하는 바를 이룰 만큼 역사의 흐름은 단순하지 않았다.

✦

근원적 재앙의 문을 연 7월 위기

이쯤에서 사라예보의 총성이 어떻게 1차 세계대전의 발발로 이어졌는지 살펴볼 필요가 있다. 6월 28일에 발생한 암살 이후 한 달 남짓 동안 벌어진 일련의 사건들은 '7월 위기'라는 이름으로 역사에 남게 된다. 우선 오스트리아-헝가리 정부는 이 기회에 세르비아를 완전히 억누르고자 세르비아에 강경책을 쓰기로 하고, 가장 중요한 동맹국이었던 독일에 의견을 구했다. 이는 만약 세르비아를 지키기 위해 러

사라예보 사건을 묘사한 이탈리아 신문 삽화

시아가 나서면 독일의 지원이 필요하기 때문이기도 했다.

그런데 이때, 문제의 인물 빌헬름 2세가 또다시 등장한다. 그는 7월 5일에 오스트리아-헝가리 대사를 만나 "독일의 완전한 지원을 믿어도 된다"고 단언했다. 역사가들에 의해 '백지수표'라 불리게 된 이 결정은 '근원적 재앙'의 문을 여는 열쇠였다. 독일의 지원을 확신한 오스트리아-헝가리가 주저하지 않고 세르비아를 압박할 수 있게 되었기 때문이다.

빌헬름 2세는 무슨 생각으로 오스트리아-헝가리 지원을 결정했을까? 그도 생각이 없지는 않았다. 그는 이미 암살이 벌어진 상황에서 오스트리아-헝가리와 세르비아는 충돌을 피할 수 없을 것이고, 어차피 러시아는 세르비아의 편에서 개입할 것이라 예상했다. 그래서 '오스트리아-헝가리가 최대한 빨리 세르비아를 굴복시키는 게 낫지 않을까' 생각한 것이다. 동시에 오스트리아-헝가리가 재빨리 전쟁 준비에 돌입하면 굼뜬 러시아가 개입하기 전에 세르비아가 점령되는 시나리오를 그렸다. 그렇게만 된다면 러시아는 불리하게 협상에 임할 수밖에 없다는 것이 빌헬름 2세의 생각이었다. 실제로 그는 오스트리아-헝가리 정부에 백지수표를 약속한 뒤 "빨리 전쟁을 준비하라"고 주문하기도 했다.

오스트리아-헝가리는 세르비아에 48시간 안에 응답할 것을 요구하며 최후통첩을 보냈다. 그 안에는 '오스트리아-헝가리가 지목한 세르비아 장교와 관료들을 해할 것'을 포함해 여러 요구조건이 포함되어 있었다. 사실 독일의 지원을 등에 업은 오스트리아-헝가리는 혹시라도 세르비아가 최후통첩을 받아들일까 봐 일부러 더 가혹한 요구를 집어넣었는데, 이는 대공의 암살을 보상받는 것과는 별개로 세르비아를 완전히 지배하겠다는 목표를 세웠기 때문이기도 했다. 한편이 최후통첩은 프랑스의 대통령 레몽 푸앵카레가 동맹국 러시아에와 있었기 때문에 발표되지 않고 있다가, 푸앵카레가 배를 타고 프랑스로 돌아간 7월 23일에 세르비아에 전해졌다.

허술한 국제질서가 불러온 1차 세계대전

다음 날부터 벌어진 사건들은 당시의 국제질서가 얼마나 취약한 균형 위에 있었는지를 여실히 보여준다. 최후통첩을 전달받은 세르비아는 오스트리아-헝가리의 요구를 받아들일지 말지를 두고 러시아에 조언을 구했다. 러시아는 발칸반도에서 오스트리아-헝가리의 영향력이 커지는 일을 두고 볼 수 없었으므로 세르비아에 거부를 권했고, 세르비아를 지원하기 위해 100만 명가량의 병력을 소집하는 부분적 동원령을 발표했다. 7월 28일, 최후통첩을 받아들이지 않은 세르비아에 오스트리아-헝가리가 선전포고를 했고, 그다음 날 러시아는 더 강화된 총동원령을 내렸다. 7월 31일, 오스트리아-헝가리도 총동원령을 발표했고 같은 날 오스트리아-헝가리와 동맹 관계였던 독일이 러시아에 "12시간 안에 총동원령을 취소하라"는 최후통첩을 보냈지만 러시아는 이를 무시했다.

프랑스, 러시아와 같은 편이었으나 본격적인 전쟁에 휘말리고 싶지 않았던 영국은 독일에 "전쟁이 발발하면 영국에게 중요한 벨기에의 중립만은 지켜달라"고 요구했지만, 돌아온 것은 거절이었다. 8월 1일, 독일은 오스트리아-헝가리에 전한 백지수표의 약속대로 총동원령을 내린 뒤 벨기에의 국경을 넘었고, 이를 지켜본 영국이 결국 독일에 선전포고하면서 유럽은 돌이킬 수 없는 '근원적 재앙'의 길을 걷기 시작했다.

오스트리아-헝가리의 황위 계승자가 암살당한 지 한 달하고도 일주일이 지난 시점에 유럽의 강대국들은 한 역사학자가 말했듯 마치 '몽유병 환자들'처럼 자신들이 기존에 만들어놓은 질서에 따라, 4년간 1600만 명이 넘게 사망한 역사상 최악의 전쟁 속으로 빨려 들어갔다. 스스로 설계한 동맹과 외교가 복잡하게 뒤엉킨 그물망 속에서 빠져나오지 못하고 전면전으로 내몰린 것이다. 정교한 국제관계의 붕괴와 더불어 수십 년간 축적된 긴장, 그리고 정보의 비대칭 속에 진행된 비밀외교는 한 발의 총성과 함께 1차 세계대전이라는 파국으로 향했다.

1차 세계대전의 충격적 규모만큼이나 중요하게 생각한 점은 이 전쟁이 19세기의 낡고 뒤엉킨 국제질서와 비밀외교의 시대를 종식시켰다는 데에 있다. 소수의 권력자만이 정보를 공유하고 은밀하게 협상하며, 그 밖의 사람들은 그저 따르기만 하는 외교는 더는 유지될 수 없었다. 그렇게 비밀외교의 시대는 1000만 명이 넘는 이들의 희생과 함께 막을 내렸다.

수세에 몰린 독일의 선택

독일은 오스트리아-헝가리에 백지수표를 건네며 호기롭게 전쟁을 부추겼지만, 한 가지 어려움을 안고 있었다. 동쪽 국경만 신경 쓰면 되는 프랑스, 서쪽 국경에만 집중하면 되는 러시아와는 달리 두 나라 사이에 위치한 서쪽의 프랑스와 동쪽의 러시아와 동시에 전쟁을 치러야 했기 때문이다.

빌헬름 2세와 독일의 군부도 이런 구조적 불리함을 이미 알고 있었지만 그럼에도 승리를 자신하고 있었다. 그들이 세운 대책은 이랬다. 전쟁이 벌어지면 재빨리 프랑스를 먼저 제압하고, 이후 동쪽으로 병력을 옮겨 러시아를 상대로 싸운다. 이 작전은 상대적으로 후진적이었던 러시아군이 프랑스군보다 전쟁을 준비하는 데 더 많은 시간이 걸릴 것이라는 예상에 근거한 것이었다.

그러나 전쟁은 독일의 예상대로 흘러가지 않았다. 전쟁 발발 한 달 후에 파리 동쪽의 마른강 일대에서 치러진 두 차례의 전투에서 프랑스와 영국의 연합군이 독일의 공격을 막아내는 데 성공하면서, 장기전의 국면에 접어들었기 때문이다. 이후 참호전의 양상을 띠게 되면서 몇십 미터를 전진하기 위해 수십만 명이 목숨을 잃는 전투가 수년간 지속되었다.

바다에서의 상황도 크게 다르지 않았다. 빌헬름 2세가 이전부터 해군에 막대한 투자를 했지만 독일군은 바다에서도 영국의 봉쇄에 막혀 한자리에 꽁꽁 묶여 있었다. 독일은 이 상황을 타개하기 위해 영국 주변 해역에 접근하는 모든 선박을 공격하는 무제한 잠수함 작전을 벌였다. 하지만 이 작전 때문에 미국 민간인이 사망하는 일이 발생해 오히려 미국의 참전을 불러오는 결정적 실책이 되었다.

'세계대전'이라는 이름에 걸맞게 전투는 아시아와 아프리카 등 다른 대륙에서도 벌어졌는데, 유럽 대륙에서의 구도가 전쟁의 승패를 결정지었다. 독일은 이미 자원이 고갈된 상황에서 총력을 다한 수차례의 공격이 별다른 성공을 거두지 못하고, 오스트리아-헝가리를 비롯한 중앙동맹국이 붕괴해 전선에서 고립되었으며, 오랜 전쟁으로 독일 내부에서도 혁명이 일어나자 1918년 가을에 이르러 '전쟁에서 승리하기가 힘들 것'이라는 결론을 내리게 된다. 휴전이 불가피해진 독일은 어떻게 하면 전쟁의 책임에서 벗어날 수 있을지를 고민하게 된다.

바로 그때 미국 대통령 우드로 윌슨의 말이 독일 군부에 힌트를 주었다. 윌슨은 "전쟁을 일으키는 이는 국민이 아니라 소수의 정치인"이라 말하며, "국민의 선출로 구성된 정부는 결코 자국민을 전쟁터로 내몰지 않는다"고 주장했다. 또 그는 '각 민족은 자신의 정치적 운명을 스스로 결정할 권리가 있다'고 천명하는 민족자결주의의 원칙을 포함한 일명 '14개조 원칙'을 발표했다. 이에 독일 군부는 가지고 있던 권력을 의회에 넘겨주고, 의회가 연합국과의 휴전 협상을 주도하도록 만들었다. 이는 전쟁의 책임과 뒷수습을 의회에 떠넘기려는 의도였다.

종전을 위한 논리로 대두된 민족자결주의

1919년 1월 18일, 프랑스 파리에서 1차 세계대전을 종결하기 위한 파리강화회담이 열렸다. 승전국들이 이날을 회담 시작일로 선택한 데는 이유가 있었다. 48년 전 같은 날, 이곳에서 빌헬름 1세의 즉위식이 거행되었기 때문이었다. 전쟁으로 큰 피해를 본 프랑스는 이 상징적 공간에서 1870년에 독일(프로이센)과의 전쟁에서 패배한 이후 줄곧 품고 있던 복수심을 해소하고자 했고, 물질적인 피해보상을 받을 뿐 아니라 독일에 심리적 굴욕까지 안겨주고자 했다. 그러나 바로 이 복수심 때문에 파리강화회담에서 탄생한 베르사유 조약은 '전쟁의 종결이 아닌 또 다른 전쟁의 서막'이라고 비판받게 된다.

파리강화회담은 무려 30개가 넘는 국가의 대표들이 참여한, 당대에는 유례가 없을 만큼 큰 규모의 회담이었으나 가장 영향력 있는 참가국은 프랑스와 영국, 미국으로 이미 정해져 있었다. 역시나 가장 많은 주목을 받은 국가와 인물은 전쟁 이후 새로운 초강대국으로 떠오른 미국과 미국 대통령으로는 처음 미국 영토 밖으로 나섰던 우드로 윌슨이었다. 1917년에 일어난 혁명으로 붕괴한 러시아는 자체적으로 독일과 평화협정을 맺고 회담에 참석하지 않았고, 패전국 독일은 협상에서 철저히 배제되었다. 이는 독일이 승전국 간의 입장 차이를 이용해 이간질을 할 수도 있다는 염려가 있었기 때문이기도 했다.

프랑스와 영국, 그리고 이탈리아의 총리가 주요 사항을 결정했고,

나머지 참가국들이 이를 승인하는 형태로 회담은 진행되었다. 승전국들은 승리의 대가로 무엇을 원했을까? 각국은 미묘하게 입장이 서로 달랐다. 프랑스는 1871년 독일에 빼앗긴 알자스-로렌 지역을 되찾아 오고 싶어 했고, 서부전선 대부분의 전투가 프랑스 땅 위에서 일어났기 때문에 이에 대해 보상받기를 원했다. 또 독일이 다시는 전쟁을 벌일 수 없도록 독일의 힘이 경제적·군사적으로 약해지기를 바랐다. 반면 상대적으로 프랑스보다는 전쟁의 피해가 적었던 영국과 미국은 독일로부터 피해를 보상받고 싶어 하기는 했지만, 독일이 영구적으로 힘을 잃기를 원하지는 않았다. 독일이 너무 약해지면 유럽 대륙에서 힘의 균형이 깨질 것을 우려한 결과였다. 대신 영국은 독일이 유럽 대륙 바깥에서 다시는 영국을 위협할 수 없도록 식민지를 운영할 수 없게 되기를 원했다.

한편 미국의 우드로 윌슨은 "국민에 의해 선출된 민주 정부끼리 갈등을 중재하는 국제연맹이 있으면 독일의 전쟁을 억제할 수 있을 것"이라며 새로운 질서를 꿈꿨다. 그러나 프랑스 총리 조지 클레망소는 윌슨의 주장에 전혀 동의하지 않았다. 이처럼 각국은 전쟁을 끝내기 위해 모인 자리에서도 각자의 이해관계에 따라 서로 다른 목표를 내세웠다. 회담에 참여한 미국의 한 장군이 "영국과 프랑스 사이에서 중재안을 끌어내는 것보다 차라리 독일과 협상하는 것이 쉽겠다"라는 말을 남겼을 정도로 회담 참가국 간 갈등은 첨예했다.

윌슨의 민족자결주의는 전 세계적으로 큰 반향을 불러일으켰지만, 실제 내용을 들여다보면 지나치게 이상적이거나 모호해서, 이를

9장. 20세기 근원적 재앙의 시작

받아들이는 각 국가와 민족들은 자신에게 유리한 방향으로 해석했다. 또 윌슨은 폴란드가 18세기 말부터 시행된 분할 지배 때문에, 같은 민족이라 해도 다른 나라 군대에 징집되어 서로에게 총을 겨눈 비극을 언급하며 "논란의 여지 없이 폴란드 민족이 거주하는 지역으로 구성된 독립적인 폴란드 국가가 탄생할 것"이라고 말했다. 하지만 현실적으로 민족을 기준으로 국가와 국경을 재정립하는 원칙에 따라 폴란드인만이 거주하는 지역을 찾아 독립국을 세운다는 구상은 불가능에 가까웠다. 그곳에 폴란드인, 독일인, 러시아인, 우크라이나인이 이미 뒤섞여 살고 있었기 때문이다. 1차 세계대전의 발단이 된 발칸반도의 사례에서도 알 수 있듯이, 유럽의 여러 민족과 영토는 오랜 세월 끊임없이 뒤섞이고 바뀌어 왔다. 따라서 폴란드인뿐만 아니라 거의 모든 민족이 '우리도 그 땅을 차지할 권리가 있다'는 식의 주장을 펼칠 근거가 존재했다. 이탈리아 총리가 "다른 민족들이 주장하는 대로면 이탈리아는 고대 로마 제국의 영토를 모두 돌려받아야 한다"고 말한 것은 뼈 있는 농담이었다. 회의장에서도 윌슨은 자신의 입장을 두루뭉술하게 밝힌 뒤에 구체적인 적용에 관한 논의는 실무자들에게 넘겼다.

결국 윌슨의 이상론과 현실의 간극은 좁혀지지 않은 채 수많은 국가의 법률가와 외교관들이 머리를 맞댄 끝에 1919년 5월 초, 베르사유 조약의 최종안이 완성되었다. 협상에서 배제되었던 독일은 5월 7일에야 조약의 내용을 통보받았다. 사실 그전까지만 해도 독일 안에는 승전국들이 비교적 관대한 조약을 발표할 것이라는 일말의 기대가 남아 있었다. 전쟁이 끝날 무렵 윌슨이 "자유로운 시민으로 대표되는 정부는 전쟁을 벌이지 않는다, 만약 독일인이 제국 체제를 철폐하고 민주주의를 도입하면 이에 걸맞은 평화 협상이 이루어질 것"이라고 말했기 때문이었다. 실제로 퇴위한 빌헬름 2세가 망명을 떠나고 새로운 민주 정부인 바이마르 공화국이 들어섰기에 독일인의 기대가 완전히 허황된 것은 아니었다.

✦

패전국 독일이 치른 대가

그렇다면 공개된 베르사유 조약의 내용은 독일인들의 기대에 부응했을까? 기대와 달리 독일은 조약에 따라 많은 영토를 잃었다. 북쪽으로는 덴마크에, 동쪽으로는 새로 생긴 폴란드와 체코슬로바키아에 많은 영토를 내주어야 했고, 서쪽으로는 알자스-로렌 지역을 프랑스에 돌려주어야 했다. 또 라인강 서쪽은 비무장화되었다. 그뿐 아니라 해외에서 가지고 있던 식민지도 몰수당했다. 징병제를 실시할수 없었고 군사력 역시 대폭 제한되어 육군은 10만 명, 해군은 1만 5,000명만 꾸릴 수 있었다. 여기에 막대한 배상금까지 부과되어서 1921년까지 약 200억 마르크, 그 후로 42년간 약 1300억 마르크를 나눠서 지불해야 했다. 이는 당시 전쟁으로 경제가 파탄한 독일이 현실적으로 감당하기 어려운 큰 금액이었다. 결정적으로, 승전국들은 조약의 231조에 전쟁의 발발과 피해에 대한 책임이 오로지 독일을

　　　　　　　　　——————— 9장. 20세기 근원적 재앙의 시작

비롯한 동맹국들에 있음을 독일이 인정한다는 내용을 포함시켰다.

협상에 참여하지도 못하고 이러한 내용을 통보받은 독일의 대표단은 아연실색했고, 수백 쪽에 달하는 조약을 검토할수록 분노에 휩싸였다. 독일의 외무부 장관이 너무 큰 소리로 화를 내서, 그를 도청하던 프랑스 정보원들이 그가 무슨 말을 하는지 알아들을 수 없을 정도였다. 특히 전쟁의 발발과 피해에 대한 책임이 오로지 독일에 있다는 조항은 독일 입장에서는 도저히 받아들일 수 없는 것이었다. 수많은 독일인이 사라예보의 총성 이후 독일뿐 아니라 오스트리아-헝가리, 러시아, 프랑스, 영국이 돌아가면서 갈등을 키운 사실을 기억하고 있었기 때문이다.

그런데 베르사유 조약에 반발하는 목소리가 독일에만 존재한 것은 아니었다. 20세기 영국의 대표적인 역사학자 중 한 명으로 꼽히는 존 메이너드 케인스는 파리에서 협상 과정을 직접 지켜보면서 "독일 대표단이 도착하기 전에 배상금과 관련된 내용을 즉각 폐기해야 한다"고 주장했다. 그는 "조약의 내용대로라면 독일의 경제력이 매우 약해질 것이고, 그렇게 되면 전후 세계 경제가 큰 위기에 빠질 것"이라고 경고했다. 그러면서 "러시아에서 이미 혁명이 발생한 가운데 또 다른 나라에 큰 규모의 경제 위기까지 닥치면 다른 나라도 혁명을 피하기 어려울 것"이라고 덧붙였다. 그러나 케인스의 주장은 받아들여지지 않았고, 그는 실망한 채 파리를 떠났다.

독일 대표단은 조약에 서명하기를 거부했고, 독일에 새로 들어선 바이마르 공화국의 총리 필리프 샤이데만은 "이런 족쇄를 채우는 조

베르사유 조약에 서명하는 독일 대표단

약에 서명하는 손이 어찌 저주받지 않을 수 있겠는가"라는 말을 남기며 사퇴하기에 이른다. 승전국들은 독일이 조약을 거부하면 군대를 진군시키겠다며 위협을 가했고, 그때까지도 이어졌던 영국의 독일 해상 봉쇄가 독일 내 식량 보급도 위태롭게 만들었다. 결국 내각이 총사퇴한 가운데 바이마르 공화국의 초대 대통령 프리드리히 에버트가 책임지고 조약을 승인하기로 결정한다.

베르사유 조약으로 1차 세계대전이 공식적으로 마무리되었지만, 절대 다수의 독일인은 그 결과를 받아들이지 못했다. 전쟁 당시 대부분의 전투가 프랑스, 동유럽 등 독일 영토 밖에서 벌어진 탓에 패배의 현장을 직접 보지 못한 그들에게 조국이 치욕적인 조약에 서명했다는 사실은 충격이자 모욕이었다. 그래서 많은 독일인이 조약을 승인한 공화국의 의회를 극도로 불신했다. 군부가 전쟁의 책임을 의회에

떠넘기고 난 뒤 베르사유 조약의 이행을 추진한 책임 있는 의회 정치인들이 오히려 '조국의 배신자'로 낙인찍혔고, 그들 중 "일단 서명하고 독일이 할 수 있는 일을 도모해 보자"고 주장한 마티아스 에르츠베르거는 극우 민족주의자들에게 암살당했다. 반면 그 어떤 책임도 지지 않은 채 "베르사유 조약을 폐기해야 한다"고 주장하는 우파 세력이 점점 독일 내에서 힘을 얻어갔다.

✦

이미 전쟁은 예고되어 있었다

1차 세계대전의 발발과 불완전한 수습 과정을 되돌아보며 이렇게 물을 수도 있다. 만약 사라예보의 총성이 없었다면, 전쟁을 피할 수 있었을까? 분명한 것은 수십 년간 얽히고설킨 동맹 체제, 제국 간의 경쟁, 불완전한 민족주의의 팽창, 그리고 비밀외교의 불투명함 속에서 전쟁이라는 포탄이 이미 장전되어 있었다는 사실이다.

20세기를 뒤흔든 '근원적 재앙'이었던 1차 세계대전은 어느 한 인물의 잘못된 판단이나 우연한 사건에서 비롯된 전쟁이 아니라, 당대 국제질서 속에서 누적되어 온 구조적 모순이 한순간에 폭발한 총체적 붕괴였다. 더구나 평화를 약속하기 위해 열린 파리강화회담은 오히려 새로운 갈등의 싹을 틔웠고, 그 과정에서 탄생한 베르사유 조약은 패전국의 복수심과 불신을 키웠다. 그 결과 전후 질서는 안정되기는커녕 오히려 더욱 흔들리게 되었다.

1차 세계대전은 단순히 과거에 속한 사건이 아니라 오늘날의 세계를 규정해 온 하나의 역사적 기원이라고 할 수 있다. 전후 질서 속에서 민족자결주의의 원칙 아래 여러 신생국가가 등장했지만, 이러한 재편 과정은 20세기 내내 이어진 분쟁의 배경이 되었다. 나아가 국제연맹의 실패는 2차 세계대전과 냉전 체제로 이어졌고, 오늘날의 국제기구 구조와 집단 안보 체제 또한 이 시기의 경험과 교훈을 바탕으로 만들어졌다. 그렇기에 1차 세계대전은 '이미 끝난 전쟁'이 아니라 20세기 전체를 관통하며 지금까지도 영향을 주게 된 대전환의 출발점이자 국제 정세의 기반을 이루는 역사적 분기점이다.

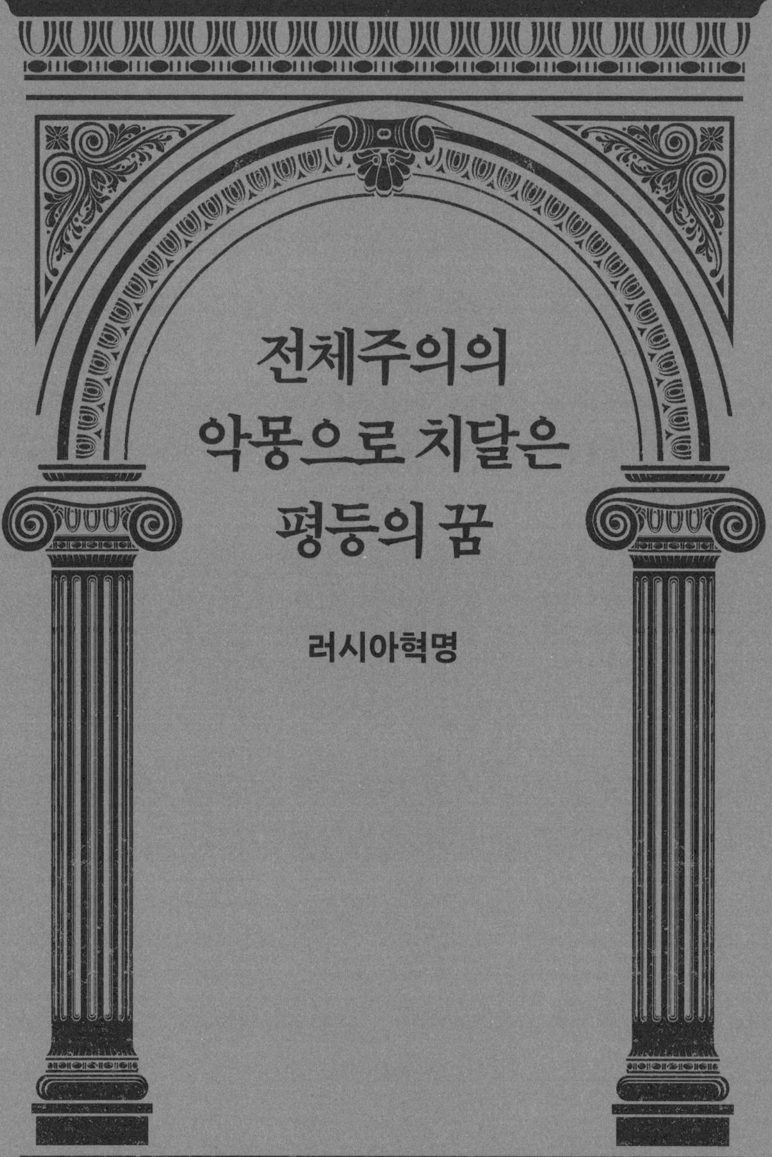

전체주의의 악몽으로 치달은 평등의 꿈

러시아혁명

유럽을 중심으로 벌어진 1차 세계대전이라는 거대한 전쟁은 여러 제국을 해체하고 새로운 정치 체제를 탄생시킨 거대한 전환을 동반했다. 그중에서도 특히나 극적인 변화를 겪은 나라가 있었는데, 바로 러시아였다. 세르비아를 지원한다는 명분 아래 참전한 러시아는 전쟁이 길어지면서 극심한 사회적 혼란과 경제 파탄에 빠졌다. 그리고 이는 일시적 위기를 넘어 러시아에서 수백 년간 유지된 황제(차르)가 국가의 모든 권력을 장악한 전제군주정 체제, '제정'이 붕괴하는 계기가 되었다.

기존 왕조가 무너지고 새로운 지배자가 등장하는 일은 역사에서 드물지 않다. 그러나 러시아에서 벌어진 일을 정권 교체 사건으로만 이해하는 것은 충분하지 않다. 만약 그렇게 이해한다면 러시아를 따로 다룰 필요도 없을지 모른다. 1차 세계대전 발발 이후 러시아의 사례를 특별히 살펴봐야 하는 이유는, 러시아가 전쟁의 영향을 받아 인류 역사상 처음으로 '공산주의' 혁명에 성공했기 때문이다.

전쟁이 만들어 낸 혼란과 절망 속에서 러시아인들은 완전히 새로운 세상을 상상하기 시작했고, 그 상상이 1917년의 현실에서 러시아혁명을 실현했다. 그 길고 어두웠던 전쟁이 어떻게 러시아 사회의 균열을 밀어붙였는지, 그리고 그러한 위기 속에서 어떻게 세계 최초의 공산 정권이 탄생했는지를 따라가 보자. 이후 러시아혁명은 전 세계에서 혁명을 꿈꾸는 이들에게 하나의 '모범'으로 여겨졌고, 혁명을 저지하려는 이들에게는 '위협'으로 간주되었다. 또 한 국가의 체제가 뒤바뀐 의미를 넘어 20세기 내내 반복될 자본주의와 공산주의의 대결이라는 이념 충돌의 서막이기도 했다.

✦

혁명의 초석이 다져진 시간

1917년 초, 러시아는 1차 세계대전으로 매우 곤혹스러운 상황에 놓여 있었다. 사실 2년 반 전에 전쟁이 처음 발발했을 때까지만 해도 독일의 위협에 맞선 전쟁을 지지하는 분위기가 사회에 만연했다. 제정 러시아의 군주, '차르'였던 니콜라이 2세는 이 전쟁을 계기로 1904년 러일 전쟁에서 패배한 뒤 쌓여 온 사람들의 불만과 갈등을 잠재우고 통합을 이뤄낼 수 있을 것이라 믿기까지 했다. 그는 외부의 적과 전쟁하게 되면 러시아 내부의 갈등이 자연스럽게 봉합되리라 생각하고 있었다. 실제로 수도 상트페테르부르크가 독일식 이름이라는 이유로 페트로그라드로 개칭될 정도로 그 열기는 뜨거웠다.

독일이 빠르게 승리할 것이라고 믿었던 러시아 지도부와 시민들은 막상 수년에 걸쳐 전쟁이 이어지자 실망했고, 전쟁에 대한 피로감도 커졌다. 특히 동부전선에서는 전선이 밀고 밀리기를 반복하면서 독일과 러시아가 같은 지역을 의미 없이 번갈아 가며 점령하는 경우가 흔했다. 그 때문에 동부전선의 영토는 황폐해졌지만 어느 한쪽의 승리로 결론도 나지 않고 있었다.

사람들은 점점 차르 정부에도 실망하기 시작했다. 전쟁에서 뚜렷한 성과를 내지 못하는 정부에 대한 반발심 때문이기도 했지만 다른 이유도 있었다. 전쟁으로 약 200만 명이 희생됐고, 심각한 식량난으로 많은 사람이 당장 먹고살 길이 막막해졌기 때문이다. 식량난은 특히 1916년에서 1917년으로 넘어가는 겨울에 혹독한 추위가 찾아오면서 더욱 심해졌다. 또 자유를 억압하는 체제를 향한 불만도 커지고 있었다. 러시아에서 세계 최초의 공산 혁명이 성공할 수 있었던 것은 이렇게 불안정한 사회 속에서 살아온 사람들의 장기화된 불만이 전쟁이라는 단기적 위기와 겹쳤기 때문이었다.

✦

차르 체제에 대항한 2월 혁명

1917년 2월, 혹독한 겨울을 나고 있던 러시아의 긴장이 결국 폭발하는 사건이 벌어지고 만다. 차르 정부의 전시 식량 배급에 불만을 품은 페트로그라드의 시민들이 거리로 쏟아져 나와 봉기한 것이다. 수년간 이어진 1차 세계대전은 철도 시스템도 망가뜨렸고, 이로 인해 식량 공급이 불안정해져서 시민들의 인내심을 바닥나게 했다. 어른이 먹을 빵은커녕 아이들이 먹을 우유까지 동난 상황에서 이제 시민들은 상황이 나아지기를 마냥 기다릴 수만은 없었다.

2월 23일, 페트로그라드의 여성들이 '국제 여성의 날'을 맞아 대규모로 봉기하면서 시위는 본격화되었다. 오늘날 국제 여성의 날이 3월 8일이라는 사실을 알고 있다면 다소 의아할 수 있는데, 이때 러시아는 아직 그레고리안 달력을 도입하지 않고 있었다. 그러니까 이후 전개되는 '2월 혁명'은 오늘날의 달력 기준으로는 3월에 일어난 사건임을 알 수 있다.

시위를 일으킨 여성들은 인근 공장으로 향해 노동자들에게 행동을 촉구했고, 얼마 지나지 않아 5만 명에 가까운 인원이 모였다. 이들은 차르 정부의 폭압적인 정치와 끝이 보이지 않는 전쟁에서 굶주림의 원인을 찾았고, 차르의 전제 정치 종식과 전쟁 중단을 외치며 거리를 가득 메웠다. 다음 날에는 시위대의 규모가 20만 명으로 커졌고, 2월 25일에는 대부분의 공장이 총파업을 선언했다.

그렇다면 차르 니콜라이 2세는 이 상황을 어떻게 받아들였을까? 시민들의 고통에 공감하고 연민을 느꼈을까? 그는 총파업이 선언되자 주저 없이 군대를 투입해 시위대를 진압하려 했다. 제정 러시아에서 체제에 불만을 보이는 이들을 무력으로 진압하는 일은 낯선 일이 아니었으므로 니콜라이 2세도 자신의 결정을 특별한 대응으로 여기지는 않았을 것이다.

바로 그때, 놀라운 일이 벌어졌다. 시위대에 있던 한 소녀가 군인에게 장미꽃을 건네주었고, 이를 지켜본 군인들이 무장을 내려놓고 진압을 포기한 것이다. 단지 꽃 한 송이에 마음이 움직였기 때문만은 아니었다. 계속된 전쟁과 억압적인 차르의 통치를 겪어 온 군인들 역

1917년 2월 혁명 당시 거리로 나와 시위를 벌이는 페트로그라드 시민들의 모습

시 불만을 품고 있었기에 가능한 일이었다.

민중의 마음이 하나로 모이고 있었지만, 니콜라이 2세도 쉽사리 물러나지 않았다. 그는 다음 날 다시 한번 강도 높은 무력 진압을 명령했고, 이번에는 50명이 넘는 시민이 목숨을 잃었다. 이 참혹한 장면을 지켜본 시민들은 무슨 생각을 했을까? 분명한 것은 그들이 겁을 먹고 물러서지 않았다는 사실이다. 심지어 군인들조차 시위에 합류하기 시작했다. 군대마저 시위대 편에 선 이후, 시민들의 지지 없이 무력에 의존해 정권을 유지해 오던 니콜라이 2세가 할 수 있는 일은 없었다. 그는 3월 2일, 스스로 권좌에서 내려왔고 동생 미하일에게 정권을 넘기려 했지만 미하일은 "오로지 민주적 절차에 따라 차르의 자리에 오르겠다"며 니콜라이 2세의 제안을 거부했다. 이로써 러시아의 차르 체제는 붕괴했다. 퇴위한 니콜라이 2세는 가족과 함께 시베리아로 보내졌고, 이듬해에 처형되는 비극적인 최후를 맞는다.

✦

소비에트의 탄생

2월 혁명의 파장은 차르의 폐위에서 끝나지 않았다. 2월 27일, 페트로그라드에서는 노동자와 농민, 병사가 모인 최초의 '소비에트'가 결성되었다. 우리말로 평의회를 뜻하는 소비에트는 당시 엘리트와 부르주아들로 구성된 러시아 의회, '두마'에 대응해 민중의 정치적 목소리를 내기 위해 등장한 새로운 자치기구였다. 러시아 사회의 아래로

페트로그라드의 한 공장에서 열린 소비에트 집회

부터 솟아오른 에너지가 조직의 형태를 갖춘 순간이었다.

그렇다면 이 소비에트를 누가 주도했을까? 소비에트 안에서 급진적인 이들이 모여 이룬 '볼셰비키'가 처음부터 중심 세력이었던 것은 아니다. 그보다는 조금 더 온건한 '멘셰비키'가 초기 소비에트를 이끌었는데, 이는 2월 혁명 전에 유력한 급진적 혁명가 대다수가 차르의 탄압으로 유배되거나 해외로 망명해 있었기 때문이었다.

볼셰비키와 멘셰비키의 가장 중요한 차이는 혁명을 대하는 방식이었다. 멘셰비키는 러시아처럼 산업화가 더딘 농업국가가 곧바로 공산주의 혁명으로 나아갈 수는 없다고 보았다. 이들은 공산주의 혁명의 이론적 토대를 마련한 카를 마르크스의 사상 중 일부를 따라 '농업국가에서 산업국가로, 산업국가에서 공산국가로 나아가는 단계를 밟아야 한다'고 생각했고, 러시아는 아직 농업국가에서 산업국가로 넘어가는 단계에 놓여 있으므로 산업국가로의 이행을 마무리한 뒤에 공산주의 혁명을 시작해야 한다는 믿음을 가지고 있었다. 그래서 멘셰비키는 소비에트가 나름대로 역할을 하게 하는 동시에 두마 역시 임시정부를 구성해 차르 체제를 무너뜨리고 자본주의적 산업국가를 세우는 '부르주아 혁명'을 추진해야 한다고 보았다. 실제로 두마는 임시정부를 조직했고, 러시아에서는 소비에트와 임시정부가 동시에 존재하는 이중권력 체제가 이어졌다.

그런데 정작 시위를 일으켰던 이들은 멘셰비키의 혁명 방법론에 매우 불만이 많았다. 곧바로 공산주의로 나아가지 않고 부르주아 혁명을 한 번 거쳐야 한다는 이론이 시위로 급진화된 시민들을 만족시키지 못한 것이다. 두마가 세운 임시정부가 엘리트 부르주아 출신들로 구성되었다는 점도 환영받지 못했다. 시민들이 잘 알지도 못하는 게오르기 리보프 공작이라는 인물이 임시정부의 총리로 발표되자, 한 병사가 "우리가 한 일이 고작 차르를 공작으로 바꾼 것이란 말인가?"라고 탄식했다는 일화가 시위대의 허탈감을 잘 보여준다. 이런 이유에서 소비에트와 임시정부가 공존하게 되었으나 시민들 사이에서는 소비에트가 훨씬 더 강력하게 정치적 권위를 발휘했다.

그리고 2월 혁명은 프랑스혁명 같은 다른 혁명과 확연히 다른 특징이 하나 있었는데, 그것은 바로 지도자가 부재했다는 사실이다. 여성들의 시위로 시작해 노동자와 군인의 참여로 그 규모가 커졌을지

언정 힘 있는 한 명의 지도자가 혁명을 이끌지는 않은 것이다. 그러니까 누군가의 치밀한 계획이 아니라 대중에 의해 자발적으로, 자연스럽게 일어난 혁명이었다는 사실을 기억할 필요가 있다.

✦

레닌의 4월 테제

여기서 한 가지 의문점이 생길 수 있다. 2월 혁명이 특별한 계획이나 지도자에 의해 일어난 혁명이 아니라면, 러시아혁명을 이야기할 때 많은 사람이 떠올리는 블라디미르 레닌은 당시에 어디에서 무엇을 하고 있었을까?

볼셰비키를 이끌었던 레닌은 2월 혁명 직전까지 스위스에서 망명 생활을 하고 있었다. 사실 그는 1905년에서 1906년 사이에 약 반년 동안 러시아에서 잠시 머문 것을 제외하면 거의 17년 동안 러시아 밖 유럽에서 망명자로 지냈다. 그래서 그는 2월 혁명 소식을 들은 직후에야 급하게 귀국을 결정했고, 1차 세계대전이 한창인 때에 독일의 동부 전선을 통과해 페트로그라드에 무사히 도착하게 된다.

이쯤에서 또다시 의문을 제기할 수 있다. 독일과 러시아가 전쟁 중이던 때에 레닌은 어떻게 독일 영토를 지나 러시아로 갈 수 있었을까? 그 배경에는 독일의 계략이 숨어 있었다. 독일 정부는 레닌이 러시아에 돌아가기만 하면 혁명이 더욱 급진화되어 러시아 정부가 완전히 무너질 것이고, 그렇게 된다면 전쟁에서 손쉽게 승리할 수 있을 것이라 믿었다. 그 믿음이 얼마나 견고했는지, 독일 정부는 레닌에게 특별 전용 열차까지 제공했다. 그리고 이 기묘하고도 역사적인 동행이 이후 러시아혁명의 방향을 완전히 바꿔놓게 된다.

1917년 4월 3일, 레닌은 독일이 제공한 열차를 타고 스위스 취리히에서 출발해 페트로그라드의 핀란드역에 도착했다. 그는 도착하자마자 열 개의 항목으로 구성된 〈4월 테제〉를 발표했다. 4월 테제에는 '임시정부에 대한 지지를 중단할 것', '지주의 토지를 몰수하고 토지를 국유화할 것', '모든 은행을 국립은행으로 통합하고 생산과 분배를 소비에트가 통제할 것', '멘셰비키와 결별할 것', '두마가 이끄는 의회 민주주의에 반대하고 모든 권력을 소비에트로 이양할 것', '전쟁을 중단하기 위한 즉각적인 강화협상을 체결할 것' 등 놀라울 만큼 급진적인 내용이 담겨 있었다. 내용의 핵심은 멘셰비키의 주장과 달리 '부르주아 혁명을 거치지 않고 곧바로 공산주의 혁명으로 나아가는 것'이었다.

레닌이 4월 테제를 내놓았을 때, 러시아 내부는 격렬한 논쟁으로 들끓었다. 레프 카메네프를 포함한 여러 볼셰비키 지도자가 아직 공산주의 혁명을 위한 준비가 되어 있지 않다는 이유로 레닌을 에둘러 비판했고, 일부 볼셰비키는 레닌의 말을 "미치광이의 헛소리"라고 표현하며 원색적으로 비난하기도 했다.

그러나 레닌은 결코 미치광이가 아니었다. 그는 10년이 넘는 세월을 외국에서 떠돌며 지냈으나, 2월 혁명을 일으킨 이들이 무엇을 원했고 또 무엇에 분노했는지를 러시아에 있었던 사람들보다 정확히

블라디미르 레닌

꿰뚫고 있었다. 레닌의 4월 테제는 임시정부가 이끄는 부르주아 혁명의 필요성을 인정하지 않고 있던 대다수 노동자와 농민에게 호응을 얻었고, 이 급진화된 대중은 곧 '부르주아 장관들'에 반대하는 대규모 시위를 조직했다. 이어 레닌은 '모든 권력을 소비에트로'라는 구호를 내세워 시민들의 절대적인 지지를 끌어냈고, 이를 발판으로 볼셰비키 사이에서 자신의 주장을 관철하는 데 성공했다. 이렇듯 4월 테제가 발표된 순간부터 러시아 정치의 중심은 레닌쪽으로 기울고 있었다. 그리고 마침내 레닌의 시간이 찾아온다.

✦

볼셰비키의 세상을 꿈꾸다

'모든 권력을 소비에트로'는 7월에 이르러 거대한 힘을 얻게 된다. 그 시작은 노동자와 군인이 페트로그라드에서 벌인 대규모 시위였는데, 이를 두고 볼 수 없었던 임시정부가 시위를 무력 진압하면서 100명이 넘는 시민이 목숨을 잃고 말았다. 임시정부는 이 혼란의 책임을 묻기 위해 레닌을 체포하려 했고, 레닌은 페트로그라드를 빠져나가 도주함으로써 가까스로 추적을 피할 수 있었다. 당시 임시정부는 레닌을 잡기 위해 집요하게 노력했는데, 이를 통해 레닌이 임시정부에 얼마나 큰 위협이 되고 있었는지를 알 수 있다.

이 무렵 임시정부를 이끈 인물은 알렉산드르 케렌스키 총리였다. 그는 7월에 취임한 직후 대중 집회를 강력하게 규제하고 사형제도를 부활시키는 등 강경한 정책을 밀어붙였다. 동시에 라브르 코르닐로프라는 장군을 총사령관으로 임명했는데, 정작 코르닐로프는 수도를 안정시키겠다는 명분으로 페트로그라드에 병력을 파견한다. 수도로 군대를 이동시키는 계획은 쿠데타의 가능성을 안고 있으므로 소비에트뿐 아니라 임시정부의 수장 케렌스키에게도 명백한 위협으로 다가왔다.

당황한 케렌스키는 자신이 임명한 코르닐로프를 직접 해임하고, 그를 반혁명주의자라고 비난하면서 급히 수도 방어에 나서기로 한다. 그런데 여기에는 한 가지 결정적인 문제가 있었는데, 시민들을 강경하게 진압하면서 그들을 적으로 돌린 케렌스키에게는 코르닐로프를 막을 군대가 없다는 사실이었다. 당시 코르닐로프의 군대에 맞설 만한 병력을 가진 유일한 세력은 오직 노동자와 군인의 폭넓은 지지를 확보한, 레닌이 이끄는 볼셰비키였다. 결국 케렌스키는 수도를 지키기 위한 병력으로 레닌과 볼셰비키를 동원해 코르닐로프에 맞서 수도를 지켜내는 데 성공하게 된다.

볼셰비키가 자국의 군대에 맞서 수도를 지키는 데 성공하자 러시아에서 볼셰비키의 인기는 말 그대로 폭발했다. 볼셰비키는 시민들에게 수도 방어의 공로를 인정받으면서 페트로그라드를 넘어 키예프, 리가, 사라토프, 모스크바 등 주요 도시의 소비에트에서 과반수를 차지하며 주도권을 장악하기에 이른다. 그러나 레닌이 구상한 혁명의 꿈은 소비에트에서 영향력을 확대하는 것에 머물지 않았다. 그는 멘셰비키를 포함해 다른 혁명 세력들이 자신과는 달리 임시정부와의 공존을 계속 주장하자, 무력으로 권력을 완전히 장악할 가능성도 계산해 보기 시작한다. 레닌에게 혁명은 온전히 권력을 쥐어야 완성되는 것이었다.

레닌은 곧 볼셰비키 당원들에게 서한을 보내 "봉기는 예술이다"라는 말과 함께 공식적이고 합법적인 절차를 거쳐 권력을 잡아야 한다고 주장하는 이들의 계획을 가리켜 "순진한 일"이라고 비판하고, "어떠한 혁명도 그것을 기다려주지는 않는 법"이라고 일갈했다. 레닌의 편지를 받은 당원들은 어떤 반응을 보였을까? 모두가 이를 반기지는 않았다. 카메네프와 또 다른 지도자들 몇몇이 레닌의 말에 여전히 동의하지 않았고, 10월 20일에 열릴 러시아 소비에트 전체 회의에서 정식 절차를 거쳐 소비에트로의 권력 이양이 평화롭게 이루어지길 기다렸다. 그러나 레닌은 설사 합법적 절차를 거쳐 임시정부에서 소비에트로 권력이 넘어오더라도, 볼셰비키가 소비에트 안의 다양한 세력과 권력을 나눠야 하는 것이 문제라고 보았다.

결국 그는 결단을 내리게 된다. 10월 10일, 볼셰비키의 중앙위원회에서 비밀회의가 열렸고, 이곳에서 레닌은 지도자급 당원들에게 봉기의 필요성을 거듭 강조한 뒤에 봉기에 대한 찬반 투표를 밀어붙였다. 결과는 찬성 10표, 반대 2표였고 곧장 레닌은 군사혁명위원회를 조직했다. 비밀회의였지만, 카메네프가 신문에 표결 결과와 봉기 계획에 반대한다는 의견을 내면서 시민들은 '언제든 무력충돌이 일어날 수 있겠구나' 걱정하게 되었고, 페트로그라드에는 일순간 팽팽한 긴장감이 감돌았다. 케렌스키의 지시로 임시정부의 군대가 볼셰비키의 신문사를 점령했다가 볼셰비키의 반격에 밀려 철수하는 사태가 벌어지는 등 실제로 크고 작은 충돌이 며칠 동안 이어지기도 했다.

정권 장악에 성공한 볼셰비키, 10월 혁명

10월 25일, 볼셰비키 중앙위원회와 군사혁명위원회의 주요 지도자들은 페트로그라드 스몰니 학교에서 회의를 열었다. 공개적으로 봉기를 주장한 레닌은 임시정부의 체포를 피해 숨어 있었지만 하루 빨리 봉기를 시작하라고 설득하기 위해 위험을 무릅쓰고 이 회의에 모습을 드러냈다. 그는 페트로그라드 시내 지도를 펼쳐 보이며 공격해야 할 지점들을 가리켰고, 이렇게 레닌의 지시와 함께 봉기가 시작되었다. 수많은 시민이 긴장에 휩싸였으나 막상 본격적인 전투가 시작되자 단번에 승부가 났다. 볼셰비키의 군대가 손쉽게 페트로그라드의 주요 정부 건물과 핵심 시설을 장악했는데, 이는 이미 며칠 전부터 주요 교통시설을 장악하고 있었기에 가능한 일이었다.

케렌스키와 임시정부에 속한 이들은 이 상황에 어떻게 대응했을까? 이들은 저항을 포기하고 페트로그라드를 탈출해 버렸다. 이 소식을 접한 레닌은 〈러시아 시민에게 고함〉이라는 선언문을 발표하며 볼셰비키가 임시정부를 전복했음을 선포했다. 일찌감치 승리를 확정 지음으로써 봉기의 명분이나 정당성에 관해 논쟁하지 않게 하려는 계획의 일환이었다.

한편 임시정부 내각의 일부 인사는 페트로그라드의 '겨울 궁전'에 남아 있었다. 겨울 궁전은 이전에 차르들이 머물던 곳으로, 프랑스의 베르사유 궁전이 프랑스 절대왕정을 상징하듯 러시아 차르 체제를 상징하는 장소였다. 이 때문에 레닌과 볼셰비키는 자연스럽게 이곳을 공격하기로 결정한다. 임시정부 인사들은 봉기가 일어났을 때 소수의 병력을 이끌고 겨울 궁전으로 와 수비하고 있었는데, 그 병력은 오랜 시간 동안 식량을 제대로 배급받지 못해 사기가 꺾일 대로 꺾인 상태였다. 결국 볼셰비키는 아무런 피해도 입지 않고 겨울 궁전을 점령하는 데 성공하게 되는데, 평생 굶주림에 시달렸던 한 볼셰비키 병사가 웅장한 규모의 겨울 궁전에 들어간 뒤 자신의 삶과 상반된 그 화려한 모습에 놀라고 말았다는 일화도 전해진다. '10월 혁명'이자 '볼셰비키 혁명'으로 역사에 남게 된 이 봉기는 이렇게 허무할 정도로 빠르고 단순하게 끝났다.

봉기에 성공함으로써 수도를 손에 넣은 레닌에게는 한 가지 불만이 있었는데, 아이러니하게도 봉기가 너무 손쉽게 성공했다는 것이었다. 우리가 이순신 장군과 함께 한산대첩이나 노량해전을 떠올리는 것과 같이, 혹은 프랑스혁명을 이야기할 때 바스티유 감옥 습격을 떠올리듯이, 레닌은 10월 혁명에도 러시아 사람들의 마음속에 '영웅적 순간'으로 자리 잡을 전투가 필요하다고 생각했다. 그래야만 혁명을 각인시키고 신화화해서 지지를 더 끌어낼 수 있을 것이라 믿었기 때문이다.

이런 '문제'는 레닌 사후 1928년에 러시아혁명 10주년을 기념해 〈10월〉이라는 영화가 만들어지면서 어느 정도 해결된다. 영화에는 10월 혁명의 과정이 굉장히 드라마틱하고 영웅적으로 표현되어 있다. 이 영화의 영향으로 당대 많은 사람이 '아주 치열한 전투 끝에야 겨울 궁전이 함락되었다'고 믿게 되었다. 그러나 영화 촬영 중에 다친 사람이 실제 전투 부상자보다 많았다는 우스갯소리가 전해질 정도로 실제로는 무난히 점령이 이루어졌다. 영화라는 대중매체가 어떻게 정치적 신화를 만드는 장치로 기능할 수 있는지를 상징적으로 보여주는 사례다.

✦

스탈린, 권력의 정점에 오르다

이렇게 1917년 2월부터 10월까지 이어진 공산 혁명은 '일단' 성공했고, 볼셰비키와 혁명 정부가 소련(소비에트 연방 공화국)이라는 최초의 사회주의 국가 체제를 구축했다. 그러나 그들이 품은, 인류 역사에 이전까지 존재한 적 없었던 유토피아를 건설하겠다는 희망은 오래가지 못했다. 노동자와 농민을 위했던 혁명이 점차 권력을 둘러싼 투쟁 속에서 더 적은 사람에게 더 큰 권력이 집중되는 체제로 변해갔기 때문이다. '모든 권력을 소비에트로'라는 구호는 형식적인 껍데기로만 남았고, 실제 권력은 점차 하나의 당과 한 명의 지도자에게 집중되기 시작했다.

혁명 이후 소련은 혁명이 약속한 이상과 혹독한 현실의 괴리에 부딪혔다. 볼셰비키가 수도와 주요 도시를 점령했지만, 지방 곳곳에는 여전히 반혁명 세력이 남아 있었다. 내전의 기운은 사라지지 않았고, 기근이 삶을 위협했다. 여기에 혁명이 확산할 것을 우려한 서방세계가 소련을 고립시키려 하면서 소련이 느끼는 압박은 더욱 커졌다. 이런 상황에서 소련은 체제를 지키기 위해 타협이 아닌 통제를 선택한다.

1924년, 레닌이 사망하자 혁명 정권 안에서 권력의 공백을 둘러싼 경쟁이 더욱 치열해졌다. 그 혼란 속에서 혁명 초창기까지만 해도 볼셰비키 안에서 상대적으로 존재감이 덜했던 인물, 요제프 스탈린이 당, 군, 경찰의 인사권을 장악하며 권력의 중심에 올라섰다. 그러나 초기의 스탈린은 '절대 권력자'가 아니었다. 당 안팎에서 그에 대한 반감이 적지 않았고, 실제로 스탈린을 끌어내리려는 시도도 여러 차례 있었다. 그 시도들은 번번이 스탈린에게 발각되어 실패했고, 그 과정에서 스탈린은 한 가지를 확신하게 된다. '당과 사회 전반에 대한 감시를 강화해야겠구나.' 권력을 잡은 스탈린이 꾸려간 감시 체제는 시간이 지날수록 폭력적인 형태를 띠었고, 1930년대에 이르러 '대숙청'이라는 이름으로 구체화된다. 그렇게 혁명으로 시작된 체제는 혁명을 지키겠다는 명분 아래 새로운 형태의 공포로 변모하고 있었다.

✦

혁명을 삼킨 숙청의 칼날

1936년, 스탈린은 모든 당원에게 보내는 공개서한에서 '인민의 적'을 경계하라고 경고했다. 이 경고는 대대적인 숙청의 신호탄이었다. 스탈린의 명령을 받은 소련 정부 산하의 내무인민위원부는 잠재적 정적들을 체포하고 재판하기 시작했다. 내무인민위원부를 이끈 니콜라이 예조프는 잔혹함으로 악명을 떨쳤고, 사람들은 그를 "스탈린의 개"라고 부르게 되었다. 1936년부터 1938년까지 세 차례에 걸쳐 일어난 스탈린의 정적들에 대한 대숙청은 스탈린 통치의 가장 잔혹한 장면 중 하나로 기억된다.

정적 재판은 스탈린의 의도에 따라 공개적으로 이뤄졌다. 피고인들은 법정 한가운데서 자신의 죄를 고백하도록 강요당했다. 이들에게 씌워진 죄는 반ᵣ소비에트 음모를 꾸미거나 가담했다는 것이었다. 스탈린은 피고인들이 공개적으로 이 죄를 시인하게 함으로써 숙청을 정당화하고 인민들에게 경고하고자 했다. 이 과정에서 니콜라이 부하린, 레프 카메네프, 그리고리 지노비예프 등 혁명을 함께 일구어낸 당의 베테랑들마저 법정에 세워졌다.

자신의 인생을 바쳐 수십 년간 혁명에 헌신한 그들이 죄를 순순히 인정했을까? 죄를 시인하는 것은 자신이 걸어온 인생을 부정하는 것이나 다름없으니 그럴 리 없었다. 결국 내무인민위원부는 고문을 자행하는 동시에 그들의 가족까지 체포해 자백을 강요했다. 당시 그들이 얼마나 큰 억울함과 답답함을 느꼈는지는 부하린의 글 속에서 생생히 드러난다. 투옥된 부하린은 스탈린에게 편지를 보내 "총체적 숙청의 정치 이념에는 위대하고 대담한 무엇이 있다고 믿는다"면서 자비를 베풀어 달라고 호소했다. 그리고 법정에서는 "내가 어떤 행위를 알았든지 몰랐든지, 내가 그것에 가담했든지 하지 않았든지 간에 그렇게 했다"고 진술했다. 자신과 가족의 목숨을 살리기 위해 죄를 고백하면서도 마음속 깊이 우러나오는 억울한 심정을 숨기지 못했음을 알 수 있다. 그러나 이러한 수모에도 불구하고 체포된 당 지도자들은 수백 명의 당원과 함께 사형선고를 받았다.

또 스탈린은 자신에게 반기를 들 수 있다고 여겨지는 위험한 집단, 군대도 '청소'하기를 원했다. 그는 특히 히틀러가 집권한 이후의 독일을 지켜보면서 머지않아 독일과의 전쟁을 피할 수 없을 것이라 확신하게 되었는데, 전쟁이 벌어지면 군 지휘부가 자신에게 반기를 들지

요제프 스탈린

도 모른다고 의심했다. 또 1936년에 시작된 스페인 내전이 그의 의심과 불안을 더욱 키웠다. 스탈린은 스페인 군대가 정부에 반기를 들고 쿠데타를 일으키는 모습을 지켜보며 이렇게 말했다. "전시에 전투에서 승리하려면 몇 개의 부대가 필요하지만, 승리를 뒤집기 위해 필요한 것은 단지 군 지휘부 모처에 심어놓은 몇 명의 첩자뿐이다." 결국 그는 스파이로 의심되는 군사령관들을 모조리 숙청하기에 이른다.

당 지도자들을 상대로 한 재판이 공개적으로 이루어진 데 반해, 군사령관들의 재판은 비밀리에 진행되었다. 군대는 조직력과 무력을 가진 집단이기에 공개 재판을 강행하면 스탈린에게 저항할 여지가

 ———— 10장. 전체주의의 악몽으로 치달은 평등의 꿈

있다고 판단했기 때문이었다. 이는 스탈린이 무자비한 숙청을 추진하면서 나름대로 정치적 계산과 전략을 동원했음을 보여준다. 그 결과 1937년부터 2년 넘게 진행된 군 숙청 과정에서 볼셰비키가 조직한 소련의 정규군, 이른바 '붉은 군대'의 장교 3만여 명이 체포되거나 처형되었다.

✦

국경을 넘어간 스탈린의 의심과 대숙청의 결말

다가올 독일과의 전쟁이 두려웠던 스탈린은 당과 군뿐만 아니라 더 넓은 집단을 희생시키기로 한다. 그는 전쟁이 벌어지면 국경지대의 소수민족들이 적의 편에 설 것이라 생각해서 이들에게 대규모 강제 이주를 명령했다. 소련에 살고 있는 우크라이나인, 폴란드인, 독일인, 핀란드인, 라트비아인, 아르메니아인, 그리스인, 중국인 그리고 일본의 식민 지배를 피해 이주해 와서 고려인이라는 이름을 얻어 살아가던 조선인이 그 희생을 감내해야 했다. 먹고살 터전을 찾거나 독립운동을 위해 고향을 떠나온 많은 조선인은 조선이 해방된 후에도 고향으로 돌아가지 못했다. 강제이주를 당할 뿐만 아니라 첩자로 몰려 처형당하는 이들도 속출했다.

한편 스탈린이 계속 이어간 대숙청의 문제점이 드러나기 시작했다. 너무나 빈약한 증거를 토대로 숙청이 이루어져 수많은 억울한 피해자가 생겨난 것이다. 스탈린과 내무인민위원부도 이 사실을 알고 있었지만 문제 삼지는 않았다. 스탈린은 "체포된 자들 중 5퍼센트만이 진짜 적이라고 하더라도 그것은 결과적으로 좋은 일일 것이다"라고 말하기까지 했다. 자신의 목적을 달성하기 위해서는 그 어떤 무고한 희생도 대수롭지 않게 여기는 잔혹한 독재자의 면모를 보인 것이다.

또 숙청 때문에 사망한 이들 중에는 평범한 시민이 당원의 열 배를 넘을 만큼 많았다. 왜 이런 끔찍한 일이 벌어졌을까? 숙청이 진행된 방식 때문이었다. 한 사람이 일단 의심받아 체포되면, 그와 사회적 관계를 맺고 있던 모든 이에게 자동으로 반혁명 혐의가 씌워졌다. 그리고 다시 여기서 혐의를 받게 된 이들과 친분이 있는 다른 이들에게도 또다시 혐의가 적용되었다. 그뿐 아니라 일반 시민은 누구든지 혐의를 받게 된 자와 평소 가까워 보이던 사람을 신고하라는 압박에 시달렸고, 만약 신고하지 않으면 '경계심 부족'이라는 혐의로 조사를 받았기에 적극적으로 신고할 수밖에 없었다. 이 때문에 평소 친하던 이웃끼리 신고하는 경우는 물론이고 부부가 서로를 신고하는 비극도 벌어졌다. 또 다른 층위의 폭력도 존재했는데, 일부 당원이 대숙청을 승진 기회로 이용한 것이다. 그들은 상급자를 반혁명 혐의로 신고해 몰아내고 상급자의 자리를 차지했다.

이런 방식은 처음에는 스탈린의 입맛에 잘 들어맞았다. 스탈린이 평소에 의심하던 인물을 누군가가 신고하면 증거가 부족해도 처벌할 수 있었기 때문이었다. 그러나 시간이 흐르면서 스탈린도 숙청의 물결이 자신의 통제를 벗어나고 있음을 느끼기 시작했다. 사회 곳곳에서 서로를 무차별적으로 고발하는 일이 일상이 되어 버렸기 때

 ———————— 10장. 전체주의의 악몽으로 치달은 평등의 꿈

문이다. 그렇게 고발당한 모든 사람을 처벌하게 되면 사회는 더 이상 제 기능을 할 수 없었다. 결국 스탈린은 대숙청을 시작한 지 2년 만에 "비방에만 근거해서 사람들을 체포하지 말라"고 지시하고, 자신의 출세를 위해 남을 신고하는 사람들을 비난하기 시작했다. 대숙청의 부작용에 대한 책임을 피하기 위해서였다. 또 자신의 '개'로서 최선을 다한 예조프를 인민의 적으로 규정해 처형함으로써 대숙청의 주범을 자신이 아닌 예조프로 지목해 책임을 피하려 했다.

공식 기록에 따르면 2년 남짓 지속된 스탈린의 대숙청 기간 동안 68만여 명이 총살당했다고 전해진다. 물론 실제로는 더 많은 이들이 사망했을 것이라고 추정된다. 숙청이 절정에 달했을 때는 매일 1,500여 명이 총살을 당했다. 또 총살당한 이들 못지않게 많은 사람이 집단수용소인 굴라크로 옮겨져 그곳에서 강제 노역을 해야 했다.

✦

새벽과 어둠이 함께 온 혁명

러시아혁명은 혹독한 겨울을 견디던 사람들이 전쟁을 멈추라고 외친 절박한 호소에서 시작되었다. 그리고 그 절박한 외침이 혁명가들의 급진적 이상과 합쳐져 세계 최초의 공산 정권이라는 거대한 실험을 향해 돌진했다. 레닌과 볼셰비키는 '모든 권력을 소비에트로'라는 구호를 내세워 기존 질서를 전복했고, 수백 년간 이어져 내려온 제국의 황혼 속에서 새로운 세기의 새벽을 열었다. 하지만 그 새벽은 오래가

지 않았다. 새로운 낙원을 꿈꿨던 혁명이 스탈린 체제에 이르러 공포
와 두려움이 도처에 펼쳐진 어둠을 몰고왔기 때문이다.

　러시아혁명은 역사 속 그 어떤 사건보다 해석의 폭이 넓은 사건이
기도 하다. 누가, 어떻게 해석하느냐에 따라 다른 의미를 지닐 수 있
다. 누군가에게는 억압에서 해방될 수 있는 하나의 가능성이자 약속
의 혁명이었고, 또 다른 누군가에게는 나를 둘러싼 세계가 뒤집힐지
도 모른다는 공포였다. 그러나 의미가 서로 달라도 '혁명이 상상 속의
실험이 아니라 현실 세계에서 벌어질 수 있는 일'이라는 확신은 공통
적으로 존재했다. 혁명을 긍정하는 쪽과 부정하는 쪽 모두 이 확신을
품은 채 투쟁한 것이다. 그렇게 새로운 세상을 만들고자 한 꿈과 그
꿈에 따라붙은 두려움은 국경을 넘어 전 세계로 퍼져나갔다. 러시아
혁명은 단지 제정이라는 국가 체제가 붕괴한 사건이라기보다 20세
기를 뒤흔든, 자본주의와 공산주의가 충돌한 '이념 전쟁'의 신호탄이
었다. 세계는 이제 예전의 세상으로 돌아갈 수 없었다. 혁명이 이미
현실에 자리 잡았고, 사람들은 그 현실을 각자의 방식으로 대하고, 두
려워하고, 싸우기도 하며 힘껏 살아내기 시작했다.

혐오와 배제가 남긴 경고의 역사

홀로코스트

1차 세계대전이 끝난 뒤 세계는 잠시 숨을 고르는 듯했다. 그러나 잠깐의 평온은 얇고 깨지기 쉬운 막에 불과했다. 전쟁이 남긴 상처 위로 인류가 경험한 적 없는 전체주의 체제가 모습을 드러냈고, 한 국가가 민족의 이름을 내세워 다른 민족을 집단적으로 말살하는 '홀로코스트'가 벌어졌다. 그리고 그 비극과 함께 또 한 차례의 세계대전이 일어났다. 홀로코스트는 하나의 범죄를 넘어 인간성에 대한 질문을 던지게 했다. '인간은 얼마나 잔혹해질 수 있는가?' 이 화두의 한가운데에 히틀러와 나치가 있다.

흔히 히틀러를 가리켜 "'선거를 통해' 집권했다"고 말한다. 마치 민주적 절차를 거친 '합법적인 독재자'였다는 듯이 말이다. 선거를 통해 집권했다는 말을 어떻게 받아들여야 할까? 실제로 히틀러가 권력을 쥐고 집권한 과정은 우리의 생각보다 훨씬 복잡한 양상으로 펼쳐졌다. 그가 집권에 성공할 수 있었던 것은 단지 '선거에 이겨서'가 아니라 당시 독일 사회의 불안정한 정치 구조와 기득권 세력의 오만, 그리고 반복되는 정치적 실패가 맞물린 결과였다. 또 그의 권력 장악은 민주적 절차가 아닌 법과 제도를 무력화하고, 공포와 선전을 앞세움으로써 이루어졌다. 이쯤에서 묻게 된다. 어떻게 한 개인과 집단이 국가 전체를 장악해 인간성을 파괴하는 체제를 실현할 수 있었을까? 그 비극은 어떻게 가능했으며, 그러한 비극을 반복하지 않기 위해 지금의 우리는 무엇을 기억하고 성찰해야 하는지를 생각해 보려 한다.

1차 세계대전 이후 독일의 상황

히틀러가 어떻게 권력을 장악할 수 있었는지 이해하기 위해서는 먼저 그가 집권한 시기의 독일, '바이마르 공화국'이 어떻게 탄생했는지를 이해할 필요가 있다. 무수히 많은 영토로 쪼개져 있던 독일은 1871년에 비스마르크가 이끌던 프로이센의 주도로 통일을 맞이한다. 그리고 이 시기의 독일을 독일 제국이라고 부른다. 1918년, 독일 제국이 1차 세계대전에서 패배할 것이 명백해지자 그동안 제정 아래에 쌓여 있던 정치적·사회적·경제적 불만이 한꺼번에 폭발했고, 그 여파로 황제 빌헬름 2세가 퇴위하게 되었다. 그리고 독일은 곧바로 제정을 폐지하고 공화정을 선포했다.

정치인들과 법률가들은 새로운 국가의 토대를 논의하고 만들기 위해 독일 중부의 작은 도시 바이마르로 모이게 된다. 수도 베를린이 아니라 바이마르에 모인 이유는 당시 베를린이 극좌파와 극우파의 활동으로 매우 불안정한 상황에 놓여 있었기 때문이다. 그렇다면 베를린을 제외한 여러 도시 중에서 하필 바이마르를 고른 까닭은 무엇일까? 바이마르는 독일 문학에 큰 영향을 준 괴테와 실러가 활동했던 곳으로 '독일 고전 문화의 상징'으로 여겨진 도시였다. 이곳에 모여서 미래 독일의 헌법을 논의함으로써 새로운 독일이 품위를 되찾고 긍정적 이미지를 내보일 수 있다고 믿은 것이다. 그래서 이곳에서 새 국가를 규정하는 '바이마르 헌법'이 채택되었고, 이 헌법에 기반해 운영된 1919년부터 1933년까지의 독일을 바이마르 공화국이라고 부르게 되었다.

바이마르 헌법은 어떤 내용을 담고 있었을까? 여성을 포함한 만 20세 이상 성인의 선거권과 참정권을 보장하는 등 여러 면에서 매우 선진적이었다고 평가할 수 있었다. 또 여느 근대국가들과 마찬가지로 삼권분립에 기반하고 있었고, 국민이 직접 선출한 대통령이 행정부의 수장이 되었다. 대통령은 7년이라는 비교적 긴 임기 동안 총리를 직접 임명하고, 총리가 추천한 후보 중에서 장관을 임명할 수 있었다. 필요할 경우 의회를 해산하고 6개월 이내에 재선거를 실시할 수도 있었다. 국회의원 역시 국민이 선출했고, 4년의 임기를 가진 국회의원으로 구성된 의회는 법안을 제정하고, 대통령이 구성한 내각에 대해 불신임안을 결의할 수 있었다. 이처럼 바이마르 헌법은 100년 후를 살아가는 우리에게도 공감받을 내용을 담고 있었지만, 헌법 48조라는 치명적인 약점도 지니고 있었다. 헌법 48조에 따르면 대통령은 비상상황에서 '공공의 안전과 질서를 위해' 긴급명령을 내림으로써 의회를 무시하고 통치권을 행사할 수 있었다. 물론 의회 과반이 반대하면 이를 무효화할 수 있었지만, 정치가 불안정한 상황에서는 독재의 문을 여는 틈이 될 수 있었다.

바이마르 헌법을 살펴보면, 히틀러가 자력으로 권력을 잡을 길은

두 가지였음을 알 수 있다. 하나는 대통령 선거에 직접 출마해서 당선되는 것, 다른 하나는 의회에서 자신의 정당인 나치당이 스스로 혹은 다른 정당과 연정을 구성해 과반수 의석을 획득하는 것이었다. 미리 결론부터 말하자면, 히틀러는 두 가지 방법 모두 실현하지 못한다.

불안정한 정치 상황을 이용한 히틀러

1925년 이후 바이마르 공화국을 이끈 인물은 파울 폰 힌덴부르크로, 1차 세계대전 당시 열세로 점쳐졌던 타넨베르크 전투에서 예상을 뒤엎고 독일군의 승리를 이끈 전쟁 영웅이었다. 이 승리로 그는 육군원수로 진급했고 국민적 영웅도 될 수 있었다. 그리고 전쟁 후반기에는 현실 정치에서도 막강한 영향력을 행사했다. 전쟁이 끝난 뒤에 은퇴해 유유자적한 삶을 살던 그는 1925년 대선을 앞두고 우파 정당들부터 출마 요청을 받고 인생이 달라지게 된다. 전형적인 19세기의 엘리트 군인 출신이었던 힌덴부르크는 평소 군주제를 지지했을 뿐만 아니라 이미 77세의 연로한 나이였기에 처음에는 이 요구를 거절했다. 그러나 그의 '국민 영웅' 이미지를 내세우려는 보수세력의 끈질긴 구애 끝에 결국 출마를 결심했고, 48.3퍼센트 득표율로 대통령에 당선되었다.

집권 초기만 놓고 보면 그는 비교적 무난히 대통령직을 수행했다고 할 수 있었다. 그런데 곧 하나의 세계사적 사건이 그가 공화국에는

파울 폰 힌덴부르크

어울리지 않는 구시대적 인물이라는 사실을 드러내게 되는데, 그것은 바로 1929년에 일어난 '경제 대공황'이었다. 미국에서 시작된 경제 대공황은 전 세계에 여파를 일으켰고, 독일에도 거대한 충격을 남겼다. 실업자가 급증하면서 위기가 커지자 힌덴부르크는 당시 의회에서 대연정을 이끌던 헤르만 뮐러를 해임한 뒤 1930년 3월 29일, 의회와 상의하지 않고 중도우파 성향의 중앙당 정치인 하인리히 브뤼닝을 총리로 임명했다.

여기서 문제의 헌법 48조가 다시 등장한다. 의회의 지지가 부족했던 브뤼닝은 대통령으로부터 위임받은 긴급명령 발동권을 사용하려 했고, 당연히 의회는 과반의 반대를 통해 무효화하려고 했다. 이러한 의회의 움직임이 포착되자 힌덴부르크는 의회를 해산해 버리는 강수를 뒀다. 긴급명령을 밀어붙인 그의 선택은 경제 위기와 맞물려 정치적 혼란만 더 키웠다. 헌법 48조의 취지인 '공공의 안전과 질서 유지'와는 전혀 다른 결과였다.

이처럼 정부가 제대로 기능하지 못하는 상황에서는 기존 정치 질서를 향한 불신과 정치 혐오가 만연해지고, 체제를 전복하겠다고 주장하는 극단주의 세력이 부상하기 마련이다. 이때 히틀러와 그의 나치당도 힘을 얻기 시작했다. "게르만족은 위대하다"고 주장하며, "1차 세계대전에서 독일이 패배한 것은 무능해서가 아니라 유대인에게 배신당했기 때문"이라고 말한 히틀러와 나치당은 대중의 분노를 이용해 자신들을 기존 체제를 교체할 수 있는 유일한 세력으로 포장했다. 그 덕분에 히틀러와 나치당은 1928년 이전까지는 2.6퍼센트밖에 득표하지 못했지만 1930년 선거에서는 사민당에 이어 제2당이 되었고 1932년에는 마침내 의회에서 제1당이 되는 데 성공했다.

그렇다면 히틀러가 선거로 집권했다는 주장은 사실일까? 나치당은 총선에서 가장 많은 표를 얻기는 했지만, 여전히 과반에는 한참 모자란 30퍼센트대 득표에 머물렀다. 게다가 다른 당들이 연정을 단호하게 거부했기 때문에 히틀러에게는 불만족스러운 결과였다. 1932년 치러진 대통령 선거에서도 히틀러는 힌덴부르크에게 큰 표 차로 밀려 낙선했다. '차라리 힌덴부르크가 낫다'고 판단한 사민당이

　　　　　　　　　　11장. 혐오와 배제가 남긴 경고의 역사

후보를 내지 않은 것도 히틀러의 패배에 영향을 미쳤다.

　그렇게 히틀러는 대통령에도 당선되지 못하고 의회에서 과반수 의석을 획득하는 데도 실패하게 됐다. 평소 선거 유세에서 지지자들에게 빠른 속도로 권력을 잡고 모든 사회적 문제를 일소하겠다고 단언해 온 그였기에 이러한 실패는 곧 큰 위기로 다가왔다. 실제로 나치당의 득표율도 1932년 11월 총선에 이르러서는 처음으로 제법 큰 하락세를 기록했다.

"히틀러의 기회는 사라졌다."

_〈뉴욕타임스〉, 1932년 11월 총선 직후

　이렇게 나치당을 둘러싼 사회적 분위기가 변하기 시작하자 〈프랑크푸르트 신문〉도 "독일이 가장 긴박한 응급상황을 견뎌냈으며, 국가에 대한 나치의 공격은 극복되었다"라고 평가했다.

✦

히틀러에게 기회를 안긴 우파의 오만

그렇다면 선거에서 패배한 히틀러는 대체 어떻게 권력을 쥐게 되었을까? 그 시작은 독일의 우파 세력 내부에서 벌어진 권력 다툼에서 비롯되었다. 당시 의회의 지지를 얻지 못한 채 대통령의 긴급명령권에 기대어 정치를 운영하던 브뤼닝의 대중적 인기는 형편없었다. 경제 대공황으로 폭증한 대규모 실업과 장기 불황을 극복하기 위해 실시한 각종 정책조차 재계로부터 "사회주의적이다"라는 비난을 받자, 결국 브뤼닝은 힌덴부르크의 신뢰를 잃고 사임할 수밖에 없었다.

브뤼닝의 후임으로 1932년 6월 총리로 임명된 프란츠 폰 파펜은 재계에서 요구하던 대로 실업자 복지 정책 지출을 대폭 삭감했다. 그러나 이 조치는 실업자가 많아진 상황에서 국민의 지지를 잃는 결과를 낳았다. 돌파구를 찾던 파펜은 나치당의 지지율을 흡수하려는 의도로 히틀러에게 내각의 한자리를 내주는 정치적 거래를 시도했으나, 히틀러가 되려 총리직을 요구하면서 거래는 무산되었다. 결정적인 타격은 9월 의회에서 기습적으로 이루어진 불신임안 투표가 가결되면서 찾아왔다. 찬성 511표 대 반대 42표라는 압도적 표차로 불신임을 당하게 된 파펜은 절차를 문제 삼아 사임하지 않고 버티는 한편, 11월 총선에서 나치당의 상승세가 꺾이자 의회를 해산시키고 재선거를 무기한 연기할 계획까지 꺼내 들었다. 파펜을 신뢰했던 힌덴부르크는 처음에는 이 계획을 지지했으나 국방장관 쿠르트 폰 슐라이허가 내전이 발발할 위험성을 언급하며 이 계획에 반대하자 12월 3일, 어쩔 수 없이 총리를 파펜에서 슐라이허로 교체한다.

이 일을 계기로 파펜은 슐라이허에게 앙심을 품고 복수를 준비했다. 바로 이때 그의 머릿속에 떠오른 인물이 한 명 있었으니, 히틀러였다. 총리직에서는 물러났지만 힌덴부르크의 개인적 신임 덕분에 정치적 자문 역할은 지속하고 있던 파펜은 힌덴부르크에게 히틀러를 총리로 임명하라고 건의했다. 하지만 이 제안만은 힌덴부르크가 받

　　　　　　　───── 11장. 혐오와 배제가 남긴 경고의 역사

아들이기 어려웠는데, 그가 보수적인 인물이긴 했으나 히틀러와 나치당이 주장하는 극단적인 이념에 동의하지 않았고 히틀러를 그다지 마음에 들어 하지 않았기 때문이었다. 육군 원수였던 자신과 히틀러를 종종 비교하면서 히틀러를 일개 상병이라고 무시했다는 일화도 전해진다. 여기에 더해 힌덴부르크는 1932년 대통령 선거에서 히틀러와 맞붙으며 나치당으로부터 많은 인신공격을 받은 것도 기억하고 있었다.

그러자 파펜은 다른 접근을 시도한다. 힌덴부르크를 설득하기 위해 "내가 히틀러를 길들일 수 있다"고 주장한 것이다. 그는 재계를 대표해 히틀러에게서 '자본주의 경제 체제를 훼손하지 않겠다'는 약속도 받아왔다. 그리고 히틀러를 총리로 임명하되 자신이 부총리가 되어 히틀러를 통제하는 구도를 제안하고, 대기업과 자본가 등 보수 경제계를 정치적으로 대변해 온 독일국가민족당의 대표 알프레트 후겐베르크에게 경제 전권을 주어서 히틀러를 견제하는 이중 안전장치를 만들자고 설득했다. 파펜은 이렇게 해서 히틀러를 앞세우면서도 실권은 내주지 않을 수 있다고 믿었고, 같은 논리로 기업가들도 설득해 가며 정치 기반을 쌓아갔다.

그와 동시에 파펜은 슐라이허의 정치적 입지를 좁히기 위한 각종 정치 공작을 끊임없이 이어갔다. 슐라이허도 나름대로 정치 기반을 지키기 위해 히틀러를 제외한 나치당의 일부 세력을 포섭하려고 시도했으나 실패했고, 이어서 후겐베르크를 파펜으로부터 떼어내 자신의 편으로 끌어들이려 했으나 그마저 실패로 돌아갔다. 이에 군부 일

히틀러 취임 직후, 당시 내각을 구성한 이들이 모여 찍은 사진

부에서는 군인 출신 슐라이허에게 직접 쿠데타를 일으키라고 제안하지만 슐라이허는 거부하고 1933년 1월 28일 힌덴부르크에게 사의를 밝혔다.

이틀 후 파펜과 그의 측근들, 그리고 기업가와 은행가들로부터 히틀러를 총리로 임명하라는 제안을 재차 받은 힌덴부르크는 히틀러를 총리로 임명하게 되고, 파펜은 히틀러 내각의 부총리가 되었다. 히틀러를 '통제 가능한 인물'로 보고 내린 결정들이 불러올 참혹한 결과를 파펜과 측근들은 이때 알지 못했다.

오늘날 남아 있는, 히틀러 취임 후 그가 내각 구성원들과 함께 찍

 ———— 11장. 혐오와 배제가 남긴 경고의 역사

은 사진을 보면 자신을 바라보는 파펜을 외면한 채 수하인 괴링과 대화를 나누고 있는 히틀러의 모습을 확인할 수 있다. 어쩐지 벌써 의미심장하지 않은가? 히틀러를 길들일 수 있다고 주장해 온 파펜은 이때 어떤 생각을 했을까? 참 절묘한 장면이라고 할 수 있겠다.

독재의 길로 향하다

히틀러가 집권한 과정을 살펴보면, 그가 독일 국민으로부터 약 30퍼센트의 지지를 얻기는 했지만 그것만으로는 권력을 잡을 수 없었음을 파악할 수 있다. 민주주의적 절차에 따라 집권하려면 혼자서든, 연정을 통해서든 과반의 지지를 확보해야 했지만 히틀러는 그러지 못했다. 히틀러의 집권은 힌덴부르크가 헌법 48조의 긴급명령권을 남용하고, 전혀 민주적이지 않았던 파펜, 슐라이허, 그리고 군부와 경제계가 내부에서 권력 투쟁을 벌였기 때문에 가능한 일이었다. 이를 이해하면, 히틀러는 '지나친' 민주주의 덕분이 아니라 오히려 '충분하지 않은' 민주주의 때문에 집권했다는 사실을 알 수 있다.

그렇다면 히틀러를 길들일 수 있다던 파펜의 호언장담은 어떻게 되었을까? 히틀러의 집권 이후 행보를 보면 파펜의 희망이 얼마나 헛된 것이었는지 알 수 있다. 히틀러는 총리로 임명된 직후 곧바로 독재 권력을 강화하기 위한 준비를 차근차근 추진했다. 그 결정적 전환점이 된 사건이 바로 취임 약 한 달 만인 2월 27일에 일어난 독일 국회의사당 방화 사건이었다. 그는 조사가 이루어지기도 전에 좌파 세력인 공산당을 사건의 배후로 지목하고, 이를 구실 삼아 '국민과 국가의 보호를 위한 긴급명령'을 발표해 의심스럽다고 판단되는 이들을 체포해 투옥할 수 있는 권한을 스스로 부여했다. 이 때문에 3월 1일 하루에만 1,500명이 넘는 인원이 체포되었다. 3월 5일 치러진 총선 당일에도 나치 당원들의 길거리 테러가 이어져 50명이 넘는 공산당 지지자들이 목숨을 잃었고, 이런 폭력적인 분위기 속에서 치러진 선거에서 나치당은 43.9퍼센트의 득표율을 기록해 마침내 40퍼센트의 벽을 넘었다.

그러나 이미 총리로 취임한 히틀러는 의회를 통한 정치를 하려고 하지 않았다. 그는 3월 24일 '전권위임법'이라는 법안을 표결에 부쳤는데, 이 법은 히틀러에게 의회의 동의 없이 무슨 법이든 제정할 수 있도록 허락해 주는 내용을 담고 있었다. 이 법이 통과되기 위해서는 의회에서 3분의 2 이상의 국회의원이 출석하고, 출석한 국회의원 중에서 다시 3분의 2 이상이 찬성표를 던져야 했다. 그런데 이때 당시 의회의 총 의원 수는 647명이었고, 히틀러의 가장 강력한 적이었던 사민당과 공산당 소속 의원이 201명이었기 때문에, 사민당과 공산당이 다른 정당에서 15명의 의원만 설득해서 출석하지 않게 한다면 이 법은 통과될 수 없었다. 사민당과 공산당은 끝까지 이 법을 막기 위해 최선을 다했지만, 결국 이 두 정당을 제외한 모든 우파 정당들이 찬성표를 던져 전권위임법은 통과되고 말았다. 이 장면은 이때까지도 전통적인 우파 세력이 여전히 히틀러를 '길들일 수 있는 인물'로 믿고

 ——————— 11장. 혐오와 배제가 남긴 경고의 역사

있었다는 사실을 단적으로 보여준다.

✦

장검의 밤이 지나고

전권위임법에 따라 마음대로 법을 제정할 수 있게 된 히틀러가 가장 처음 한 일은 무엇이었을까? 그는 자신에게 저항해 온 사민당을 불법 정당으로 규정했다. 또 나치 내부의 잠재적인 경쟁자를 제거하기 위한 작업에 돌입했는데, 그 표적이 된 집단은 갈색 제복을 입어 '갈색 셔츠단'으로 불린 나치 돌격대였다. 나치 돌격대는 히틀러가 집권하기 전, 나치의 행사 자리에서 나치의 위세를 과시하고 지도부를 보호하는 역할을 맡았던, 일종의 정치깡패에 가까운 이들이었다. 그러나 히틀러가 막상 정권을 잡고 나니 이들의 쓸모가 줄어들었다. 돌격대의 수장 에른스트 룀은 자신의 공로를 인정받고 싶어 "돌격대를 정규군으로 편입하자"고 주장했는데, 정세를 읽지 못한 이 한 번의 요구로 룀은 히틀러의 눈 밖에 나고 만다.

이 무렵 히틀러의 눈 밖에 난 인물이 또 있었다. 바로 히틀러를 길들일 수 있다고 장담했던 파펜이었다. 히틀러를 통제할 수 없다는 사실을 뒤늦게 깨달은 그는 1934년 6월의 한 연설에서 "이기주의", "근본 없음", "거짓스러움", "품위 없음" 같은 표현으로 나치를 비난하는 일을 저질렀고 이를 알게 된 히틀러는 분노에 휩싸였다. 6월 30일, 히틀러는 독일 정규군의 힘을 빌려 룀을 포함해 자신에게 저항할 가능성이 있는 이들을 대거 숙청했다. 89명이 희생된 이 사건은 '장검의 밤'으로 불리게 되었다.

이제 히틀러를 견제할 유일한 인물은 대통령 힌덴부르크 한 사람 밖에 없었다. 그러나 86세였던 그는 장검의 밤이 일어난 지 약 한 달 뒤에 세상을 떠났다. 히틀러는 이 기회를 놓치지 않고 직접 힌덴부르크의 장례식을 주관하고 추모 연설을 함으로써 자신이 국민적 영웅이었던 힌덴부르크의 계승자라는 이미지를 독일 국민에게 각인시키고자 했다. 그리고 장례식이 끝난 지 얼마 되지 않아 공석이 된 대통령직과 자신의 총리직을 하나로 합치는 법안을 국민투표에 부치도록 했다. 사민당과 공산당을 불법정당으로 규정한 상태에서 그나마 산발적으로 남아 있던 히틀러의 반대파에 폭력과 협박이 가해졌고, 선거는 조작으로 얼룩졌다. 이런 왜곡된 선거의 결과로 찬성표가 90퍼센트나 나오게 되었고, 그리하여 히틀러는 대통령과 총리를 합친 '총통' 자리에 오르게 되었다. 히틀러를 통제할 수 있을 것이라 믿었던 정치 세력의 계산은 완전히 무너졌다. 이제 히틀러는 모두로부터 그 어떠한 견제도 받지 않는 절대 권력자가 되었다.

유대인 차별을 공식화하다

절대 권력을 손에 쥔 히틀러는 그 힘을 어디에 사용했을까? 불행히도 유대인을 향한 박해와 학살에 동원했다. 사실 히틀러는 집권 이전, 선거 운동을 할 때부터 당대 각종 사회 문제와 경제 문제의 원흉으로 유대인을 꼽으며 반유대주의 사상을 주장해 왔고, 대다수의 독일 국민도 히틀러의 생각을 알고 있었으나 히틀러가 유대인 집단학살을 벌일 것을 예상하지는 않았다. 히틀러가 반유대주의를 어떻게, 얼마나 실제 정책으로 옮길지는 누구도 확실히 알 수 없었다.

게다가 히틀러 본인 역시 취임 초반까지는 모호한 태도를 보였다. 총리로 취임한 지 한 달 뒤에 나치 돌격대가 유대인 상점을 습격하는 사건이 벌어졌을 때, 히틀러는 이런 행동을 비판하면서 거리를 두는 모습을 보였다. 유대인 상점에 난입하는 돌격대의 모습이 미국의 신문을 비롯한 국제 언론에 소개되면서 나치 정권에 대한 국제적인 비판이 불거졌기 때문이었다. 그러나 아이러니하게도 이 같은 국제사회의 비판은 오히려 돌격대의 결속력을 키웠다. 돌격대는 외부의 비판을 유대인의 음모로 해석했고, 무력을 이용해 유대인 상점뿐 아니라 유대인 의사, 유대인 변호사들을 공격하기 시작했다.

한편 히틀러는 나치 돌격대의 야만적인 폭력과는 일단 거리를 두었고 제도적 차원에서 유대인 차별을 공식화하는 작업에 돌입했다. 그는 공무원법을 제정해 유대인 공무원을 강제로 해임했고, 대학교에서도 유대인 출신 학자와 교수들을 몰아내기 시작했다. 또한 유대인 변호사들도 변호사로 활동할 수 없도록 막았고, 대학교에 입학하는 유대인 학생의 수를 독일인 학생 수의 1.5퍼센트로 제한하는 법도 제정했다. 뒤이어 유대인의 군 복무 자격도 박탈했다. 중앙정부에서 이런 조치들을 취하자 사회 전반에서도 유대인을 향한 차별과 배제가 빠르게 퍼져나갔다. 홀로코스트를 다루는 영화들에서 흔히 접하는 장면들, 예컨대 식당에서 유대인 출입을 막거나 유대인 상점 불매 운동을 하거나 유대인이 공원과 운동 시설을 이용하지 못하게 막는 일들이 실제로 벌어진 것이다.

일상에서도 피해를 보게 된 유대인들은 어떤 생각을 했을까? 이전까지는 느껴보지 못한 두려움을 느낄 수밖에 없었다. 이전에도 유대인에 반감을 느끼는 이들이 있기는 했지만, 국가가 직접 나서서 유대인을 억압하는 모습은 완전히 새로운 공포로 다가왔다. 많은 유대인이 독일을 떠나기로 결심했고, 실제로 1933년 한 해에만 3만 명이 넘는 유대인이 독일을 벗어나 이민을 떠났다.

히틀러는 유대인들이 독일을 떠나는 모습을 지켜보면서 자신이 옳다는 확신을 얻은 것으로 보인다. 그는 1935년에는 아예 유대인 차별을 법제화하는 '뉘른베르크법'을 제정했고, '제국시민법'으로 유대인을 2등 국민으로 분류했다. 이 법에 따르면 독일 혈통인 사람만이 온전한 국민으로 인정되었고, 유대인과 비유대인 사이의 결혼은 물론이고 성관계조차 법적으로 금지되었다. 이를 지키지 않은 유대인 남성은 처벌받았다.

✦

그토록 대대적인 억압은 어떻게 가능했나

그런데 여기서 한 가지 근본적인 의문이 들 수 있다. 아주 엄밀한 관

 ——————— 11장. 혐오와 배제가 남긴 경고의 역사

점에서 볼 때, '정확히 누구를 유대인으로 정의할 것인가?'라는 질문이 제기되는 것이다. 이 질문은 단순한 호기심에서 비롯된 것이 아니라 차별을 법으로 집행하는 과정에서 해결해야 하는 중요한 문제였다. 이 질문에 답하기 위해 나치 정부는 생물학자들과 인종학자들을 동원해 '한 사람의 조부모 중 세 명 이상이 유대교를 믿은 경우에 유대인으로 간주해야 한다'는 진단을 내렸다.

이런 정의가 지금의 우리에게는 어처구니없게 느껴지기도 하고 그저 우스꽝스러워 보이기도 한다. 그러나 이렇게 허술하고 비과학적인 판단을 믿은 이들의 모습은 매우 중요한 시사점을 제시한다. 나치의 반유대주의 세계관과 이에 기초해서 이후 벌어지는 유대인 학살이 단지 히틀러와 그에 동조하는 지지자들에 의해서만 벌어진 것이 아니라는 사실을 보여주기 때문이다. 가치중립적 입장에 서 있다고 여겨지는, 잘 교육받은 전문가와 학자 집단이 바로 그 권위를 이용해 나치를 뒷받침했다. 이 사례는 시대를 초월해 '학자와 지식인의 사회적 역할은 무엇인가'를 묻게 만든다.

히틀러의 유대인 억압은 일상적 차별에만 머물지 않았다. 유대인이 운영하는 상점과 기업을 공격하는 행위를 다른 경쟁자가 조장하는 경우도 흔했는데, 1933년부터 1935년까지만 해도 유대인 사업체의 약 4분의 1이 공중분해되거나 유대인이 아닌 자의 소유로 넘어갔다. 이때까지만 해도 중소기업에 해당하는 작은 규모의 사업체가 주요 표적이었는데, 이는 더 큰 폭압의 전조에 불과했다.

1935년 뉘른베르크법의 시행 이후 상황은 더욱 극단적으로 치달았다. 위기감을 느낀 유대인들이 본격적으로 독일을 떠나기 시작하자 나치 정부는 이 틈을 노려 유대인 소유의 대기업까지 독일인의 소유로 넘기는 작업에 돌입했다. 그뿐 아니라 외국으로 떠나는 유대인에게 '제국도피세'의 명목으로 전 재산의 25퍼센트를 세금으로 부과하는 법을 만들기도 했다.

그러다가 1936년 베를린 올림픽을 앞두고는 잠시 유대인을 향한 억압이 누그러졌다. 올림픽 기간에 집중될 외부의 시선에 나치 정부가 부담감을 느꼈기 때문이다. 그러나 올림픽이 끝난 뒤부터는 다시 본격적으로 반유대주의 정책들이 강화되었다. 나치 정부는 1938년에 독일에 거주하는 폴란드 국적의 유대인을 독일에서 추방하고자 했고, 이틀 만에 약 1만 7,000명의 폴란드 국적 유대인이 체포되어 폴란드 국경지대로 이송되었다. 문제는 이 정책이 정작 폴란드 정부와 협의 없이 일방적으로 진행되었다는 점이었다. 갑작스러운 독일 정부의 조치를 맞닥뜨린 국경지대의 폴란드군은 유대인의 입국을 거부했고, 유대인들은 국경 사이에 마련된 간이 수용소에서 갇혀 지내야 했다.

✦

수정의 밤 이후 많은 것이 달라졌다

이 사건은 그저 나치 정부의 어설픔을 보여주는 작은 해프닝으로 끝날 수도 있었다. 그러나 이후 벌어진 일들은 이 사건이 거대한 비극의 씨앗으로 역사에 기록되도록 만들었다. 프랑스 파리에 거주하고 있

 ———————— 11장. 혐오와 배제가 남긴 경고의 역사

던 한 유대인 젊은이가 국경지대의 간이 수용소에 수감된 부모의 소식을 듣고 분노에 차서 독일 대사관에 침입해 독일 외교관에게 총격을 가한 것이다. 총상을 입은 외교관은 다음 날 사망하고 만다.

이 소식을 들은 히틀러는 어떤 반응을 보였을까? 그는 선전부 장관 요제프 괴벨스의 입을 빌려 "나치당이나 정부 차원에서 복수를 위해 반유대주의 행동을 조직하지는 않을 것이나 반유대주의적 행동이 이루어진다고 해도 이를 굳이 막지는 않을 것"이라고 밝혔다. 히틀러는 막지 않겠다고 하는 것만으로도 폭력이 얼마든지 작동할 수 있다는 사실을 알고 있었다. 이는 사실상 공개적으로 복수를 주문하는 것이나 다름없었다.

1938년 11월 9일 밤, 괴벨스의 말에 자극받은 나치 지지자들은 유대인 공격에 나섰다. 그들은 유대인의 상점에 불을 질렀고, 유대인을 집에서 끌어내 테러를 가했다. 또 유대교의 예배 장소인 시나고그들을 파괴했다. 거리 곳곳에 유대인 상점의 깨진 유리 창문의 파편이 흩어져 빛을 반사했고, 그 파편을 수정에 비유해 부르게 된 '수정의 밤'이 사건에 붙어 역사로 기록되었다. 정확한 수는 알 수 없지만 최소 100명이 넘는 유대인이 이 밤에 목숨을 잃은 것으로 추정된다. 괴벨스는 자신의 말에 자극받은 사람들이 벌인 일을 어떻게 받아들였을까?

"내가 호텔에 막 도착했을 때, 창문들이 덜컹이는 소리가 들렸다.
브라보! 모든 국민이 격분 상태에 빠졌다."

_괴벨스가 일기장에 남긴 기록 중에서

괴벨스는 죄책감을 느끼기는커녕 폭력을 국민적 분노로 미화하며 상황을 즐기고 있었다. 그러나 그의 말과는 달리 '모든 국민'이 학살에 동참하거나 지지를 보낸 것은 아니었다. 나치를 지지하지 않던 많은 독일 국민이 오히려 이 사건을 몹시 부끄러워했다는 기록들이 남아 있기 때문이다. 당시 나치의 정보 수집을 담당한 한 비밀경찰이 작성한 보고서에 따르면, 이날 밤의 소식을 들은 독일인들이 "고개를 가로젓고 냉담한 침묵에 빠졌으며, 굳이 숨기지 않고 유대인에 대한 측은함을 드러냈다"고 전해진다. 또 "대다수의 국민이 유대인 학살을 납득하지 못할 뿐 아니라 '문명국가라면 이러한 일이 벌어지지 않아야 한다'고 말했다"고 보고되었다. 그러나 독일 국민의 이 같은 반응도 히틀러와 나치 정부의 폭주를 막지는 못했다. 나치 정부는 유대인 약탈과 학살 과정에서 발생한 피해의 복구 비용을 오히려 유대인에게 전가하기까지 했다.

수정의 밤은 국제사회에서도 크게 비난받았다. 앞서 말했듯 히틀러가 베를린 올림픽이 개최된 시기에 유대인 억압을 일시적으로 완화하기도 했으므로 나치를 지지하지 않는 사람 중에는 최소한의 기대감을 아직 지니고 있는 이들도 있었다. 히틀러가 집권하기 이전의 정치권이 워낙 혼란스러웠기 때문에, 히틀러가 적어도 이전 정치인들보다는 나은 모습을 보이지 않을까 기대하기도 했던 것이다. 특히 경제 대공황으로 맞게 된 경기 침체가 나치 집권 이후 어느 정도 해소되는 것처럼 보이면서, 유대인을 차별하는 조치들을 지지하지는 않으면서 작은 부작용으로 치부하거나 애써 외면하는 이들도 있었다.

 ———— 11장. 혐오와 배제가 남긴 경고의 역사

수정의 밤이 지나간 후, 유대인 상점의 깨진 유리창을 바라보는 사람들

그러나 수정의 밤 이후로는 이들도 더 이상 전과 같은 태도를 취할 수 없었다. 이 사건을 계기로 나치는 국제사회에서 절대적인 악으로 통하게 되었다.

한편 수정의 밤은 독일 사회 내부에서도 뚜렷한 분기점이 되었다. 이전까지는 정치에 아주 무관심한 이라면 유대인에 관한 여러 조치를 잘 모르거나, 모른 척할 수 있었다. 그러나 이제는 그럴 수 없었다. 바로 눈앞에서 이웃의 가게가 풍비박산이 나고, 익숙한 얼굴들이 한밤중에 끌려나가 죽임당하는 광경 앞에서 "몰랐다"라는 평계는 통하지 않았다.

✦

차별에서 학살로

1939년, 독일이 폴란드를 침공하면서 2차 세계대전이 시작되자 히틀러는 이제 수정의 밤과는 비교할 수 없을 정도로 거대한 규모로 유대인을 박해할 수 있게 되었다. 폴란드를 점령하게 되면서, 새로 관리하게 된 그곳에 유대인이 200만 명이나 살고 있었기 때문이다. 독일은 이곳에서 유대인 집단 학살에 사용할 방법들을 실험하기 시작한다. 유대인을 거주지에서 쫓아내 '게토'라는 곳에 격리했고, 약 6,000명을 임의로 사살했다. 유대인 상당수는 강제로 다른 곳의 집단 수용소로 이송되어 강제 노동에 투입됐으며 나치 정부는 폴란드에 최초의 가스실을 설치해 그곳에서 유대인을 처형하기도 했다.

그런데 이때까지만 해도 히틀러가 지구상 모든 유대인을 완전히 제거할 생각을 하고 있었는지는 분명히 알기 어렵다. 1930년대 중반까지 나치의 유대인 탄압은 독일 사회에서 유대인들을 몰아내고, 그들의 재산을 빼앗고, 사회적·법적 권리를 박탈하는 쪽에 머물러 있었다. 앞서 다룬 유대인과의 결혼 금지, 공직 진출 제한, 대학 정원 제한 등은 모두 '유대인을 독일 사회로부터 떼어내는 것'을 목표로 한 정책이었다.

그렇다면 히틀러는 언제부터 유대인을 모조리 없애야겠다는 끔찍한 생각을 했을까? 그 생각은 2차 세계대전이 히틀러의 뜻대로 흘러가지 않으면서 상황이 급격히 변한 데서 비롯된다. 히틀러는 1940년에는 불과 두 달 만에 프랑스를 점령함으로써 독일에서 폭발적인 인기를 누렸다. 그러나 이듬해 시작된 소련 침공이 장기전으로 치달았다. 소련은 히틀러의 예상과는 달리 쉽게 무너지지 않았고, 프랑스처럼 소련도 빠르게 굴복시킬 수 있다고 장담했던 히틀러는 자신의 전략이 실패했다고 인정하기보다 책임을 돌릴 희생양을 만들기로 한다.

그때 히틀러가 선택한 대상이 바로 유대인이었다. 1941년 말부터 그는 유대인을 '페스트'에 비유하며 더욱 강한 비난을 퍼부었고, 나치 지도부도 점점 악화하는 전쟁 상황에 위기의식을 느끼며 유대인을 독일 사회에서 분리하는 수준을 넘어 유대인의 존재 자체를 없애버리려는 전략을 선택하기 시작했다. 이러한 방향 전환이 공식적으로 확인된 사건이 1942년 1월에 개최된 '반제 회의'였다. 베를린 인근에서 열린 이 회의에는 나치 고위 관료 열다섯 명이 참석해 유대인 문제

아우슈비츠

의 '최종해결책'을 논의했다. 그리고 그들은 '전쟁 중 독일이 점령한 유럽 지역의 유대인을 폴란드 강제수용소로 이송해 그곳에서 집단 학살한다'는 목표에 합의했다. 당시 독일이 프랑스에서부터 동유럽에 이르는 방대한 땅을 점령하고 있었기 때문에, 이는 사실상 모든 유대인을 학살하겠다는 계획이나 다름없었다. '홀로코스트'는 그렇게 시작됐다.

반제 회의의 최종해결책대로 유럽 전역에서 끌려온 유대인들은 '아우슈비츠'를 포함해 여러 수용소로 보내졌다. 수용소에 도착한 유대인에게는 어떤 운명이 기다리고 있었을까? 이곳에 도착한 유대인은 의사에게 간단한 신체 검사를 받았다. 건강하다고 판단된 이들은 강제 노동을 해야 했고 나이가 들거나 병든 자, 어린아이들은 쓸모없

 ——————— 11장. 혐오와 배제가 남긴 경고의 역사

다고 판단되어 곧바로 가스실로 향했다. 어떤 이들은 따로 선별되어 생체실험을 당하기도 했다. 가스실로 향하는 이는 방에 들어가기 직전까지도 샤워실로 향하는 줄 알고 있었다. 나치의 관리자들은 유대인들이 행여나 다른 생각을 품지 못하도록 최대한 빨리 탈의하고 가스실로 들어가도록 만들기 위해, "빨리 들어가지 않으면 물이 차가워진다"고 말하기까지 했다.

1945년 나치가 패망하기 전까지 최소 600만 명이 집단 학살의 희생자가 된 것으로 추정된다. 독일과 폴란드의 유대인뿐만 아니라 벨기에, 네덜란드, 룩셈부르크, 불가리아, 프랑스, 이탈리아, 그리스, 크로아티아, 루마니아, 세르비아, 슬로바키아, 체코, 그리고 헝가리 등 유럽 전역의 유대인들이 영문도 모른 채 끌려와 죽임을 당했다.

✦

홀로코스트의 비극

홀로코스트는 인간이 얼마나 잔인해질 수 있는 존재인지를 보여주는 역사다. 나치는 심지어 학살 과정에서 수용소의 유대인 중 일부를 선발해 강제로 자신을 보조하는 역할을 담당하게 했다. 유대인이 다른 유대인의 학살을 돕게 만든 것이다. 그렇게 선발된 이들은 일종의 중간관리자로서 강제수용소의 일상이 원활히 돌아가도록 만들어야 했다. 그리스에서 살고 있다가 아우슈비츠로 끌려와야 했던 한 유대인이 가족에게 보낸 편지 속에서 당시 수용소의 모습과 끌려온 이들의 절망감을 생생하게 느낄 수 있다.

"1944년 2월 아테네 근처에서 한 달 정도 수용된 후 아테네를 떠나야 했다. 열흘간 이동한 끝에 아우슈비츠에 도착했고, 독일인들은 우리를 건강한 자와 병든 자로 구분해서 옮겼다. 병든 자들은 화장터로 옮겨졌는데, 그곳은 넓은 굴뚝이 있는 건물이었다. 뜰 아래에는 끝없이 이어진 두 개의 지하실이 있었다. 첫 번째 지하실은 탈의실이었고 두 번째 지하실은 죽음의 방이었다. 3,000여 명이 나체로 그 방에 들어가면 문이 닫혔는데, 그들은 그 안에서 가스를 들이마셔야 했고 6~7분 정도가 지나자 전부 사망했다.

내게 주어진 일은 수용소 안 유대인을 불러 모으는 것이었다. 그들은 영문을 몰랐는데, 나는 울면서 샤워를 하기 위함이라고 말했다. 다른 지역에서 온 이들이 많았기 때문에, 나는 그들이 이해하지 못하는 나의 모국어로 그들에게 진실을 말해주었다. 독일인들은 옷을 벗은 이들에게 채찍을 휘두르며 계속 서로 더 가까이 붙으라고 재촉했다. 최대한 많은 이들을 가스실 안에 집어넣기 위해서였다. 가스실이 꽉 차면 독일인들은 서둘러 문을 잠갔다. 나는 대략 60만 명의 유대인이 헝가리에서, 그리고 약 8만 명이 폴란드에서 끌려오는 것을 목격했다.

나는 이제 죽음을 두려워하지 않는다. 내 눈으로 목격한 것을 경험하고도 어떻게 죽음을 두려워할 수 있단 말인가? 나의 유일한 소원은, 내가 지금 쓰고 있는 이 편지가 너희의 손에 무사히 쥐어지는 것이다.

가족들아, 전쟁이 끝나면 여력이 되는 대로 아우슈비츠에서 살아 돌아오는 모든 이들을 도와다오. 독일인들이 살상을 저지를 때마다, 나는 과연 정말로 신이 존재하는지 스스로에게 되묻는다. 내가 보고 겪은 모든 것에도 불구하고, 나는 항상 신이 존재한다고 믿는다."

히틀러의 집권과 홀로코스트는 단지 과거 독일의 비극에 그치지 않는다. 그것은 인간이 만든 제도와 기술, 조직 그리고 이념이 어떻게 극단적이고 비인간적으로 작동할 수 있는지 알려주는 경고의 역사다. 혐오와 배제, 각종 음모론과 권위주의적 정치 체제가 다시 고개를 들고 있는 오늘날, 이 끔찍하고 고통스러운 과거를 기억하는 일은 비극의 반복을 막는 가장 현실적인 방법 중 하나기도 하다. 히틀러의 집권과 홀로코스트는 지금 이 시대를 살아가는 우리에게 여전히 되묻고 있다. 우리는 과연 미래의 역사를 다르게 쓸 수 있을 것인가?

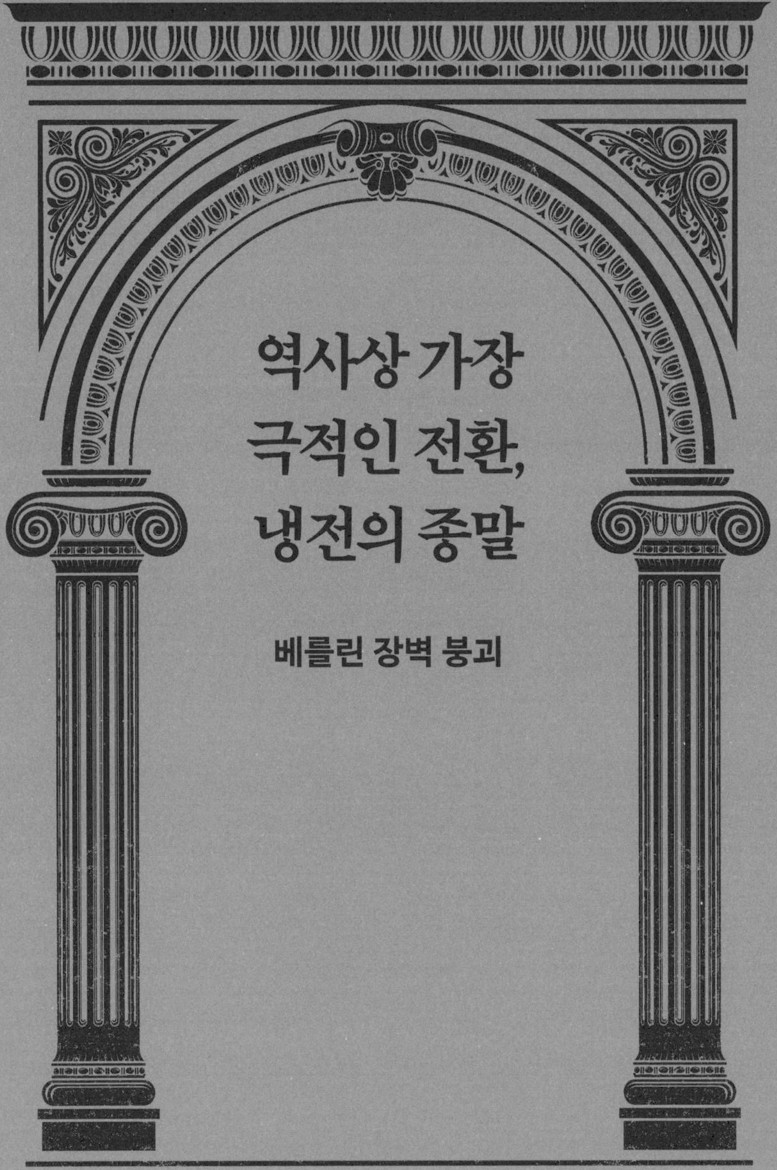
12장

역사상 가장
극적인 전환,
냉전의 종말

베를린 장벽 붕괴

히틀러가 일으킨 2차 세계대전 이후 세계는 두 개의 진영으로 나뉘었다. 한쪽에는 자본주의를 현실에 존재하는 최선의 체제로 믿는 진영이 있었고, 다른 쪽에는 공산주의를 곧 도래할 유토피아로 믿는 진영이 있었다. 그리고 이 두 진영이 부딪히며 시작된 이념 전쟁의 시기를 일반적으로 '냉전'으로 부른다. 자본주의 진영의 중심에는 미국이, 공산주의 진영의 중심에는 소련이 있었고, 두 강대국은 직접 전쟁을 벌이지 않으면서 여러 지역에 영향력을 끼치며 경쟁했다. 그런데 냉전은 정말 '차가운 전쟁'이었을까?

냉전이라는 명명 자체가 미국과 소련 사이에 직접적인 군사 충돌이 없었다는 인식에서 비롯되었지만, 사실 제3세계에서 벌어진 수많은 전쟁은 이들의 대리전이었다. 1950년 6월, 한반도에서는 300만 명 이상의 사상자가 발생하게 될 전쟁이 시작되었고, 이어 베트남과 아프가니스탄 등지에서 이념 전쟁이 일어났다. 세계 곳곳에서 피 흘리는 전쟁이 계속된 것이다. 냉전은 서방의 평온 속에서 제3세계의 고통을 지운 일방적인 명명이었다.

40년이 넘게 지속된 냉전은 1980년대 말, 소련의 총서기 미하일 고르바초프가 '페레스트로이카'와 '글라스노스트'라는 이름으로 경제와 정치의 개혁·개방을 시작한 이후 급격한 균열을 맞이했고, 이

균열은 결국 소련의 붕괴로 이어졌다. 하지만 수많은 사람들의 기억에 더 선명하게 남은 붕괴의 장면은 따로 있다. 1989년 11월 9일, 수십 년간 총구로 지켜온 독일 분단의 상징 베를린 장벽이 총 한 발 쏘아지지 않고 시민들의 발걸음과 환호 속에 무너진 순간이다. 독일은 소련의 영향력 아래 공산주의 체제를 유지한 동독과 미국을 중심으로 한 자본주의 진영으로부터 지원을 받은 서독이 베를린 장벽을 사이에 두고 갈라져 있었기에 이 장벽이 붕괴한 것은 냉전 체제의 종식을 의미했다.

베를린 장벽의 붕괴는 새롭게 동독 정치국 대변인이 된 귄터 샤보브스키의 말실수에서 비롯되었다고 알려져 있기도 하다. 한 기자가 "동독 시민이 언제부터 해외여행을 자유롭게 할 수 있냐"고 묻자, 그가 준비되지 않은 상태에서 "즉시"라고 잘못 대답한 결과 동독 정부에 불만을 품고 있던 동독 시민들이 장벽으로 몰려들어 베를린 장벽이 무너지게 되었다는 이야기다. 이 이야기대로라면 베를린 장벽의 붕괴와 독일의 통일은 지극히 우연적 요소에 의해 이루어졌다고 볼 수도 있다.

그러나 과연 역사에 완전한 우연이 있을까? 독일의 극적인 변화와 냉전의 종식을 제대로 이해하기 위해서는 우선 동독이 탄생한 시점으로 거슬러 올라가 보아야 한다. 역사를 바로 보려면 언제나 겉으로 드러난 순간보다 그 순간을 가능하게 만든 축적된 힘을 이해해야 하기 때문이다.

 ————— 12장. 역사상 가장 극적인 전환, 냉전의 종말

전후 동독을 뒤흔든 점령의 현실

1945년 4월, 독일 동부 지역에는 긴 겨울이 물러나고 봄이 찾아왔다. 그러나 시민들의 마음에는 한 줄기 따뜻함도 스며들지 않았다. 나치 독일이 2차 세계대전에서 패배할 것은 이제 전선이 점점 밀리는 상황을 지켜보는 시민들의 눈에도 분명히 보였다. 패배하는 독일군은 소련군이 뒤따르지 못하도록 강을 건널 수 있는 다리를 모조리 폭파했고, 페네강의 다리도 예외는 아니었다. 강 건너편에서는 소련군이 잠시 진군을 멈췄지만, 전차의 굉음이 가까이 들려올수록 사람들 사이에서는 두려움이 퍼져나갔다. 다리가 끊긴 탓에 도시는 사실상 고립되었고, 피난을 꿈꾼 이들은 도시 밖으로 빠져나갈 수 없게 되었다.

절망에 빠진 이들 중 일부는 스스로 생을 마감하기로 결심하기까지 했다. 데민이라는 한 지역에서는 4월 30일부터 5월 3일까지 마치 일종의 전염병처럼 집단 자살이라는 현상이 퍼져나갔다. 1만 5,000여 명이 살던 작은 도시에서 최소 700명, 많게는 2,000명이 닥쳐올 미래가 두려워 스스로 목숨을 끊었다. 데민은 극단적인 사례였지만, 소련에 점령당한 지역에서는 두려움이 일상 전반에 퍼져갔다. 게다가 전쟁 후 식량을 포함한 각종 물자가 극도로 궁핍해지자, 사람들은 먹을 것은 물론이고 주거지와 입을 옷을 확보하기 위해 서로 다투어야 했다.

그럼 독일인들의 걱정은 과연 기우였을까? 그렇지 않았다. 소련 점령군으로부터 별다른 자비를 기대하기 어렵다는 사실이 곧 분명해졌기 때문이다. 소련군이 독일 동쪽 땅을 점령하고 세운 소련 군정청의 수장이 될 게오르기 주코프는 이미 1945년 1월에 이렇게 말했다. "살인자의 나라에 화가 있으리라. 우리는 우리에게 벌어진 모든 일에 대해 잔혹하게 복수할 것이다." 이렇듯 이미 복수심에 불타고 있던 소련 병사들은 곧 더 큰 분노를 느꼈다. 나치의 약탈 정책으로 이득을 본 많은 독일인이 전쟁에서 패배하고도 여전히 자신들보다는 더 나은 삶을 누리고 있다는 느낌을 받았기 때문이다. 그 격렬한 분노는 소련 병사들로 하여금 최소한의 자제력조차 상실하게 만들었다. 재산은 물론이고 사람에 대한 무자비한 약탈이 일어났다. 베를린에 살던 약 140만 명의 여성 중 무려 10만여 명이 성폭행의 피해자가 되었다.

붉은 군대라 불린 소련군이 가게들의 물건을 모조리 털어가자 전후 동독에는 일종의 무법지대가 탄생했다. 안 그래도 수년간의 전쟁으로 삶이 궁핍해진 가운데 소련군의 약탈까지 일어나자 상황이 더욱 악화한 것이다. 수만 명의 고아와 과부가 생겨났고, 지낼 곳은 물론이고 생필품조차 없는 이들은 이리저리 떠돌아다녀야 했다. 집단적으로 면역력이 약해져 여러 전염병도 쉽게 퍼져나갔다. 라이프치히의 보건 당국은 1945년에 일주일 당 평균 63건의 장티푸스 환자가 발생했다고 기록했고, 먹을 것이 없어 상한 말고기를 먹고 사망하는 이들도 늘어갔다.

그렇다면 독일 동부 지역을 새로 점령한 소련은 이 혼란 속에서 어떤 조치들을 취했을까? 소련 군정청은 1945년 9월, 가장 먼저 토지개혁을 실시했다. 이는 대지주가 보유한 땅을 독일 시민들에게 재분배하는 정책이었다. 초기의 반응은 의외로 호의적이었다. 이전까지 공산주의를 혐오했던 보수적인 시민들조차 이를 환영한 것이다. "위원회가 땅을 구획 별로 나눴는데, 우리는 5헥타르의 땅과 소 두 마리, 암송아지 한 마리, 돼지 두 마리 그리고 말 한 마리를 얻었다"는 한 시민의 말이 당시의 상황을 짐작하게 한다. 당장 먹을 것조차 없는 상황에서 일단 모두에게 먹고살 만한 땅과 식량이 주어지는 것은 필요한 조치로 보였다. 그러나 소련의 토지개혁은 참혹한 결과를 낳았다. 농민에게 분배된 토지의 양으로는 장기적으로 생계를 유지하기 어려웠고, 농기계도 부족해 많은 농민이 소련이 할당한 농산물 생산량을 채우지 못했다. 소련 군정청은 전쟁 이전의 수확량을 회복하겠다는 목표를 세웠지만 실패했다.

✦

불안한 동독의 탄생

농촌에서 토지개혁이 벌어지고 있을 때, 베를린에서는 소련에서 파견한, 소련인과 독일인으로 구성된 직업 혁명가들이 독일인을 공산주의로 이끌기 위한 작업을 시작했다. 이 작업을 이끈 인물은 라이프치히의 목수 출신 발터 울브리히트였다. 2차 세계대전이 끝났을 때 51세였던 그는 나치 집권 후 12년간의 소련 망명 생활을 마치고 꿈에 그리던 고향 독일로 돌아와 있었다. 그는 의심스러운 동지를 스탈린에게 밀고하는 일을 맡았을 정도로 피도 눈물도 없는 인물이었다. 이런 인물이 장차 동독이 될 지역에서 영향력을 키워나가자, 소련의 공산주의자들 내부에서도 그를 경계하는 시선이 늘어나기 시작했다. 소련이 독일을 점령한 직후의 시기를 "그 어느 때보다 기뻤던 나날"이라고 표현한 공산주의 작가 볼프강 레온하르트는 독단적인 울브리히트에게 실망해 서방으로 망명했고,《혁명은 자기 자식을 내쫓는다》라는 책을 집필해 이 시기를 냉소와 비탄이 섞인 어조로 회고하기도 했다.

울브리히트에게는 스탈린 체제의 공포정치에 적극적으로 복종하는 것이 곧 권력으로 가는 길이었다. 사실 스탈린은 "독일 전체가 우리, 즉 소비에트와 공산주의의 것이 되어야 한다"고 비밀리에 말했을 정도로 독일에 관심이 많았으나 울브리히트에게는 '위장'하고 목표를 숨길 것을 주문했다. 높은 권력을 지향하는 인물이 으레 그렇듯, 울브리히트는 스탈린의 뜻을 명확하게 이해했다. 그는 "겉으로는 민주주의적으로 보여야 하지만, 모든 권한은 사실 우리가 가지고 있어야 한다"고 말하며 '혁명'을 이끌었다.

울브리히트가 이끄는 공산당은 처음에만 해도 "모든 국민에게 민주적 자유와 권리를 보장하는 의회민주주의 공화국을 지지한다"고 선언했다. 심지어 소련식 체제를 독일에 강제하는 것은 잘못된 일이라고 말하기까지 했다. 그는 한발 더 나아가 독일의 보수 세력에도 손을 내밀며 다원주의 사회를 지향하는 듯한 면모도 보였다. 그러나 이러한 이미지는 오래가지 않았다. 공산당은 주요 산업 시설을 국유화

 ———————— **12장. 역사상 가장 극적인 전환, 냉전의 종말**

하고 대지주의 토지를 몰수했다. 동독 시민들이 토지개혁에 긍정적이었던 것처럼 이번 변화 역시 초반에는 진영을 가리지 않고 환영받았다. 심지어 영국, 미국, 프랑스가 점령한 독일의 서쪽에서도 이와 같은 요구들이 빗발쳤다. 사민당과 공산당의 통합으로 탄생한 독일사회주의통일당, 일명 사통당은 이러한 분위기를 기반으로 점점 더 적극적인 개혁을 추진하기에 시작했다.

나치 독일과 전쟁을 치르며 궤멸적인 피해를 입은 소련은 점령한 독일 동부 지역에서 이를 보상받고자 했다. 소련이 목표로 삼은 것은 독일이 보유한 산업 시설이었다. 이 지역의 산업 자산 중 약 3분의 1이 소련으로 반출되었고, 총 1만 2,000킬로미터에 달하는 철도 선로와 수많은 기관차도 소련으로 옮겨졌다. 그리고 1950년대 초까지 독일 동부에서 생산된 전체 자산의 약 4분의 1이 배상금 명목으로 소련으로 넘어갔다. 오늘날에도 여전히 독일인의 자부심으로 꼽히는 자동차 산업도 예외는 아니었다. 튀링겐의 BMW 공장 시설은 독일인의 눈앞에서 철거되었고, 5,000명에 달하는 과학자와 기술자가 강제로 소련으로 동원되어 소련의 전후 복구를 위해 일하게 되었다. 그렇게 소련이 점령한 독일 동부의 경제는 빈 껍데기만 남고 말았다.

사통당은 소련의 과도한 요구에 맞서 동독 시민들의 이익을 보호하기 위한 최소한의 노력도 하지 않았다. 사통당이 소련에 저항할 생각이 없음을 알게 된 시민들은 당의 도움을 기대하지 않게 되었고, 그 순간부터 사통당은 시민들 사이에서 '러시아 정당'으로 불렸다. 사통당 지도자들이 '모든 독일인을 한 자리에!'라는 구호를 내걸고 독일

1961년 베를린 장벽 건설 현장의 모습

서부 지역까지 돌아다니며 선전 활동을 계속해 나갔지만, 이는 사실 분리된 동독만의 국가 설립을 위한 포석이었다. 그들은 겉으로는 통일 정부 수립을 주장하면서도, 실제로는 소련 점령 지역에 당 중심의 통제적인 행정 기구와 사회주의 경제 시스템을 구축하는 데 집중했다. 서방이 서독 국가를 세울 때 동독도 즉시 독립된 주권 국가를 선포할 수 있는 기반을 다진 것이다.

1949년 5월 23일, 독일 서부에서는 연방공화국 '서독'이 수립되었고, 10월 7일에 독일 동부에서는 독일민주공화국, '동독'이 세워졌다. 동서독 분단이 제도적으로 확립된 순간이다. 사통당은 스탈린주의 정당으로 변신했고, 사통당의 중앙위원회가 모든 주요 사안에 결

     12장. 역사상 가장 극적인 전환, 냉전의 종말

정을 내리는 권력 기관이 되었다. 국가와 정당, 노동조합이 일체가 된 동독은 자연스럽게 하나의 목소리만 허용되는 사회로 변해갔다.

정치적 억압이 심해지고 서독과의 경제적 격차도 커지자, 수백만 명의 동독 주민들이 서베를린을 통해 서독으로 탈출하는 사태가 벌어졌다. 이에 동독 지도부는 인구 이탈을 막기 위해 1961년 8월 13일 새벽, 하룻밤 만에 도시를 가로지르는 물리적 경계선인 베를린 장벽을 세우고 동서 베를린을 완전히 단절시켰다.

✦

에리히 호네커, 유토피아를 약속하다

동독은 2차 세계대전 직후의 혼란, 공포, 희망, 불안이 뒤섞인 잿더미 속에서 탄생했고, 사통당은 이 폐허 위에 유토피아를 세우겠다고 약속했다. 그 약속은 지켜졌을까? 역사라는 스포일러를 통해 우리는 그 답을 알고 있다. 동독은 유토피아 건설에 성공하지 못했다.

1971년, 동독에서는 울브리히트의 뒤를 이어 에리히 호네커라는 인물이 최고 권력자 자리에 올랐다. 치열한 권력 투쟁을 거쳐 가장 높은 자리에 오른 그가 가장 먼저 시민에게 약속한 것은 경제적 풍요였다. 그는 더는 물자가 부족하지 않게 될 것이며, 생활에 필요한 비용 역시 저렴하게 유지될 것이라고 호언장담했다. 그는 취임 후 몇 년 동안 임금과 연금을 인상했고, 노동시간은 줄였으며 휴가는 늘렸다. 젊은 신혼부부에게 저렴한 이자로 돈을 대출해 주었고, 아이를 낳으면

원금의 일부를 탕감해주기도 했다. 일하는 여성에게는 아이를 낳은 뒤 1년간 유급휴가를 사용할 권리가 주어졌고, 어린이집과 의료시설 역시 전국적으로 늘어났다.

이런 정책으로 호네커는 취임 초기까지만 해도 동독에서 전폭적인 인기를 누렸다. 그가 특히 관심을 쏟은 것은 주거 정책이었다. 2차 세계대전 때의 폭격으로 수많은 주택이 파괴된 지 20년이 넘었지만, 동독 지역은 여전히 만성적인 주택 부족 문제에서 벗어나지 못하고 있었다. 약 160만 채의 주택이 계획한 것보다 늦게 지어지거나 심지어 공사를 시작하지도 못하고 있었고, 이미 지어진 주택의 시설도 열악했다. 욕실이 있는 집은 전체의 39퍼센트에 불과했고, 집 안에 화장실이 있는 비율도 36퍼센트에 그쳤다. 그래서 집에서 지낼 때도 공공 화장실을 이용하는 이들이 많았다. 독일의 추운 겨울을 버티게 하는 난방시설도 많은 가정에서 제대로 작동하지 않았고 온수를 쓸 수 있는 가정은 겨우 26퍼센트였다.

호네커는 1990년까지 주거 문제가 완전히 해결될 것이라고 공언했다. 그는 새로운 주택을 건설하거나 기존의 주택을 현대화해 300만 가구에 보급할 계획을 세웠고, 이를 위해 마치 공장에서 물건을 찍어내듯 통일된 형태의 주택을 조립해서 만들어 냈다. 처음 이런 집을 접한 시민들은 "마치 노동자 수납장 같이 생겼다"며 비웃었지만, 막상 거주하게 된 사람들은 기존의 주거지보다 나아진 환경에 만족감을 드러냈다.

그런데 정부 주도로 전국에 많은 건물을 빠르게 보급하다 보니, 건축을 위한 물자가 급격하게 부족해졌다. 건물에 고장이 나거나 수리할 곳이 생기더라도 필요한 물건을 구할 수 없게 되었다. 정부 주도로 지은 주택의 임대료가 너무 낮은 것 또한 문제가 되었다. 임대료는 현재 물가 기준으로 1제곱미터당 대략 20센트에 불과한 수준이었는데 건물 유지비는 이보다 비쌌으니, 시간이 지날수록 정부는 막대한 적자를 떠안을 수밖에 없었다.

더 심각한 문제는 따로 있었다. 워낙에 저렴한 비용으로 거주할 수 있게 되다 보니, 사람들은 한번 들어간 집에서 나오지 않으려고 했다. 아이가 있는 부부를 위해 제공된 비교적 넓은 크기의 집에서 살게 된 부부의 경우, 이혼하거나 아이가 독립해서 나가더라도 집에서 나가지 않고 버텼다. 이런 문제는 생활용품에도 똑같은 양상으로 반복되었다. 빵 같은 필수적인 식료품에는 고정된 가격이 적용되었는데, 이 가격이 제빵사가 빵을 만들어 내는 데 필요한 비용보다도 저렴해서 사람들이 가축에게 사료 대신 빵을 먹이는 사태까지 발생했다. 주택과 식량 모두 이처럼 원래의 목적에 맞지 않게 사용되자, 정작 그것을 필요로 하는 이들은 구할 수 없게 되었다.

정부는 이런 상황을 해결하려 나섰지만 오히려 문제를 악화시켰다. 호네커가 선택한 방법은 '더 많은 물자를 더 저렴하게 공급하는 것'이었다. 그러나 그럴수록 물자는 더 빨리 동나고 시민들은 언제 다시 물건이 사라질지 몰라 더 많이 사서 쟁여놓았다. 가게는 늘 텅 비었지만 시민들의 창고와 냉장고는 가득 찼다. 빵집이 오전 7시에 문을 열 예정이면, 새벽 4시 반부터 사람들이 줄을 섰다. 사람들은 무슨 물건을 파는 줄도 모르고 일단 줄부터 서고 보는 일이 일상이 되었다.

✦

결국 무너진 호네커의 계획 경제

호네커 역시 상황이 잘못 돌아가고 있다는 사실을 인지하고 1975년, 비밀리에 전문가들에게 자문을 구하기로 한다. 호네커는 지금 자신이 추진하고 있는 정책이 계속 유지될 수 있는지 물었는데, 전문가들이 만장일치로 연구보고서에 부정적인 답변을 달았다. 또 호네커의 정책이 유지될 수 없을뿐더러, 무리해서 계속 진행할 경우 과학기술 연구 등 국가의 장기적 투자 재원이 모두 주택과 생활용품 보조금으로 소진될 것이라는 경고도 덧붙였다.

이런 연구보고서를 받은 호네커는 어떤 반응을 보였을까? 그는 보고서를 읽었지만, 이를 정책에 반영하지는 않았다. 자신의 정책이 근본적으로 잘못되었음을 받아들이지 못한 것이다. 호네커는 취임하면서 만성적인 주택과 물자 부족 문제를 해결할 뿐만 아니라 해마다 시민의 생활 수준을 5퍼센트씩 향상시킬 것이라고 약속했었기 때문에, 계속 국가 자금으로 물건 가격을 싸게 유지해서는 그 약속을 지킬 수 없었다. 생활 수준을 끌어올리기 위해서는 전문가들이 말한 대로 국가 차원의 장기적인 투자가 필요했다.

결국 정부의 관료들은 문제를 해결하는 대신, 성공한 것처럼 보이기 위해 해마다 서류를 조작하거나, 목표 기준이나 수치를 조정하면

　　　　　　　　　12장. 역사상 가장 극적인 전환, 냉전의 종말

서 목표가 달성되었다는 결과를 내보였다. 심지어 각 상급 부처에서는 처음부터 목표 달성이 어렵다는 것을 알고 하급 부처에 지시를 내릴 때 목표를 더욱 올려놓았다. 어떻게든 남아 있는 생산 여력을 쥐어짜야 애초의 목표에 조금이라도 부합하는 결과를 달성할 수 있기 때문이었다.

이처럼 현실과 들어맞지 않는 계획경제가 필수품 분야에서만 이루어진 것은 아니었다. 동독 정부는 심지어 사람들의 휴가지도 국가계획의 통제 아래에 두었다. 그 과정에서 각종 비리가 일상처럼 흘러갔다. 동독 내의 해변처럼 비교적 평범한 휴가지는 그나마 일반 시민에게도 기회가 열려 있었지만 다른 공산권 외국, 특히 흑해와 쿠바 같은 인기 많은 휴양지는 당 간부들이 독차지했다. 이 때문에 인구의 절반가량이 온수가 나오지 않는 캠핑장에서 휴가를 보내야 했다.

기호품이던 커피 역시 사정은 비슷했다. 1975년, 기후 악화로 브라질에서 커피 생산량이 줄자 세계적으로 커피 가격이 최대 다섯 배까지 오르는 일이 벌어졌다. 그러나 호네커는 물가의 안정을 약속했으므로 커피에 치커리, 겉겨, 호밀 등의 다른 여러 재료를 넣어 농도를 낮춤으로써 커피 가격을 유지했다. 커피라고 부르기 어려운 질 낮은 음료를 접한 시민들은 분노했고, 정부는 민심을 달래고자 앙골라에서 비밀리에 커피를 수입했다. 문제는 앙골라에서 그 대가로 군수품을 요구해 동독 정부가 커피와 무기를 교환하는 어처구니없는 거래를 성사시켰다는 데 있었다.

결과적으로 동독의 경제는 호네커 취임 후 빠르게 황폐해졌다. 동독이 무너지기 직전인 1988년, 호네커는 "주택 300만 채를 공급하는 계획이 달성되었다"고 의기양양하게 자랑했지만, 실제로는 빈집이 곳곳에 있음에도 불구하고 입주 대기 리스트는 꽉 차 있는 황당한 일이 벌어지고 있었다. 정부가 언론을 통제했지만 시민들은 정부의 발표만을 믿을 정도로 순진하지 않았다. 나중에 동독이 몰락한 이후, 동독 출신 시민들은 "동독이 무너진 것은 바나나나 여행 기회가 부족해서가 아니라 부족한 주택 때문이었다"라고 입을 모아 말했다. 호네커가 집권 초기에 내걸었던 일차적인 목표조차 이루지 못했다는 사실이 동독 체제가 안고 있던 구조적 모순을 드러낸다.

베를린 장벽의 붕괴는 어떻게 가능해졌나

베를린 장벽은 이렇게 동독 경제가 사실상 무너진 상황에서 외부 변수까지 더해져서 붕괴했다. 1985년 소련 공산당 서기장으로 취임한 고르바초프는 전임자들과는 달리 동독을 포함한 동유럽 공산권 국가들과의 관계에 있어서 소련의 개입을 최소화하겠다고 선언했다. 그는 "각국의 정치 상황은 각국이 스스로 책임져야 한다"고 강조했고, 1987년에는 동유럽에서 50만 명에 해당하는 소련군을 철수시키겠다고 발표했다.

앞서 살펴보았듯이 사통당을 중심으로 수립된 동독 정부는 출범 초기부터 소련의 권위에 강하게 기대고 있었다. 그렇기에 고르바초프의 정책은 동독에 강한 불안감을 불러일으켰다. 이런 가운데 1989년 5월 7일 치러질 지방선거는 동독 정부에게 매우 중요한 의미를 지녔다. 고르바초프가 각국의 상황은 각국이 알아서 책임지라고 한 상황에서, 정부가 여전히 동독 시민들에게 지지받고 있음을 국내외적으로 보여주어야 했기 때문이다. 하지만 무너진 경제로 인해 정부에 대한 시민들의 지지는 이미 심각하게 이탈한 상황이었다. 이런 상황에서 정부가 할 수 있는 선택은 무엇이었을까? 일반적인 정부라면 경제 상황을 개선하기 위해 최선을 다했을지 모른다. 하지만 동독 정부는 그 대신 최후의 수단으로 부정선거를 준비하기 시작했다.

당시 동독에서 해외로 나가기 위해서는 외국여행신청서를 제출해야 했는데, 신청서를 제출한 사람들은 주로 서독으로 가고자 하는 사람들이었다. 동독에서 서독으로 가고 싶어 하는 이들은 대개 정부에 불만이 많을 확률이 높았기에, 정부는 우선 이전에 사통당에 공개적으로 반발하거나 외국여행신청서를 제출했던 약 8만 명을 고의로 선거 명단에서 누락시켰다. 그러면서도 대외적으로는 민주주의적으로 선거가 치러지고 있음을 강조하기 위해 시민들에게 다양한 후보를 추천해 달라고 촉구했다. 물론 이 과정을 거쳐 추천된 후보들은 실제 선거에서는 모두 제외되었다.

정부의 이런 행태는 당연하게도 동독 시민들의 심각한 반발을 불러일으켰고, 지방선거 당일 많은 시민이 항의의 뜻으로 기권표를 던졌다. 선거가 제대로 치러지는지 감시하기 위해 파견된 선거 감시인단은 투표와 개표 과정을 지켜보며 전체 투표율을 60~80퍼센트, 사통당에 대한 반대표를 30퍼센트 정도로 추정했다. 그런데 선거관리위원회가 전체 투표율을 99퍼센트, 반대표를 1퍼센트로 발표하는 일이 벌어졌다. 이런 비현실적인 수치에 정부에 비판적이었던 사람들뿐만 아니라 정치에 그다지 관심이 없었던 나머지 대다수 시민도 선거가 정상적으로 치러지지 않았음을 알게 되었다.

노골적인 부정선거에 수많은 시민이 항의하기 시작했지만, 동독정부는 이들을 체포함으로써 반발을 잠재우려고 했다. 이전까지는 이런 방식의 강압적인 통치로 정권을 유지할 수 있었을지 몰라도 경제가 무너지고 소련마저 개입을 최소화하기로 한 상황에서 시민들의 참을성도 한계에 다다랐다. 동독 시민들은 매월 7일, 지금도 여행객들이 베를린에 들르면 방문하는 장소 중 하나인 알렉산더 광장에서 항의 집회를 열기 시작했다.

수도 베를린에서만 집회가 열린 것도 아니었다. 여름이 다 지나가도록 사태가 해결될 기미가 보이지 않자, 전국적으로 시위가 확산되었다. 그중에서도 먼저 포문을 연 것은 라이프치히였다. 라이프치히 시내의 니콜라이 교회에서는 1980년대 초부터 매주 월요일 오후 5시마다 세계의 평화를 기원하는 평화예배가 진행되었는데, 시민들은 이 평화예배를 정부와 사통당에 저항하는 집회로 발전시켰다. 집회 일시로 월요일 오후 5시가 선택된 데에는 나름의 이유가 있었다. 도시 한복판이라는 장소와 오후 5시라는 애매한 시간이 초기에는 당국의 의심을 피하게 해주었기 때문이었다. 시민들은 이 집회에서 부정선거에 대한 항의와 더불어 기본적인 인권과 자유의 보장을 요구

동독 라이프치히에서 열린 월요일 시위의 한 장면

했다. '우리가 국민이다', '폭력을 지양하자' 같은 구호가 요구의 성격을 상징적으로 보여주었다. 여기에 더해 외국과 서독을 자유롭게 여행할 수 있는 권리를 요구하는 목소리도 점점 커졌다.

동독 정부는 여느 때와 마찬가지로 시민들을 체포하는 등 무력을 동원해서 이들을 억압하고자 했지만 시민들은 폭력에 폭력으로 대항하지 않고 촛불을 들어 도덕적 우월성을 보여주었다. 이때의 집회는 지금까지도 '평화혁명'이라는 이름으로 불린다. 처음에는 1,000명 내외가 모인 소규모 집회였지만, 일주일이 지날 때마다 그 규모가 점점 커져 곧 50만여 명이 모이게 되었다. 현재도 라이프치히의 인구가 60만 명 내외라는 점을 감안한다면, 충분히 대규모의 집회라고 할 수 있었다.

매주 라이프치히에서 열리던 집회는 드레스덴과 플라우엔과 같은 동독의 다른 지역으로까지 확대되었다. 특히 인구 6만 명 남짓의 작은 마을인 플라우엔에서 열린 시위는 중요한 전환점이 되었다. 1989년 10월 7일 이곳에서 약 2만 명이 거리로 나섰고, 당국은 이들을 해산시키기 위해 소방차의 물대포까지 사용하지만 실패하고 만다. 이날의 시위는 동독에서 열린 시위 중 최초로 당국이 무력 진압에 실패한 시위로 역사에 남게 되었다.

결국 동독 정부는 더 이상 강압적으로 시민을 통제할 수 없는 지경에 이르렀다. 시민의 요구에 굴복한 정부는 그해 11월 1일, 무비자 체코슬로바키아 출국을 허용했다. 그리고 이틀 뒤에는 체코슬로바키아가 서독에 국경을 개방하는 데 동의했다. 이로써 동독 시민들은 체코슬로바키아를 거쳐 서독으로 떠날 수 있게 되었다. 독일 통일하면 떠오르는 대표적인 장면인 베를린 장벽이 무너지는 사건은 이보다 일주일가량 늦은 11월 9일이니, 베를린 장벽이 무너지기 전에 동독 정부는 이미 사실상 붕괴한 상태였음을 알 수 있다.

✦

슈타지와 밀케

동독과 서독을 가로막고 있던 장벽이 무너지면서 베를린 전체가 거대한 축제의 장이 되었을 때, 동베를린의 한 건물 안에서는 전혀 다른 분위기가 흐르고 있었다. 일명 '슈타지'라 불린 건물 안에서 직원들이

베를린 장벽 붕괴 직후, 독일 시민들이 브란덴부르크 문 앞에서
장벽 위에 올라 환호하는 모습

서둘러 문서를 파쇄하고 무언가의 증거를 없애기 위해 분주히 움직이고 있었던 것이다. 슈타지는 어떤 곳이었을까? 그곳은 10만 명이 넘는 정보원을 동원해 동독 시민의 삶을 감시하던, 독일인 사이에서 악명 높은 기관이었다. 슈타지의 수장 에리히 밀케는 동독의 억압적 정치 체제를 그 누구보다 선명하게 체현하는 인물이었다. 그는 소련의 원조 비밀경찰 '체카'를 롤 모델로 삼아 자기 자신을 "동독 최초의 체키스트"라고 자랑스럽게 말하곤 했으며, "신뢰는 좋고, 통제는 더 좋다"라는 소련의 격언을 신봉했다.

1907년 베를린에서 목수의 아들로 태어난 밀케는 열차 운행 관리원으로 일을 시작해 1925년 바이마르 공화국에서 공산당에 가입한 지 얼마 지나지 않아 당의 상근 간부가 되었다. 그는 당의 신문 기자로 일할 정도로 당 내에서 능력을 인정받지만, 1931년 베를린 경찰 두 명을 죽이는 일에 가담한 후 처벌을 피하기 위해 도주하게 된다. 1933년 나치가 집권하자 탄압을 피해 소련으로 망명한 뒤에 소련이 운영하는 체제 전복 학교에서 전문적인 훈련을 받았고, 이후 다양한 비밀경찰 임무에 배치되었다.

나치 독일이 패망하면서 2차 세계대전이 끝나자 그는 함께 망명했던 독일 공산주의자들과 함께 독일로 돌아와 소련 군정청을 위해 일하기 시작했다. 동독 정부가 수립된 후, 이미 전문적인 비밀경찰 훈련을 받았던 그는 슈타지에서 2인자로 지냈고, 1957년에는 슈타지의 수장이 숙청되는 과정에서 슈타지의 장관으로 공식 취임했다. 이후 그는 베를린 장벽과 함께 동독이 붕괴될 때까지 슈타지의 수장으로 재임하면서 억압적인 동독 지배 체제의 상징이 되었다.

밀케는 동독 시민에 관한 최대한 많은 정보를 축적하는 데 열정을 쏟았다. 현재 알려진 바로 그는 동독이 붕괴하면서 슈타지가 해산되기 전까지 무려 8만 5,000여 명의 전임 직원, 그리고 11만여 명의 '비공식 협력자'를 관리했을 정도로 많은 정보원을 거느렸다. 정보원들은 사통당에 비판적인 입장을 가지고 있던 이들의 정보를 끊임없이 모았는데, 이들이 마련한 보고서를 모두 이으면 수 킬로미터에 달할 정도였다. 밀케는 정보원의 보고를 토대로 의심스러운 인물을 조사할 때 고문을 이용하는 것을 주저하지 않을 정도로 잔혹하게 행동했다.

이처럼 악명이 높았기에 베를린 장벽이 무너지고 얼마 뒤인 1990년 1월 15일, 성난 동독의 시민들이 슈타지 본부를 습격하는 일이 벌어졌다. 흔히 베를린 붕괴와 함께 동독과 서독이 즉시 통일되었다고 잘못 알고 있지만, 실제로 공식적인 통일은 다음 해 10월이 되어서야 이루어졌다. 이 1년이라는 시간 동안 때에 따라 정치적 상황이 급변하기도 했는데, 시민들의 슈타지 습격 사건도 결정적인 영향을 미쳤다. 베를린 장벽이 붕괴된 후에도 슈타지 자체는 어떻게든 유지하고 싶었던 동독 정부가 결국 이 사건을 겪으며 슈타지 해체를 결정했기 때문이다.

이런 상황에서는 무소불위의 권력을 자랑하던 밀케도 어찌할 방법이 없었다. 그는 장벽이 무너진 직후 장관직을 사임했고, 한 달 후에는 사통당으로부터 탈당 조치를 당했다. 이후 그는 반헌법적인 행위를 동원한 반역죄를 비롯하여 여러 가지 죄목으로 수차례 체포되어 조사를 받았지만, 고령과 건강상의 이유로 석방되었다. 그런데 아이러니하게도 그가 실형을 받은 것은 슈타지 수장으로 벌인 여러 일 때문이 아니라 1931년 당시의 경찰 살인 사건 때문이었다. 동독이 무너지자 이 사건이 다시 재판에 회부되었고, 그 결과 밀케는 고령의 나이와 악화된 건강 상태를 참작받아 6년형을 선고받았다. 밀케는 슈타지 활동에 대한 별다른 반성을 하지 않고 계속해서 자신이 한 행동의 정당성을 주장하다가 2000년에 사망했다.

✦

이념 전쟁의 종말이 남긴 것

베를린 장벽의 붕괴는 이념으로 나뉘었던 세계가 다시 연결되는, 20세기의 가장 극적인 전환점 중 하나였다. 동독의 붕괴와 독일의 통일은 냉전의 종식을 상징했고, 공산주의의 몰락은 곧 자본주의 진영의 승리로 간주되었다. 프랜시스 후쿠야마를 포함한 미국 학자들은 의기양양하게 "역사의 종말"을 언급하며 자본주의 체제의 영원한 승리를 선언했다. 이에 따르면, 인류의 이념적 발전은 자유민주주의와 자본주의라는 최종 형태에 도달했으며, 더 이상 이를 대체할 대안적 체제는 존재하지 않았다.

그렇다면 이념 전쟁의 종말은 곧 평화의 시작을 의미했을까? 현재를 살아가는 우리는 그렇지 않다는 사실을 잘 알고 있다. 이제 세계는 '두 진영'이라는 단순한 구도로 설명되지 않는다. 그러나 여전히 각종 테러와 극단적인 민족주의, 정보 전쟁과 기후 위기, 그리고 예측 불가능한 국제 갈등이 세계를 뒤흔들고 있다. 냉전은 끝났지만, 지난 세기가 남긴 갈등과 균열의 기억은 여전히 세계 곳곳에서 여진을 일으키고 있다. 세계는 더 이상 자본주의와 공산주의라는 양자택일의 도식 안에 있지 않지만, 갈등과 불안의 구조가 여전히 이념과 체제 너머의 차원에서 작동하고 있는 것이다. 이렇듯 역사는 여전히 요동치고 있다.

오늘날 우리가 살아가는 이 시대는 훗날 '진보의 시기'로 기억될까, 아니면 '퇴보의 시기'로 역사에 남게 될까? 아직 그 답을 알기는 어렵다. 헤겔이 말한 대로 미네르바의 올빼미는 황혼이 드리워진 뒤에야 날아오를 것이다. 우리가 해야 할 일은, 그 황혼이 오기 전의 저녁 어스름을 그저 충만하게 살아내는 것이 아닐까?

역사는 지금도 쓰이고 있다

인간은 때로 신의 이름으로, 때로 민중의 이름으로, 또 때로는 진보와 해방을 외치며 투쟁하고 피 흘려 왔다. 그 과정에서 인류는 역사에 영원히 기록될 성취를 남기기도 했지만, 동시에 서로에게 지울 수 없는 상처를 남기기도 했다. 십자군은 신의 뜻을 따르겠다며 같은 인간을 향해 창을 들었고, 혁명가들은 새로운 세계를 꿈꾸며 현실의 한편에 바리케이드를 세웠다. 어떤 이들은 시민의 이름으로 왕을 단두대에 올렸고, 또 어떤 이들은 민족의 단결을 위해 다른 민족을 지도에서 제거하려 했다. 산업화는 사람들의 삶을 혁신적으로 바꿨지만, 그 변화로 얻게 된 부는 공평하게 나뉘지 않았다. 이렇듯 인류의 역사에 흔적을 남긴 사건들은 모두 어떤 신념 아래에서 시작됐다. 인간은 그 신념에서 비롯한 이상을 실현하기 위해 싸웠지만, 그 과정에서 배제와 폭력도 발생했다. 오늘의 세계는 그 상처와 성취가 겹겹이 쌓인 자리 위에 서 있다.

이 책은 '미네르바의 올빼미'의 시선으로 세계사의 대전환을 만들어 낸 열두 가지 사건을 관찰하는 여정이었다. 역사는 지나간 사건들이 남긴 흔적, 그리고 시간이 흘러 그 사건에 입혀진 의미의 집합체이기에 이 책에서는 정확한 답을 먼저 제시하기보다 의심하고 질문함으로써 함께 깨우쳐 보고자 했다.

오늘날 우리는 과거의 제국도, 냉전의 이데올로기도 사라진 시대에 살고 있다. 그러나 세계는 여전히 혼란스럽고, 과거는 새로운 얼굴을 한 채 되돌아온다. 혁명의 언어는 잊힐 만하면 다시 등장하고, 민족과 종교는 분열의 씨앗을 제공하고는 한다. 그러니 역사는 끝나지 않고 계속 쓰인다. 역사는 과거에만 속한 것이 아니라, 지금 이 순간에도 우리와 함께 만들어지고 있다.

그래서 다시 한번 헤겔의 말을 인용해 본다. 미네르바의 올빼미가 황혼이 저문 뒤에야 날개를 펴는 것은 해가 진 뒤에야 비로소 세상을 조망할 수 있다는 뜻이자, 역사는 언제나 시간이 흐른 뒤에야 의미가 드러난다는 뜻일 것이다. 그런 관점에서 우리가 살아가는 이 시대 또한, 언젠가 미래의 누군가에게는 또 하나의 황혼으로 비칠 것이다.

중요한 것은, 그 어스름 속에서도 올빼미는 여전히 날갯짓을 멈추지 않는다는 사실이다. 우리는 지금 이 순간에도 역사라는 거대한 숲위를 날아가고 있다. 과거를 응시하는 동시에 다가올 세계도 사유할 수 있기를 바란다. 끝나지 않는 역사의 한가운데서, 우리는 계속해서 질문하고, 기억하고, 해석하며 살아가야 한다. 이제, 다음 장의 황혼을 나는 것은 우리의 몫이다.

Angelow, Jürgen: Der Weg in die Urkatastrophe. Der Zerfall des alten Europa 1900–1914, Berlin 2010

Arndt, Johannes: Der Dreißigjährige Krieg 1618–1648, Stuttgart 2009

Beelen, Hans: Handel mit neuen Welten. Die Vereinigte Ostindische Compagnie der Niederlande 1602–1709, Oldenburg 2002

Bichler, Reinhold: Herodots Welt, Berlin 1999

Bitterli, Urs: Alte Welt – neue Welt. Formen des europäisch-überseeischen Kulturkontakts vom 15. bis zum 20. Jahrhundert, München 1992

Broszat, Martin: Die Machtergreifung. Der Aufstieg der NSDAP und die Zerstörung der Weimarer Republik, München 1984

Buchheim, Christoph: Industrielle Revolutionen, München 1994

Cawkwell, George.: The Greek Wars. The Failure of Persia, Oxford 2005

Chickering, Roger: Das Deutsche Reich und der Erste Weltkrieg. München 2005

Cogliano, Francis D.: Revolutionary America 1763–1815. A Political History, London 2000

Conquest, Robert: The Great Terror. Stalin's Purge of Thirties, New York 1968

Doyle, William: The French Revolution. A very short introduction, Oxford 2001

Essner, Cornelia: Die 'Nürnberger Gesetze', oder, Die Verwaltung des Rassenwahns 1933–1945, Paderborn 2002

Figes, Orlando: The Whisperers. Private Life in Stalin's Russia, London 2007

Geiss, Imanuel: Der lange Weg in die Katastrophe. Die Vorgeschichte des Ersten Weltkrieges 1815–1914, München 1991

Gotthard Jasper: Die gescheiterte Zähmung. Wege zur Machtergreifung Hitlers 1930–1934, Frankfurt am Main 1986

Herbert, Ulrich: Geschichte Deutschlands im 20. Jahrhundert, München 2014

Herrmann-Otto, Elisabeth: Konstantin der Große, Darmstadt 2007

Hildermeier, Manfred/Wehler, Hans-Ulrich: Die Russische Revolution 1905–1921, Frankfurt am Main 2006

Hobsbawm, Eric: The Age of Revolution 1789–1848, London 1962

Huber, Vitus: Die Konquistadoren. Cortés, Pizarro und die Eroberung Amerikas, München 2019

Ilko-Sascha Kowalczuk: Endspiel. Die Revolution von 1989 in der DDR, München 2009

Jensen, Merill: The Founding of a Nation. A History of the American Revolution 1763–1776, Oxford 1968

Jörn Leonhard: Die Büchse der Pandora. Geschichte des Ersten Weltkriegs, München 2014

Kaufmann, Thomass: Erlöste und Verdammte. Eine Geschichte der Reformation, München 2016

Kolb, Eberhard/ Schumann, Dirk: Die Weimarer Republik, München 2013

Lefebvre, Georges: La Révolution française, Paris 1968

Lilie, Ralph-Johannes Lilie: Byzanz und die Kreuzzüge, Stuttgart 2004

Mayer, Hans Eberhard: Geschichte der Kreuzzüge, Stuttgart 2000

Münkler, Herfried: Der Dreißigjährige Krieg. Europäische Katastrophe, deutsches Trauma 1618–1648, Berlin 2017

Petram, Lodewijk: The World's First Stock Exchange, New York 2014

Phillips, Jonathan: The Fourth Crusade and the Sack of Constantinople, London 2004

Raphael Gross: November 1938. Die Katastrophe vor der Katastrophe, München 2013

Reinhardt, Volker: Luther, der Ketzer. Rom und die Reformation, München 2016

Schmidt, Georg: Der Dreißigjährige Krieg, München 2003

Schorn-Schütte, Luise: Die Reformation. Vorgeschichte, Verlauf, Wirkung, München 2016

Soboul, Albert: The French Revolution 1787–1799, New York 1975

Thamer, Hans-Ulrich: Die Französische Revolution, München 2013

Thomas, Hugh: Die Eroberung Mexikos. Cortés und Montezuma, Frankfurt am Main 2000

Thompson, E.P.: The Making of the English Working Class, London 1963

Thorau, Peter: Die Kreuzzüge, München 2013

Timothy D. Barnes: Constantine. Dynasty, Religion and Power in the Later Roman Empire, Chichester 2011

Will, Wolfgang: Die Perserkriege, München 2019

인류의 정치, 경제, 사상을 뒤흔든 사건들

세계사를 바꾼 열두 번의 대전환

초판 1쇄 발행 2026년 1월 19일
초판 2쇄 발행 2026년 2월 2일

지은이 김태수

펴낸이 임경진, 권영선
편집 여인영, 배성원 **마케팅** 최지은, 배희주

펴낸곳 ㈜프런트페이지
출판등록 2022년 2월 3일 제2022-000020호
주소 경기도 파주시 회동길 37-20, 204호
전화 070-8666-6190(편집), 031-942-0203(영업)
팩스 070-7966-3022
메일 book@frontpage.co.kr
인스타그램 instagram.com/frontpage_books

ⓒ김태수, 2026

ISBN 979-11-93401-61-3 (03900)

만든 사람들
편집 여인영 **디자인** [★]규 **제작** 357제작소 **마케팅** 최지은, 배희주